高等院校房地产方向规划教材

房地产开发与经营

西安建筑科技大学　兰　峰等　编著
清　华　大　学　刘洪玉　　主审

中国建筑工业出版社

图书在版编目（CIP）数据

房地产开发与经营/兰峰等编著. —北京：中国建筑工业出版社，2008
高等院校房地产方向规划教材
ISBN 978-7-112-09889-7

Ⅰ. 房… Ⅱ. 兰… Ⅲ.①房地产-开发-高等学校-教材
②房地产-经济管理-高等学校-教材　Ⅳ. F293.3

中国版本图书馆 CIP 数据核字（2008）第 016449 号

责任编辑：马 彦　张 晶
责任设计：赵明霞
责任校对：王雪竹　兰曼利

高等院校房地产方向规划教材
房地产开发与经营
西安建筑科技大学　兰　峰等　编著
清　华　大　学　刘洪玉　主审
*
中国建筑工业出版社出版、发行（北京西郊百万庄）
各地新华书店、建筑书店经销
北京红光制版公司制版
北京京华铭诚工贸有限公司印刷
*
开本：787×960 毫米　1/16　印张：16¾　字数：325 千字
2008 年 4 月第一版　2018 年 9 月第十五次印刷
定价：**28.00** 元
ISBN 978-7-112-09889-7
（16593）

版权所有　翻印必究
如有印装质量问题，可寄本社退换
（邮政编码 100037）

内 容 简 介

本书系统介绍了房地产开发与经营的全过程理论与实践，主要包括房地产开发概述、房地产开发前期工作、房地产开发项目市场调查、房地产开发项目策划、房地产开发项目规划设计、房地产开发项目风险与不确定性分析、房地产开发项目可行性研究、房地产开发项目资金筹集、房地产开发项目工程建设管理、房地产开发项目市场推广、物业管理等内容。教材注重理论与实践相结合，紧密结合房地产市场发展情况和工程实践，配合具有代表性的开发案例，注重创新性及实践指导性。

本书可作为高等院校工程管理、工商管理（房地产经营管理方向）、土木工程、城市规划等专业相关课程的本科、研究生教材，也可作为房地产开发与经营管理人员的参考用书。

前　言

房地产业关联度高，带动力强，与人民生产生活息息相关。近年来，我国房地产业飞速发展，已经成为国民经济的支柱产业，与此同时，基于开发实践的房地产开发与经营理论也得到逐步深化。

算起讲授房地产开发与经营课程已经十余年了，学生们对课程的喜好和认真是我不断学习的动力，当然这里面也包含有自身对房地产的喜爱与关注。期间，与学生们有过多次的互动交流，也不止一次深深的自问："我们的房地产开发与经营课程应该带给学生哪些知识点？教材与开发实践工作如何更加紧密的结合起来？如何通过本课程学习更好的指导开发实践活动？"。

作为研究者、讲授者与实践者，我想，应当时刻保持对专业领域敏锐的目光，密切追踪房地产市场变化和学科发展进程，这样才能为我们的读者提供具有理论与实践指导意义的专业书籍。从现阶段我国房地产市场发展特征来看，市场、政策、开发理念、消费观念等变化之快，让人目不暇接；从教学、科研与开发实践来看，教材应当紧密结合房地产市场发展情况和工程实践，加强理论联系实际，注重创新性及实践指导性。这一切，致使我们坚持教材的编写以理论联系实际为出发点，注重房地产开发与经营理论体系构建，跟踪房地产市场变化，选取具代表性的开发案例，支持案例教学、实践性教学，满足房地产开发经营教学改革、课程建设和指导开发实践的迫切需要。

本书由兰峰等编著，宋宏、曲赜胜、王学通担任副主编。书中第一、三、四、五、六、七章由西安建筑科技大学兰峰编写，第二章由辽宁大学曲赜胜编写，第八章由广州大学王学通编写，第九章由河北工程大学周书敬编写，第十章由西安建筑科技大学宋宏编写，第十一章由西安建筑科技大学廖阳编写。全书由兰峰负责统稿。

本书承蒙清华大学房地产研究所所长、博士生导师刘洪玉教授主审，并提供许多建设性意见，在此表示深深的谢意。

中国建筑工业出版社以及西安建筑科技大学管理学院研究生焦成才、莫钟明、秦艳花、马晓娜、丁胜兵、雷鹏、许岩等同学为本书出版做了许多有益的工作，西安金地置业投资有限公司、世联地产顾问有限公司等单位以及我的同事孔凡楼、来雨、李玲燕、向寿生（西安财经学院）等同志为本书出版提供了热情帮助，在此一并致谢。本书编写过程中也参阅了大量文献资料，在此谨向所有文献的作者表示衷心感谢。同时感谢西安建筑科技大学教务处重点教材建设立项项目课题组对本书提供的出版基金支持。

其实，编者深深地知道，房地产开发与经营领域还有很多的问题有待于我们作更进一步的分析和探索，编者的水平也有限，难免有不少缺欠之处，所以很诚挚地期待来自各方真诚的意见、批评与指正。但是，心中还是期望本书的出版能如一片绿叶点缀房地产开发经营活动这颗大树。

兰　峰
2008 年 1 月完稿于西安建筑科技大学

目　　录

前言
第1章　房地产开发概述 ··· 1
   1.1　房地产与房地产开发 ·· 1
   1.2　房地产开发模式 ·· 3
   1.3　房地产开发分类与项目类型 ······································ 6
   1.4　房地产开发特性 ·· 16
   1.5　房地产开发企业 ·· 19
   思考题 ·· 20
第2章　房地产开发前期工作 ··· 21
   2.1　房地产开发的阶段划分 ·· 21
   2.2　土地使用权获取 ·· 22
   2.3　开发项目立项与报批 ··· 26
   2.4　房地产开发项目招标 ··· 28
   2.5　办理施工许可 ··· 31
   思考题 ·· 32
第3章　房地产开发项目市场调查 ·· 33
   3.1　房地产市场调查概述 ··· 33
   3.2　房地产市场调查方法 ··· 36
   3.3　房地产市场调查程序 ··· 40
   3.4　房地产市场调查的主要内容 ··································· 45
   思考题 ·· 54
第4章　房地产开发项目策划 ··· 55
   4.1　房地产开发项目策划概述 ······································ 55
   4.2　房地产开发项目策划的主要内容 ···························· 59
   4.3　房地产开发项目市场细分 ······································ 62
   4.4　房地产开发项目定位 ··· 66
   4.5　房地产开发项目主题策划 ······································ 75
   思考题 ·· 78

第5章　房地产开发项目规划设计 ... 80
5.1　城市规划与房地产开发 ... 80
5.2　房地产开发项目规划设计的指导思想与主要内容 ... 84
5.3　居住区规划布局 ... 86
5.4　建筑选型 ... 88
5.5　住宅户型 ... 95
5.6　配套设施规划 ... 98
5.7　道路交通规划 ... 102
5.8　绿地与景观规划 ... 106
思考题 ... 108

第6章　房地产开发项目风险与不确定性分析 ... 109
6.1　房地产开发风险概述 ... 109
6.2　房地产开发风险识别 ... 111
6.3　房地产开发项目不确定性分析 ... 115
6.4　房地产开发项目风险分析 ... 122
6.5　房地产开发项目投资组合策略 ... 128
6.6　房地产开发项目风险应对 ... 130
思考题 ... 132

第7章　房地产开发项目可行性研究 ... 133
7.1　房地产开发项目可行性研究概述 ... 133
7.2　房地产开发项目可行性研究与投资决策 ... 135
7.3　房地产开发项目投资与收入估算 ... 139
7.4　房地产开发项目财务评价 ... 150
7.5　房地产开发项目国民经济评价 ... 167
7.6　房地产开发项目社会影响分析 ... 171
思考题 ... 173

第8章　房地产开发项目资金筹集 ... 175
8.1　房地产开发项目资金筹集概述 ... 175
8.2　房地产开发项目资金筹集的主要方式 ... 178
8.3　房地产开发贷款的风险管理 ... 183
思考题 ... 185

第9章　房地产开发项目工程建设管理 ... 187
9.1　质量管理 ... 187
9.2　成本管理 ... 191
9.3　进度管理 ... 196

9.4　合同管理 …………………………………………………… 200
9.5　建设监理 …………………………………………………… 203
9.6　竣工验收 …………………………………………………… 204
思考题 …………………………………………………………… 206

第10章　房地产开发项目市场推广 …………………………… 207
10.1　房地产开发项目市场推广渠道 …………………………… 207
10.2　房地产开发项目市场推广 ………………………………… 209
10.3　房地产开发项目价格策略 ………………………………… 219
10.4　房地产开发项目销售管理 ………………………………… 227
思考题 …………………………………………………………… 231

第11章　物业管理 ………………………………………………… 232
11.1　物业管理概述 ……………………………………………… 232
11.2　物业管理基本内容 ………………………………………… 239
11.3　不同物业类型的管理方式 ………………………………… 246
11.4　物业管理费用与住宅专项维修基金 ……………………… 250
思考题 …………………………………………………………… 255

主要参考文献 ……………………………………………………… 256

第 1 章
房地产开发概述

本章学习要求：
1. 掌握房地产的基本概念；
2. 熟悉房地产开发的项目类型、房地产开发的特性；
3. 了解房地产开发的含义，房地产开发的地位和作用，房地产开发的模式，房地产开发的分类，房地产开发企业的设立与资质等级。

1.1 房地产与房地产开发

1.1.1 房地产的基本概念

房地产又称不动产（英文中常用 real estate 或 real property 表示，大多数情况下使用 real estate 一词），包括土地、建筑物及其他地上定着物，是房屋财产与土地财产的总称，是实物、权益和区位的结合。其中，土地包括地球的表面及其上下一定范围内的空间；建筑物是指人工建筑而成的实体，包括房屋和构筑物两大类；其他地上定着物是指与土地或建筑物不能分离，或者分离就会破坏土地、建筑物的功效或完善性，或使其价值明显受损害的物体，包括永久定着在土地表面之上的自然物，如树木、水流等。因此，房地产是固定在一定地域之内不能移动的土地、房屋建筑以及其他地上定着物相结合的不动产。

在物质形态上房屋财产总是与土地财产连成一体，房依地建，地为房载，二者不可分离；在经济形态上房地产具有价值，承载着相关的权益。房地产不仅是人类社会最基本的生产要素，也是最基本的生活资料。

通常所称的物业一般指已建成投入使用的各类房屋建筑物及其附属设备、设施、相关的场地。

1.1.2 房地产开发的含义

房地产开发，是指在依法取得国有土地使用权的土地上进行基础设施、房屋建设的行为。房地产开发必须严格执行城市规划，按照经济效益、社会效益、环境效益相统一的原则，实行全面规划、合理布局、综合开发、配套建设。

房地产开发是城市规划的实施过程。城市规划是城市发展的目标和城市建设的依据，房地产开发必须服从城市规划，服从城市社会经济发展的需要，这是从城市建设与发展的全局利益出发考虑的。

房地产开发是追求经济效益、社会效益、环境效益全面实现的过程，这也是房地产开发应当追求的目标。注重经济效益是房地产开发企业投资行为的准则，但是任何仅追求企业的经济效益，而忽略甚至有损社会效益和环境效益的房地产开发，是不被社会所接受的。例如，对城中村、棚户区的改造，可以极大地改善所在区域的城市形象，促进社会效益、经济效益和环境效益的显著提高，也受到政府和社会的鼓励。

房地产开发是提高土地使用的社会经济效益的过程。随着城市化进程的不断加快，吸引了更多的生产要素和人口流入城市，人类对以土地为基础的建筑空间的数量和质量需求与日俱增。土地是一种不可再生的自然资源，因此解决城市土地供需矛盾的有效办法是通过房地产开发，合理增加土地的使用强度，提高土地的使用价值，使土地发挥更高的社会经济效益。

房地产开发是通过多种资源、多种专业知识的组合和再造，为人类提供生产、生活空间，并改善人们赖以生存的居住环境的过程。房地产开发活动需要多资源的组合和再造，例如土地、建筑材料与设备、市政基础设施、资金、劳动力以及社会人际关系资源等；同时，房地产开发的复杂性和市场竞争的日趋激烈，需要开发商整合政策法规、项目策划、规划设计、项目管理、工程经济、财务管理、市场营销以及物业管理等各方面的人力资源，随着市场细分和房地产开发专业化程度的不断提高，与专业人才和机构的合作成为房地产开发活动的未来发展方向。

1.1.3 房地产开发的地位和作用

1. 房地产开发的地位

（1）房地产业是我国国民经济的支柱产业

房地产业关联度高，带动力强，已经成为国民经济的支柱产业❶。促进房地产市场持续健康发展，是提高居民住房水平，改善居住质量，满足人民群众物质文化生活需要的基本要求；是促进消费，扩大内需，拉动投资增长，保持国民经济持续快速健康发展的有力措施；是充分发挥人力资源优势，扩大社会就业的有效途径。实现房地产市场持续健康发展，对于全面建设小康社会，加快推进社会主义现代化具有十分重要的意义。

（2）房地产开发在城市建设中占主导地位

随着城市化进程的不断发展，人类对生产、生活行为空间的数量需求与日俱增，同时对其活动空间的质量需求也日益提高，这就需要通过房地产开发不断提供优化的产品，以满足人们日益增长的物质与精神需求，目前，房地产开发已成为城市新区建设和旧城更新改造中最活跃的内容，在城市建设中占据主导地位。

---

❶ 来源：国务院关于促进房地产市场持续健康发展的通知，国发［2003］18号。

2. 房地产开发的作用

（1）有利于加速城市现代化进程

房地产开发在为社会提供居住和生产工作空间的同时，促进了城市基础设施的发展，促进了城市经济的繁荣，也极大地改善了城市面貌，促进了城市更新。房地产开发有利于建设基础设施齐全、生态环境优美、城市景观各具特色的现代化城市，有利于加速城市现代化进程。

（2）有利于城市总体规划的实现

按照城市规划的要求进行房地产综合开发以及配套建设，有利于按照城市规划的要求实现城市社会、经济的发展目标，建成布局合理、功能完善、环境优美的城市，增强城市的综合功能。现在，各大中城市都已普遍实行了房地产综合开发，成街成片改造旧城区，建设城市新区，改变了城市建设杂乱无章的局面，在城市规划的指导下，开发建设行为既注重单体和群体建筑的美化与协调，又注重整个城市的建筑风格与城市风貌，城市面貌有了很大的改观。

（3）为城市社会、经济、政治、文化活动以及人民生活提供载体

房屋是人类社会赖以生存和发展必不可少的生产和生活资料，同时也是城市正常运行的载体。房地产开发为城市提供了大量的住宅、工作空间、基础设施以及服务设施，人们的生产、生活得到保障，城市的政治、经济、文化活动得以顺利进行。

（4）为城市政府财政和城市建设提供资金来源

房地产开发企业积极参与城市建设，在房地产开发的过程中，城市政府将国有土地使用权有偿出让给开发企业，从中可以收取土地使用权出让金，征收各种税费，这些构成了各级政府财政收入的重要来源，从而为城市大型基础设施建设和维护提供了资金保障，形成了城市建设的良性循环。

（5）为城市中低收入群体提供住房保障

经过多年的改革、探索和实践，我国基本上建立了以市场分配为主体，以社会保障为补充的住房供应体系。政府不断完善住房保障体系，通过房地产开发为社会提供经济适用房、廉租房等保障性用房，为城市中低收入群体提供了住房保障。

1.2 房地产开发模式

房地产开发实践中，形成很多的开发模式，但都是在房地产企业发展模式背景下形成的，因此本节谈到的房地产开发模式实质上是结合房地产企业发展模式来阐述的。

1.2.1 多元化开发模式

1. 混业开发

混业开发，指开发企业跨行业的相互渗透与互动发展，包括涉足金融业、建筑材料行业、建筑施工及装饰装修行业等。房地产开发商涉及相关行业，可以更好地发挥所涉及的行业优势，较好地整合产业链，在资金筹集、建筑施工、材料供应等环节满足开发需要，并能够有效地提高开发企业的总体收益水平。

2. 纵向一体化开发

纵向一体化开发，是指开发企业实行房地产开发建设与物业资产管理并举的经营方式。从国内外的经验看，拓展房地产投资及与之相关的房地产资产管理业务，构筑房地产开发与管理密切结合型企业，是房地产开发企业实施可持续发展的重要途径之一，也是拓展开发商品牌的重要途径。目前很多知名地产公司都在物业管理方面开展了大量的工作，并取得了显著的成就，例如万科物业、中海物业、金地物业、华侨城物业等。

3. 综合项目开发

综合项目常见于诸如融居住、商业、旅游、娱乐于一体的主体社区，如一些大型居住区项目，例如深圳的华侨城包含了住宅、商业、酒店、主题公园、社区公园、体育健身、教育设施等多种业态；近年来，在国内一些大城市中出现了集购物、餐饮、酒店、高级公寓、写字楼、休闲娱乐等多功能、集合式商业经营项目在内的大型商业地产开发模式。

在综合项目开发经营中，多种物业功能和经营方式相互支持，可提升房地产开发效益水平，保持收益的稳定性，有利于开发企业的可持续发展。

【阅读材料】 复合商业地产模式案例

HOPSCA（"豪布斯卡"）是最早在欧美国家出现的复合商业地产模式，本质为 HOTEL（酒店）＋OFFICE（写字楼）＋PARKING（停车场）＋SHOPPINGMALL（大型综合购物中心）＋CONVENTION（娱乐休闲）＋APARTMENT（国际公寓）的复合体，综合了生活、工作、商务、社交、休闲、购物等不同机能。

HOPSCA 具备完整的街区特点，通常这种复合地产模式均有着严格的选址要求：一般位于城市中心，有足够的空间实现庞大的建筑规模，有大面积的绿化作为景观，有方便快捷的交通网络，并有功能繁多、业种业态齐全的商业配套以及高尚多元的文化品位。

HOPSCA 在特定的空间环境中将生活、工作、商务、社交、休闲、购物等不同机能的城市资源集约起来实现链接，节约时间和交通成本，从而达到社会效益与经济效益的最大化。

1.2.2 专业化开发模式

房地产物质形态的多样性、产品分布的地区性，以及开发经营过程的阶段性、高风险性和不确定性，使得专业化开发模式成为开发企业的重要选择。

在专业化开发模式下，开发企业的投资经营活动集中在相对较窄的产品类型范围内，有利于房地产产品开发、经营与管理技术的不断成熟与创新，有利于减少产品转型所带来的成本。同时，开发项目在投资管理、质量管理、进度管理、资源供应管理、合同与信息管理等方面的工作更易于掌握和控制，有助于降低管理成本，提高管理效率；也有益于实现开发工作流程的标准化、制度化。专业化开发模式可以从以下角度进行分类。

1. 特定物业类型开发

开发企业根据对自身资源（包括资金、实力和经营）的评价以及对所处市场的独特认识，可以选择某类物业类型作为企业相对专一的开发对象，实现专业化开发。目前很多开发商致力于专业产品类型开发，如深圳万科、金地集团、中海地产等公司主要集中在住宅项目开发上，大连万达公司和北京的金融街控股股份有限公司面向全国重点城市和地区，以商务地产为主导产品；房地产市场中也有公司专门从事工业地产开发，还有公司专门从事土地开发等。

特定物业类型开发，可以在某一特定地域上进行，也可以在广泛地域上进行。目前，一些实力较强的开发商已开始在全国区域范围内进行房地产开发，例如万科、保利地产、金地集团、中海地产、大连万达等公司。其中，万科在核心城市的影响力正在日益增加，同时在并购整合方面积累了越来越多的经验；保利地产正在快速地完善其区域布局，已经加大了在上海等地的投资力度；大连万达在全国多个城市进行了商业地产开发；金地集团和中海地产在一线、二线城市的发展较为顺畅，例如金地集团在北京、上海、广州、深圳、天津、武汉、西安、沈阳等地都已经实行了多项目开发。这些公司以高于行业平均的速度在全国范围内复制其现有的模式，保持了收入与盈利的快速增长，市场影响力也在不断增强。

2. 协作型开发方式

协作型开发方式的实质就是开发企业专注于自己最擅长的业务或核心业务，然后购买其他社会化专业机构提供的最擅长业务服务，如市场专业咨询、报建专业代理、工程管理咨询、专业营销策划服务等，从而形成高协作性的开发流程，使开发机构超脱一般的协调和技术细节，专注战略管理、投资决策和资金管理。购买专业服务，不单纯是最低成本的追求，重要的是，获得开发品质与成本控制曲线中的最优解。

协作型开发方式的发展，是房地产开发业提升的标志之一。未来的房地产开发商将越来越多地扮演投资商的角色，更多地借助于社会化专业机构的合作与支持。

1.2.3 其他开发模式

1. 定向开发模式

定向开发的服务对象一般是机构客户，开发企业按客户的订购要求开发土地，进行房屋设计、建造和经营，在定向开发模式下，开发商能够较好地规避市场风险。

2. 服务性开发模式

服务性开发主要是指房地产开发商输出项目管理模式与服务，通常可认为是一种"虚拟"开发方式（服务对象是其他开发企业），即开发企业通过品牌授权，输出管理模式，提出开发项目解决方案，推动当地开发项目的实施，这种方式目前在国外已出现。

1.3 房地产开发分类与项目类型

1.3.1 房地产开发的分类

房地产开发的形式多种多样，从不同的角度可以划分出不同的开发形式。从房地产开发实践来看，主要有以下分类方式：

1. 按开发的区域划分

根据被开发区域的性质，可将房地产开发分为新区开发和旧城更新改造两种形式。

（1）新区开发

新区开发主要是通过对城市郊区的农地和荒地的改造，使之变成建设用地，并进行一系列的房屋、市政与公用设施等方面的建造和铺设，使之建设成为新的城区，新区开发的主要特点是从"生地"开始，严格按照城市规划和所在开发区的功能要求进行建设。

①新区开发的特点

新城区开发用地一般处于城市的边缘地带，远离闹市区的嘈杂，环境和空气质量较好，适合建造高级住宅、公寓等；另外由于城市产业调整的需要，科技工业园区以及工业用房也多建造在城市新区。相比旧城区，在新城区开发，土地征用以及拆迁安置补偿费较低，城市规划限制条件也少，开发商一般可以充分考虑市场调研的结果，按照顾客的要求进行设计，以获得较好的使用功能和环境景观。但是目前，开发商自行征用耕地进行开发建设的审批手续非常困难，同时新城区开发用地多为"生地"，缺乏必要的市政配套，往往依赖于地方政府对城市新区大量的基础设施投入。

②新区开发的指导思想

城市新区开发是一项系统工程，绝非哪一个或哪几个开发商就可以做好的。城市新区开发建设应当重视"规划先行"的理念，兼顾规划的科学性、前瞻性、指导性，应当制定一个系统科学的新区开发和建设规划，与城市总体规划、分区规划及控制性详细规划相衔接，以避免因规划控制不力而造成开发建设中的混乱和矛盾。城市新区开发应当考虑到旧城区的功能转变，提高城市产业结构升级，结合城市总体发展定位，给予新城区一个客观的、富有活力的城市定位。城市新区开发应当在加强"七通一平"基础设施建设的同时，特别注重生态环境的逐步完善。

【阅读材料】 天津滨海新区的功能定位[1]

天津滨海新区位于环渤海经济圈的核心位置，自然资源丰富，拥有丰富的石油、天然气、原盐、荒地和滩涂、海洋资源等，同时拥有雄厚的工业基础，是国内外公认的发展现代化工业的理想区域。滨海新区经过十多年的开发与建设，已经具备进一步加快发展的条件和基础。天津滨海新区的功能定位是：依托京津冀，服务环渤海，辐射"三北"，面向东北亚，努力建设成为我国北方对外开放的门户、高水平的现代制造业和研发转化基地、北方国际航运中心和国际物流中心，逐步成为经济繁荣、社会和谐、环境优美的宜居生态型新城区。

（2）旧城更新改造

旧城更新改造是对城市建成区一些区域内的建筑和城市基础设施进行功能和形象的再造，这是改变房屋陈旧、交通紧张、设施落后局面，改善人居环境，实现土地利用集约化、提高土地综合效益的重要途径，是激发城市生机与活力的重要手段。由于我国大多数城市历史形成年代较长，旧城区多出现不适应当前社会经济发展的现状，目前，旧城的更新改造已成为许多大中城市房地产开发的主要内容之一。

①旧城区开发的特点

旧城区往往地处城市中心，区位优越，商业氛围浓郁，文化旅游景点丰富，一般适合商业、办公、旅游、娱乐、餐饮等项目类型的开发，往往可以获得较高的收益，如北京的王府井、西单，上海的南京路，天津的滨江道等。但是，旧城区人口密集，拆迁安置工作难度较大，土地费用高昂，城市规划限制条件也较为苛刻，开发商只能在这些条件下进行规划设计和开发建设。

②旧城更新改造的指导思想与主要模式

一座城市就是一部历史，建设越久远，历史沉淀越厚实，其传统历史街区的价值就越高，如北京的胡同、四合院，上海的石库门，青岛的里弄等都具有较高的历史与建筑艺术价值。对旧城区的更新改造，应克服盲目性和片面性，避免简单粗暴的做法，防止大拆大建，需要重点研究旧城区域拆除与保护的关系问题，以科学的规划指导旧城的更新改造，同时力求做到社会功能的完整配套。应当坚

---

[1] 来源：天津政务网，2007年10月12日：《国务院关于推进天津滨海新区开发开放有关问题的意见》。

持"审慎更新、循序渐进、有机更新"的原则,按照城市内在的发展规律,理顺城市肌理,重视旧城区作为一个有机组织的成长过程,在可持续发展的基础上,探求城市的更新与发展。

当前的旧城改造模式主要分为三种。一是对历史文化街区、建筑的整体保护。旧城中丰富的历史文化遗存,是城市不可再生的宝贵资源,是一个城市区别于其他城市和地区独一无二的品牌形象,对于提升城市核心竞争力具有重要意义。因此,在旧城改造中对历史文化遗存应当进行合理保护和有效适度开发,发挥出城市文化的强大积聚效应,展现城市文化的独特魅力。二是部分地区整体拆除。在低洼潮湿的旧城区域,建筑物普遍年久失修,存在严重安全隐患,没有保留价值。对这些区域的建筑,可以采取整片拆除的方法,重新整体规划,整体打造,这也是打造城市形象、政府为民办实事的具体表现。三是部分拆除部分保留的模式。这种情况在旧城区比较普遍。对有使用价值的建筑进行旧房整治和管网配套以继续保留使用,对旧城区中破烂不堪、安全隐患严重的棚户区建筑,采取拆除重建的方式。

③保护和开发相结合的旧城更新理念

旧城更新是从保护古城原有特色的角度进行空间规划,从满足人们现代化需求的角度进行功能规划,进一步考察总体投资的经济效益、环境效益和社会效益。在旧城改造实践逐步进行的基础上,产生了现代"有机更新"理论,"有机更新"主张"按照城市内在的发展规律,顺应城市之肌理,在可持续发展的基础上,探求城市的更新和发展",认为一个城市总是需要新陈代谢的,但是,这种代谢应当像新老细胞更新一样,是一种"有机"的更新,而不是生硬的替换,只有这样,才能维护好古城的整体风格与肌理❶。

【阅读材料】 西安顺城巷整治改造工程案例❷

在西安顺城巷的整治改造工程中,遵循了改造和保护相结合的原则。顺城巷及周边环境的文化氛围的营造从五方面入手,即:改造居民的棚户区,重现"居"文化;保护顺城巷所有的历史文化街区,恢复传统的"坊"文化;连通寺庙景观,再塑宗教文明;完善文化娱乐设施,再造"肆"盛景;坚持"突出重点、以线带面"的原则,保护和改造顺城巷,实现"城"文化。把顺城巷建设成为西安古都历史文化特色旅游长廊,形成城区集休憩、居住、购物功能为一体的传统街区。

---

❶参见吴良镛,北京旧城与菊儿胡同,中国建筑工业出版社,1994。
❷参见张小斌,西安顺城巷改造是民心工程,华商报,2004年8月9日;图片来源:左图(本书作者摄,2007年7月15日),右图(新华网陕西频道,2006年7月5日)。

透视"有机更新"理论我们可以看出,旧城改造不可以搞大拆大建,应当进行逐步的改造更新。旧城改造要在保护街区整体风貌的同时,尽量保留改造区域中真实的历史遗存。基于有机更新理论指导下的旧城改造也是通过对多种资源的整合使用而为人类提供入住和休闲空间,并改变人类生存的物质环境的一种房地产开发行为,旧城更新改造中的房地产开发行为应根据保护与开发相结合的原则,把改造区域内的历史文物、地方民居和传统商业街整合成一个有机的系统,以此体现旧城的传统文化、风土人情和地方风貌。

【阅读材料】 北京菊儿胡同住宅改造工程案例[1]

北京市东城区的菊儿胡同住宅改造工程是我国新时期探索旧城住区更新的杰出典范,它以"有机更新"理论为指导,在胡同—院落体系下发展了"新四合院"模式。时代的变化,社会、经济、文化的发展,旧的胡同—院落系统失去了它成长的基础,但"集体记忆"仍存在于人们的内心深处,若视文化、历史于不顾,进行大规模推倒重建,则必然造成"记忆的丢失"。菊儿胡同住宅改造工程发展的"新四合院"模式和"新胡同—院落"体系,成为能引起"记忆"的城市片段,是能与人类心理结构产生共鸣的建筑类型,构筑出人们记忆中的"类似性城市"。

菊儿胡同改造工程第一、二期工程1992年建成,总建筑面积14840平方米,安排居民260户。菊儿胡同危改中保留了有价值的旧院落和胡同,以新型四合院住宅插入的方式更新了危旧房屋。新型四合院住宅继承了北京传统四合院形式和胡同体系,又吸取了公寓式住宅楼私密性的优点,其基本院落由两三层楼房住宅围合而成,继续保持了以往四合院传统住宅院落的地域空间。建筑外墙采用传统民居的色

---

[1] 参考菊儿胡同住宅改造工程的类型学分析,《合肥工业大学学报:自然科学版》,2004年27卷4期,372~375页;中国城市网,北京当代建设,2007.11.26;北京文化遗产保护中心网站,菊儿胡同四合院项目,2007年11月26日。图片来源:左图(亿库教育网,2007年11月26日);右图(焦点房地产网,2006年10月17日)。

彩,并采用了具有民族风格和历史韵味的建筑符号和构件,如青砖、灰瓦、小坡屋顶、挑檐、阁楼等,创造了延续传统、富有生机的新型居住环境,在旧城更新中较好地解决了保护旧城风貌的问题。

菊儿胡同新四合院,在保证私密性的同时,利用连接体和小跨院,与传统四合院形成群体,保留了中国传统住宅重视邻里情谊的精神内核,保留了中国传统住宅所包含的邻里之情。菊儿胡同新四合院住宅工程曾获1992年世界人居奖,这也标志着世界对菊儿胡同及其文化内涵的认同。菊儿胡同改造不仅是北京旧城改造的成功范例,更是一个文化路标,镶嵌在古老的北京城里。

2. 按开发的深度划分

按照房地产开发的深度可以划分为土地一级开发、房屋开发。

土地一级开发是指按照国民经济和社会发展规划、城市总体规划、土地利用总体规划和城市土地储备供应计划的要求,将列入城市土地储备供应计划的开发项目,在确定土地开发综合策划方案(土地一级开发实施方案)以后,以政府委托或公开招标的方式选定土地开发主体,通过对城市规划区范围内的存量国有土地(毛地)或农村集体土地(生地)进行统一的征地、拆迁、安置、补偿等,并进行相应的基础设施配套建设,将土地开发并达到"三通一平"(水、电、路畅通和场地平整)或"五通一平"(给水、排水、供电、通信、道路畅通和场地平整)或"七通一平"(给水、排水、供电、供热、供气、通信、道路畅通和场地平整)的建设条件(熟地),然后通过协议、招标、拍卖或挂牌等方式,将土地使用权转让给其他房地产企业进行房屋建设的一种开发经营方式。通过土地一级开发,可以达到土地开发项目社会效益、环境效益、经济效益的高度统一,目前主要由政府或政府授权委托的开发企业操作实施。

房屋开发是指房地产开发企业以一定的方式获得地块的使用权后,按照规划要求,建造各类房地产商品,如住宅、办公楼、商业用房、娱乐用房等,并以出售或出租手段将这些房地产商品推入市场的一种开发经营方式。目前,房屋开发常常是以房地产综合开发的形式出现的。

房地产综合开发是指根据城市总体规划的要求，对一定区域内的房屋建筑、配套工程及基础设施进行全面规划，统一建设，以求得良好的经济效益、社会效益和环境效益。这种开发方式也是目前我国绝大多数房地产开发企业采取的一种开发方式。

3. 按开发项目的使用功能划分

根据开发项目的使用功能，可分为居住房地产、商业房地产、工业房地产、特殊用途房地产等，详见本书1.3.2节内容。其中商业房地产又可以细分为办公房地产、旅馆房地产、餐饮房地产、娱乐房地产等类型；居住物业也可以进一步细分为高档住宅、普通商品住宅、经济适用房、限价房、廉租房等。不同使用功能的房地产，其需求对象、风险大小和收益水平也不尽一样。

此外，按开发的规模可分为单项开发和成片开发，在成片开发中往往采用滚动开发的方式进行；按开发的组织机构方式又可以分为合作开发和单独开发等。

1.3.2 房地产开发的项目类型

在这里，主要从使用功能的角度，来分析房地产项目的主要类型。在传统划分方式上，房地产项目类型主要包括居住房地产项目、商业房地产项目、工业房地产项目、特殊用途房地产项目。

事实上，一些类型的项目具有多功能的交叉和融合的特征，例如近年来逐渐兴起的旅游房地产项目，同时兼具旅游和其他物业类型的功能。为了使项目类型的分类边界更加清晰，在这里对此不进行单独的划分。例如旅游风景区或边缘地区中的度假别墅等，兼具了居住和旅游度假功能，但是更多地体现居住功能，在这里将其列入居住房地产项目；而常见的旅游度假酒店、主题公园等项目同时兼具商业和旅游的功能，但是项目自身特点更多地体现追求收益性，在这里将其列入商业房地产项目进行分析。

1. 居住房地产项目

是指供人们生活居住的房地产，包括普通住宅、高档公寓、别墅等。这类物业的购买者大都是以满足自用为目的，也有少量作为投资，出租给租客使用。由于人们置业需求以及置业能力的不断增强，居住类房地产项目已成为最具潜力的市场，投资风险也相对较小。此外，这类物业以居民个人的购买行为为主，单宗交易规模相对较小，市场交易量较大，因此适合于市场比较法进行价格评估。

市场中的居住类房地产项目可以细分如下：

（1）普通商品住房：普通商品房是指户型最大面积不超过140平方米，住房容积率在1.0以上，房屋销售价格在同地段平均交易价格的1.2倍以内的商品房❶。根据2006年5月建设部、国家发改委、国土资源部等九部委颁发的《关于

---

❶ 来源：央视国际www.cctv.com，2006年3月22日。

调整住房供应结构稳定住房价格的意见》，在"十一五"时期，要重点发展满足当地居民自住需求的中低价位、中小套型普通商品住房。

（2）限价商品房：限价商品房是指政府通过组织监管、市场化运作，以直接定价招标方式出让国有土地使用权，并限定房屋销售价格、建设标准和销售对象的普通商品房。限价商品房就是"四限两竞"商品房，"四限"是指限地价、限房价、限套型、限对象；"两竞"是指竞地价、竞房价。

限价商品房属政策性商品住房性质，截至目前并没有将其纳入保障性住房范畴，但其在一定程度上起到了保障作用。通过限定房价，以房价定地价，能够解决中等收入市民的居住问题，有利于保持房价平稳发展，抑制房价过快上扬，构架合理的房地产价格体系。

（3）经济适用住房：经济适用住房是指政府提供政策优惠，限定套型面积和销售价格，按照合理标准建设，面向城市低收入住房困难家庭供应，具有保障性质的政策住房❶，经济适用住房制度是解决城市低收入家庭住房困难政策体系的组成部分。

根据《经济适用住房管理办法》（建住房［2007］258号）规定，经济适用住房建设用地以划拨方式供应，免交土地使用权出让金，免收城市基础设施配套费等各种行政事业性收费和政府性基金，经济适用住房项目外基础设施建设费用，由政府负担。房地产开发企业实施的经济适用住房项目利润率按不高于3%核定。经济适用住房管理还有着严格的准入和退出机制，由市、县人民政府按限定的价格，统一组织向符合购房条件的低收入家庭出售。

（4）廉租房：廉租房是指政府以货币补贴或实物配租的方式，向符合城镇居民最低生活保障标准且住房困难的家庭提供的具有社会保障性质的住房。廉租房制度将住房体系和社会保障体系很好地结合起来，只有真正的、确实存在住房困难的最低收入居民才能享有。结合各地的经验来看，有效利用存量住房，运用货币补贴方式将是长远的发展方向。我国的廉租房只租不售，不许转租，无继承权。

（5）高档商品住房：目前，各地在高档商品住房的界定方面尚无一个统一的标准，但是无论如何，高档商品住房在套型结构和销售价位上均超过普通商品住房的标准。从目前各地的房地产开发实践中看，高档商品住房的开发建设仍然很活跃。在高档商品住房开发建设中很大一部分是别墅类型项目的开发，为了保持阅读的方便性，在下面单独进行介绍。

（6）别墅❷：传统意义上的别墅是指建于城郊或风景区内的功能较为齐全、

---

❶参见《经济适用住房管理办法》，建住房［2007］258号，2007年11月19日。
❷国土资源部当前对别墅的定义是："独门独户独院，占地面积又相当大，容积率非常低的那种住宅"。

带有前后花园或院落的单层或两至三层房屋，通常作为第二居所住宅或度假休息的场所。

按别墅所处的地理位置和功能的不同，可分为：山地别墅（包括森林别墅）、临水（江、湖、海）别墅、牧场（草原）别墅、庄园式别墅等；从建筑形态上又可以分为独栋别墅、联排别墅、双拼别墅、叠拼别墅等类型，关于别墅在建筑形态上的详细分析，参见本书5.4.1节的内容。

随着经济的发展和生活理念的转变，人们开始追求别墅所带来的纯朴自然的居住格调与高品质生活，然而，由于传统别墅远离城市，生活成本高，配套薄弱，一般只作为第二居所周末度假之用，其使用率一直不高。随着别墅开发理念和人们居住理念的成熟，集居家度日和休闲度假于一体的城市别墅悄然兴起，相比郊区别墅，城市别墅能享受更多的城市便利，目前城市别墅多见于联排别墅、双拼别墅、叠拼别墅等类型。

2. 商业房地产项目

商业房地产项目也称经营性房地产或收益性房地产，主要包括商业用房（店铺、超市、商场、购物中心等）、写字楼、酒店、酒店式公寓等类型。此类项目经营可以带来经常性的现金流入，具有较高的投资收益，所以受到人们的青睐。现在市场中也出现了很多投资商业物业（以商业店铺投资多为常见）的个人，他们以此为投资渠道，获得出租收益并实现个人资产的增值保值，同时也可为后人留下一笔财富。

（1）商业用房：包括各类商场、购物中心、超级市场、店铺等类型，业主可以从长期的运营中获得长期的回报。由于商业用房可带来高额的经营收益，所以备受投资者的青睐，近年来，地理位置好的商业房地产项目的争夺日益激烈。

（2）写字楼：按照功能划分，写字楼可以分为单纯型写字楼、商住型写字楼和综合型写字楼；按照现代化程度划分，可以分为智能型写字楼、非智能型写字楼；按照国际惯例划分，可以分为甲级写字楼、乙级写字楼、丙级写字楼。

（3）酒店：酒店或饭店通过出租客房、餐饮及综合服务设施向客人提供服务，从而获得经济收益。按照国际惯例，饭店的等级共分五等，即五星、四星、三星、二星、一星饭店。传统的酒店多见于城市开发的成熟区域，以便吸引客源。随着房地产市场的发展、国外有关概念的引入以及营销理念的创新，我国也出现了一些新型的酒店项目。

旅游度假酒店：这是依托旅游资源而兴建的酒店或类酒店项目，例如风景区周围的酒店、旅游度假中心等，多位于城市边缘或风景名胜地区，主要目的是为客户提供旅游、休闲、度假时的住宿、餐饮、会议、培训以及其他服务功能。

产权式酒店（Property Hotel）是开发商将酒店的每个单位的产权分别出售给投资者，投资者一般不在酒店居住，而是将客房委托酒店管理公司或分时度假网络出租经营，并获取年度客房利润分红，同时获得酒店管理公司赠送的一定期限免费入住权。从国际产权式酒店的发展趋势来看，其可分为以下几类：

①时权酒店。是将酒店的每个单位分为一定的时间份（如：一年产值51周，共51个时间份），出售每一个时间份的使用权。消费者拥有一定年限内在该酒店每年一定时间（如一周）的居住权。"时权酒店"主要是依靠契约和信用机制保障投资者的权益，而由于目前中国的物权和信用机制不完善，开发商携款潜逃的事件屡有所闻，因此单凭契约保障很难取得投资者的信任，这就需要表明产权关系，产生了赋予投资者酒店所有权的必要性。

②纯产权酒店。是指将酒店的每一个单位分别出售给投资人，同时投资人委托酒店管理公司或分时度假网络管理，获取一定的管理回报。纯产权酒店又分为商务型及度假型。

③养老型酒店。是指投资人（往往是最终消费者），在退休前投资退休养老度假村的某一个单位，委托管理公司经营管理直至退休后自用。委托管理期间，投资人可获取一定的投资回报。一般情况下该物业在产权人去世后由管理公司回购，再出售，收益归投资人家人所有。

④时值度假型酒店：指消费者购买一定数量的"分数"，这些"分数"就成为他们选购产品的货币。他们可以使用这些"分数"在不同时间、地点、档次的度假村灵活选择其分数所负担的住宿设施。消费者不拥有使用权或产权，只是为休闲消费提供便利、优惠和更多选择。"分数"消费可以获取更大的折扣和免费居住时间。

（4）酒店式公寓：酒店式公寓是指住宅公寓开发建设完成后，采用酒店式物业管理模式，除了提供传统酒店的各项服务外，更重要的是向住客提供家庭式的居住布局、家居式的服务，其最大的特点是要比传统的酒店更多一些家的味道，因此受到市场承租者的欢迎。它和酒店的区别在于户型和空间的设计上，酒店式公寓的户型，从几十平方米到几百平方米不等，有独立的卧室、客厅、卫浴间、衣帽间等等，可以满足使用者的个性化需求，备受商务人士的青睐。由于酒店式服务公寓主要集中在市中心的高档住宅区内，集住宅、酒店、会所多功能于一体，因此出租价格一般都不低。

（5）主题公园：主题公园是一种以游乐为目标的模拟景观的呈现，它的最大特点就是赋予游乐形式以某种主题，围绕既定主题来营造游乐的内容与形式。园内所有的建筑色彩、造型、植被游乐项目等都为主题服务，共同构成游客容易辨认的特质和游园的线索。主题公园是一种人造旅游资源，围绕着一个或几个主题创造一系列有特别的环境和气氛的项目吸引游客。例如闻名于世界各地的迪斯尼乐园、派拉蒙主题公园以及深圳的世界之窗、锦绣中华等主题公园。

3. 工业房地产项目

工业房地产指为人类生产活动提供入住空间的房地产，常见的包括非标准工业厂房、标准工业厂房、仓储用房、研究与发展用房（又称工业写字楼）、工业园区等。工业房地产项目既有出售的市场，也有出租的市场。需要指出的是，在我国，工业厂房受到生产工艺要求的限制和需求量的制约，相对住宅而言，目前其市场份额还较小。

（1）工业厂房。其主要类别有非标准工业厂房和标准工业厂房等。传统的建设方式是，工业厂房必须在生产规模、产品型号等确定后，才开始厂房建设，这主要是指非标准工业厂房的建设。非标准工业厂房由于其建筑物的设计需要符合特定工艺流程的需求和设备安装的需要，通常只适合特定用户使用，因此不容易转手交易。

随着经济的快速发展，在上世纪80年代初出现了为投资者提供的标准工业厂房，投资者购买或租用厂房后立即投入生产，缩短了投资回收期并早日实现经济效益。随后，在国内很多开发区都推出了各类标准工业厂房提供投资者购买和租赁。

（2）研究与发展用房。又称工业写字楼，兼具了办公、管理和技术研发的功能，多作为工业园区的配套项目进行建设。一般来说，标准工作厂房和研究与发展用房相对于非标准工业厂房具有较大的市场发展空间。

（3）仓储用房。主要作产品和原材料的存放、保管之用。随着物流行业的发展，传统的以自用为主的仓储用房越来越多地用于出租经营，也成为工业房地产项目的重要组成部分。

（4）工业园区。工业园区的开发建设，是目前中国各级地方政府最常使用的工业地产开发模式。工业园区开发不属于简单意义上的工业房地产开发，而更多的是城市政府基于区域经济建设、社会发展、百姓就业等各种综合因素考虑下而进行的。

工业园区开发的特征主要表现为：开发建设一般都是政府主导下进行，进行基础设施建设和配套服务项目建设，例如"七通一平"基础设施、行政中心、循环经济中心等项目建设。通过创造相关产业政策支持、税收优惠条件等来营造园区与其他工业地产项目所具备的独特优势，然后通过招商引资、土地出让等方式引进符合相关条件的工业发展项目。

4. 特殊用途房地产项目

指项目的经营活动需要得到政府特殊许可的房地产，包括高尔夫球场、飞机场、汽车加油站、车站、码头等。这类项目多属长期投资，投资者靠日常经营活动的收益来回收投资、赚取投资收益。特殊用途房地产项目的市场交易很少，因此难以采用市场比较法进行估价。

1.4 房地产开发特性

1.4.1 区位特性

1. 位置固定性

位置固定性也称不可移动性。房地产是不可移动的，由此而使房地产的使用、价值、市场等带有强烈的地域性特征，并且房地产开发投资更为地域所限制，它不仅受地区经济的束缚，还受到其周围环境的影响。

从宏观上看，房地产开发的地域性主要表现在投资地区的社会经济特征对项目的影响。每一个地区的投资开发政策、市场需求特性、供给状况以及消费者的支付能力都有可能不一样，因此每个开发商在进入一个地区或城市前，都必须研究当地市场，制定相应的开发策略与方案。

从微观来看，开发项目受位置或地段的影响非常大，房地产不能脱离周围的环境而单独存在，就是强调了位置对房地产投资的重要性，因为这里牵涉到诸如交通、购物、环境、升值潜力等很多与项目投资有关的因素，因此开发商对项目的选址尤需谨慎。

项目的自然地理位置是不可移动的，房地产项目不能脱离周围的环境而单独存在。但是，在房地产开发中，更应该关注项目的经济地理位置。项目的经济地理位置可以随着社会经济等因素的变化而发生改变，由于房地产资产的不可移动性，进行投资决策时，在关注项目自然地理位置的同时，应更关注项目的经济地理位置，着重考虑未来的地区环境的可能变化。因此有眼光的开发商往往特别关注政府在市政和公用设施方面的规划和投资计划安排，并以此作为投资的参考方向。

2. 异质性

房地产的异质性也称独一无二性。房地产位置的固定性决定了房地产产品的异质性，即市场上没有两宗完全相同的房地产，即使两栋采用相同的设计图纸的建筑物，也由于其坐落位置不同、周边环境不同、生活的便捷度不同等差异而导致在市场需求、价格、公众形象等方面有所不同，例如，一个小区内完全相同的两幢楼，由于景观的不同而在售价上也有明显差异。房地产的异质性是房地产营销中实行"一房一价"的理论基础。

3. 寿命长久性

在正常条件下，土地是不可灭失的，而建筑物也具有很好的耐久性，使用寿命期往往非常长，而且拥有房地产权益的期限还可以根据法律规定延长，这就决定了房地产项目的寿命期很长，由此房地产项目具有土地的不可毁灭性与寿命的长久性。

房地产同时具有经济寿命和自然寿命。经济寿命是指在正常市场和运营状态下，房地产产生的收入大于运营费用，即净收益大于零的持续时间；自然寿命则是指房地产从地上建筑物建成投入使用开始，到建筑物由于主要结构件和设备的自然老化或损坏而不能继续保证安全使用时止的时间。自然寿命一般要比经济寿命长得多，如果房地产的维护状况良好，其较长的自然寿命可以令投资者从一宗置业投资中获取几个经济寿命❶，因此，经常可以看到对建筑物进行一些更新改造或改变建筑物的使用性质，目的就是获得更长期的经济寿命。

4. 数量有限性

对于一个国家或者一个城市而言，土地数量是一定的，因此，从土地供给角度来看，土地本身是绝对稀缺的，而可以利用来进行某项或者某个目的的开发的土地也可以看成是相对稀缺的，所以土地的稀缺性和固定性决定了房地产的数量有限性。

1.4.2 价值特性

1. 价格昂贵性

一宗房地产产品的价格往往较高，少则十几万，中则几十万、上百万，多则几百万、上千万甚至上亿。而且，从长远来看，房地产价格还将呈现上升趋势，同时也具有保值增值的性质。正是由于房地产价格的昂贵性，所以大多数家庭的住房投资是一项最大的，也是最为慎重的投资。

2. 保值增值性

房地产项目具有比较好的抵抗通货膨胀的能力，投资房地产项目可以防止一般投资因为通货膨胀所导致的投资贬值。同时，由于我国城市化进程不断加快以及经济快速增长的影响，社会对房地产的需求也在不断地增加，房地产的自然增值的能力也较强。

当然，由于投机等因素以及自然周期的影响，房地产的价值也可能会发生比较大的波动，但是从一个长期的角度来看，房地产的增值性还是比较明显的。

1.4.3 外部特性

1. 用途多样性

土地的用途具有多样性，因此对土地的利用方式就出现竞争与选优的问题。一般情况下，土地的利用顺序为：商业、办公、居住、工业、耕地、牧场、放牧地、森林、不毛荒地。

2. 相互影响性

房地产的相互影响性，反映出房地产的价值取决于周边环境的状况。一宗房地产的价值不仅仅取决于项目自身的品质，还往往受到所处周边环境例如空气质量、水域、绿化、噪声、空气污染状况等因素的影响，也受到邻近房地产的用

---

❶ 参见刘洪玉主编，房地产开发经营与管理，中国建筑工业出版社，2007。

途和开发利用状况如周边物业的性质、档次的影响，另外还受到所在区域的城市基础设施状况如交通条件，以及公用设施建设情况如周边是否有公园、图书馆、学校等因素的影响等。

3. 可调整性

可调整性是指为了适应市场需求的变化，投资者能够相应调整房地产项目的空间布局和使用功能。能够适时调整房地产的使用功能十分重要，这可以极大地增强对抗市场风险的能力。例如：写字楼和宾馆之间存在一定的可转换性，如果写字楼物业面临较大的市场风险，但是通过调研发现宾馆物业具有较好的市场前景，那么可以通过有效的更新改造成为宾馆来加强物业的可调整性，从而规避写字楼物业的市场风险。

以往，房地产项目的可调整性往往集中在公建项目上，但是随着家庭对住宅户型需求的可变性增强，市场也开始注重住宅设计中的可调整性，例如随着社会的发展、生活观念的变化，住户的居住模式也在发生变化，因此住宅设计应当解决这个矛盾，要能适应家庭的成长过程，适应居住模式和用户需求的变化，应当采用动态空间的设计方法，提高住宅使用的灵活性。

4. 政府管制性

房地产开发活动与社会经济密切相关，自然受到各级政府的高度关注，政府也常常把对房地产市场的调控行为作为重要的经济调节器。相对国外而言，我国房地产市场发展还不尽成熟，政府的宏观政策管理还很突出，政府常常在土地供应、金融政策、住房政策、城市规划、税收政策等对房地产市场和房地产开发活动进行调整，引导房地产开发活动的持续、健康发展。同时也通过设立市场准入制度、规范交易程序、加强产权产籍管理和营造诚信环境等方面对房地产开发行为进行规范。

例如，2006年5月24日，国务院办公厅转发建设部等部门《关于调整住房供应结构稳定住房价格意见的通知》（以下简称"《意见》"），《意见》明确，要重点发展满足当地居民自住需求的中低价位、中小套型普通商品住房；同时，明确新建住房结构比例。自2006年6月1日起，凡新审批、新开工的商品住房建设，套型建筑面积90平方米以下住房（含经济适用住房）面积所占比重，必须达到开发建设总面积的70%以上。土地的供应应在限套型、限房价的基础上，采取竞地价、竞房价的办法，以招标方式确定开发建设单位。继续停止别墅类房地产开发项目土地供应，严格限制低密度、大套型住房土地供应。

5. 交易的复杂性

房地产的位置固定性、政策管制性和价格高昂性决定了房地产交易的复杂性。这种复杂性不只体现在贷款手续复杂、权属登记严格上，还体现在产品营销过程中双方的买卖行为上。房地产产品价格高昂，一方面，开发商在出售或出租产品时，要运用多种营销方式和促销手段,另一方面,人们购房行为较为慎重,消费者在决定购买一处房产时,一般都要对多个楼盘经过反复比较,耗时较长。与一般商品交易不同,房地产的交易复杂性是区别其他商品的一个重要特征之一。

1.5 房地产开发企业

1.5.1 房地产开发企业的设立条件

房地产开发企业是依法设立,具有企业法人资格的经济实体。1998年公布施行的《城市房地产开发经营管理条例》对房地产开发企业设立、管理有明确的规定。设立房地产开发企业应具备下列条件:

1. 有符合公司法人登记的名称和组织机构;
2. 有适应房地产开发经营需要的固定的办公用房;
3. 注册资本100万元以上;
4. 有4名以上持有资格证书的房地产专业、建筑工程专业的专职技术人员,2名以上持有资格证书的专职会计人员;
5. 法律、法规规定的其他条件。

省、自治区、直辖市人民政府可以根据本地方的实际情况,对设立房地产开发企业的注册资本和专业技术人员的条件作出高于以上的规定。

1.5.2 房地产开发企业资质等级

为了加强对房地产开发企业的管理,规范房地产开发企业行为,建设部于2000年3月发布了第77号令《房地产开发企业资质管理规定》。房地产开发企业资质分为一、二、三、四级资质和暂定资质(建设部房地产司:房地产开发企业资质核准)。一级至四级开发资质等级企业的条件见表1-1。

房地产开发企业资质等级条件   表1-1

资质等级	注册资本(万元)	从事房地产开发经营时间(年)	近3年房屋建筑面积累计竣工(万平方米)	连续几年建筑工程质量合格率达到100%	上一年房屋建筑施工面积(万平方米)	专业管理人员(人数)		
							其中:	
							中级以上职称管理人员	持有资格证书的专职会计人员
一级资质	≥5000	≥5	≥30	5	≥15	≥40	≥20	≥4
二级资质	≥2000	≥3	≥15	3	≥10	≥20	≥10	≥3
三级资质	≥800	≥2	≥5	2		≥10	≥5	≥2
四级资质	≥100	≥1		已竣工的建筑工程		≥5		≥2

另外,各资质等级的房地产开发企业还必须具备完善的质量保证体系,未发生过重大工程质量事故,商品住宅销售实行《住宅质量保证书》和《住宅使用说明书》制度。

房地产开发企业资质等级实行分级审批。其中一级资质由省、自治区、直辖市人民政府建设行政主管部门初审,报国务院建设行政主管部门审批。二级资质及二级资质以下企业的审批办法由省、自治区、直辖市人民政府建设行政主管部门制定。经资质审查合格的企业,由资质审批部门发给相应等级的资质证书。

1.5.3 房地产开发企业设立的程序

新设立的房地产开发企业,应当自领取营业执照之日起 30 日内,持下列文件到登记机关所在地的房地产开发主管部门备案:

1. 营业执照复印件;
2. 企业章程;
3. 验资证明;
4. 企业法定代表人的身份证明;
5. 专业技术人员的资格证书和聘用合同。

房地产开发主管部门应当在收到备案申请后 30 日内向符合条件的企业核发《暂定资质证书》。《暂定资质证书》有效期 1 年。房地产开发主管部门可以视企业经营情况,延长《暂定资质证书》有效期,但延长期不得超过 2 年。自领取《暂定资质证书》之日起 1 年内无开发项目的,《暂定资质证书》有效期不得延长。

思考题

1. 什么是房地产?
2. 房地产开发的基本含义。
3. 房地产开发的地位和作用。
4. 房地产开发有哪些主要模式?
5. 房地产开发的分类方式有哪些?
6. 城市新区开发与旧城更新改造分别有哪些特点?
7. 如何理解旧城更新改造中的有机更新理念?
8. 按使用功能划分,房地产开发的项目类型有哪些?
9. 居住房地产项目有哪些主要类型?
10. 普通商品住房、限价房、经济适用房、廉租房的内涵分别是什么?
11. 商业房地产项目有哪些主要类型?
12. 工业房地产项目有哪些主要类型?
13. 房地产开发有哪些特性?各种特性又是如何表现的?
14. 房地产开发中的宏观政策管理体现在哪些方面?
15. 房地产开发企业的设立条件、资质等级划分的标准。

第 2 章
房地产开发前期工作

本章学习要求：
  1. 掌握土地使用权的获取方式，前期工作阶段的主要内容；
  2. 熟悉房地产开发主要阶段划分，房地产项目招标方式；
  3. 了解遵循房地产开发程序的必要性，了解项目立项报批的程序与内容，招标程序与组织形式，办理施工许可。

2.1 房地产开发的阶段划分

2.1.1 遵循房地产开发程序的必要性

  对于房地产开发而言，遵循科学、合理的房地产开发程序是必要的，也是必须的。这是因为：
  1. 房地产产品的形成有其内在的规律性，从设计、施工到房屋销售服务，从土地开发到房屋开发等，房地产开发工作必须遵循房地产产品的内在形成规律进行。
  2. 由于房地产开发所具有的投资大、风险大的特点，开发企业不能盲目地、仓促地上开发项目，必须按照一定的科学程序，先作充分的论证，再决定开发建设什么类型以及多大规模的项目，从而减少投资风险，并需对项目的实施过程作精心的设计、周密的安排，促使开发项目顺利进行，从而达到预期收益。
  3. 房地产项目开发是一项复杂的生产活动，从开发项目的报批、开工到竣工，有多个工序，牵涉到投资方、建设监理方、设计单位、施工单位、建材与设备供应单位以及最终使用者等，为了规范开发管理，保证开发工作的顺利实施，需要遵循科学合理的开发程序。
  4. 为了保证城市规划的顺利实施，城市政府制定了严格的项目报建审批程序制度，目的就是对房地产开发行为进行引导、监督和管理，保护广大房屋消费者的利益，促进房地产市场的持续健康发展。

2.1.2 房地产开发的主要阶段划分

  房地产开发一般都遵循一个合乎逻辑的程序，可以大致分为以下四个阶段：投资决策阶段、前期工作阶段、工程建设阶段、租售与物业管理阶段。房地产开发流程示意如下图 2-1 所示。
  需要注意的是，上述步骤和阶段的划分并非一成不变的，往往是根据实际开

投资决策	前期工作	工程建设	租售与物业管理
投资机会研究 / 可行性研究 / 项目评估和决策	获取土地使用权 / 开发项目立项 / 规划设计与方案报批 / 建设工程招标 / 签署有关合作协议 / 七通一平等工作	基础工程 / 主体工程 / 安装与装修工程 / 室外工程 / 竣工验收	销售准备 / 广告推广 / 现场销售 / 物业管理

图 2-1 房地产项目开发流程示意图

发工作的需要，一些步骤存在交叉或者提前。例如，事实上项目的现场销售工作往往在取得预售许可证后就正式开始了，而营销的初期准备工作会更加提前，这样会提早获得项目的现金流入，有利于后续开发建设工作的顺利进行，并有利于合理安排项目的融资结构。而且有关项目融资工作的安排一般在项目投资决策后就开始展开了。

在投资决策行为确定之后，就进入了前期工作阶段，房地产开发前期工作是项目后续建设活动的基础，其重要性是不言而喻的。一般情况下，在前期工作中开发商的主要工作如下：获取土地使用权；开发项目的前期立项、规划设计与方案报批；建设工程招标，签署有关工程和材料协议或合同；办理施工许可；施工现场的"三通一平"或"七通一平"；融资安排等工作。

2.2 土地使用权获取

2.2.1 土地使用权出让

土地使用权出让，是指国家将国有土地使用权在一定年限内出让给土地使用者，由土地使用者向国家支付土地使用权出让金的行为，又称"批租"，属于房地产一级市场。

土地使用权出让的最高年限为：住宅居住用地70年，工业用地50年，教育科技文化体育卫生50年，商业旅游娱乐40年，综合其他用地50年。期满可申请续期使用，转让或抵押年限不得超过出让合同确定的有效年限。于2007年10月1日起施行的物权法作出规定："住宅建设用地使用权期间届满的，自动续期。"但是，法律并没有对续期的土地使用费支付标准和办法作出明确规定。

土地使用权出让的方式主要有招标、拍卖、挂牌、协议出让方式。2007年11月1日开始施行的《中华人民共和国城镇土地使用权出让和转让暂行条例》

规定：工业、商业、旅游、娱乐和商品住宅等经营性用地以及同一宗地有两个以上意向用地者的，应当以招标、拍卖或者挂牌方式出让。前面所述的工业用地包括仓储用地，但不包括采矿用地。

1. 招标出让

招标出让国有建设用地使用权，是指市、县人民政府国土资源行政主管部门发布招标公告，邀请特定或者不特定的自然人、法人和其他组织参加国有建设用地使用权投标，根据投标结果确定国有建设用地使用权人的行为。

招标出让的基本流程及要求：

（1）投标人在投标截止时间前将标书投入标箱。招标公告允许邮寄标书的，投标人可以邮寄，但出让人在投标截止时间前收到的方为有效。标书投入标箱后，不可撤回。投标人应当对标书和有关书面承诺承担责任。

（2）出让人按照招标公告规定的时间、地点开标，邀请所有投标人参加。由投标人或者其推选的代表检查标箱的密封情况，当众开启标箱，点算标书。投标人少于三人的，出让人应当终止招标活动。投标人不少于三人的，应当逐一宣布投标人名称、投标价格和投标文件的主要内容。

（3）评标小组进行评标。评标小组由出让人代表、有关专家组成，成员人数为五人以上的单数。评标小组可以要求投标人对投标文件作出必要的澄清或者说明，但是澄清或者说明不得超出投标文件的范围或者改变投标文件的实质性内容。评标小组应当按照招标文件确定的评标标准和方法，对投标文件进行评审。

（4）招标人根据评标结果，确定中标人。按照价高者得的原则确定中标人的，可以不成立评标小组，由招标主持人根据开标结果，确定中标人。对能够最大限度地满足招标文件中规定的各项综合评价标准，或者能够满足招标文件的实质性要求且价格最高的投标人，应当确定为中标人。

2. 拍卖出让

拍卖出让国有建设用地使用权，是指市、县人民政府国土资源行政主管部门发布拍卖公告，由竞买人在指定时间、地点进行公开竞价，根据出价结果确定国有建设用地使用权人的行为。

拍卖出让的基本流程及要求：

（1）主持人点算竞买人；

（2）主持人介绍拍卖宗地的面积、界址、空间范围、现状、用途、使用年期、规划指标要求、开工和竣工时间以及其他有关事项；

（3）主持人宣布起叫价和增价规则及增价幅度。没有底价的，应当明确提示；

（4）主持人报出起叫价；

（5）竞买人举牌应价或者报价；

（6）主持人确认该应价或者报价后继续竞价；

（7）主持人连续三次宣布同一应价或者报价而没有再应价或者报价的，主持人落槌表示拍卖成交；

（8）主持人宣布最高应价或者报价者为竞得人。

竞买人的最高应价或者报价未达到底价时，主持人应当终止拍卖。拍卖主持人在拍卖中可以根据竞买人竞价情况调整拍卖增价幅度。

3. 挂牌出让

挂牌出让国有建设用地使用权，是指市、县人民政府国土资源行政主管部门发布挂牌公告，按公告规定的期限将拟出让宗地的交易条件在指定的土地交易场所挂牌公布，接受竞买人的报价申请并更新挂牌价格，根据挂牌期限截止时的出价结果或者现场竞价结果确定国有建设用地使用权人的行为。

挂牌出让的基本流程及要求：

（1）在挂牌公告规定的挂牌起始日，出让人将挂牌宗地的面积、界址、空间范围、现状、用途、使用年期、规划指标要求、开工时间和竣工时间、起始价、增价规则及增价幅度等，在挂牌公告规定的土地交易场所挂牌公布；

（2）符合条件的竞买人填写报价单报价；

（3）挂牌主持人确认该报价后，更新显示挂牌价格；

（4）挂牌主持人在挂牌公告规定的挂牌截止时间确定竞得人。

挂牌时间不得少于 10 日。挂牌期间可根据竞买人竞价情况调整增价幅度。挂牌期限届满，挂牌主持人现场宣布最高报价及其报价者，并询问竞买人是否愿意继续竞价。有竞买人表示愿意继续竞价的，挂牌出让转入现场竞价，通过现场竞价确定竞得人。

挂牌主持人连续三次报出最高挂牌价格，没有竞买人表示愿意继续竞价的，按照下列规定确定是否成交：在挂牌期限内只有一个竞买人报价，且报价不低于底价，并符合其他条件的，挂牌成交；在挂牌期限内有两个或者两个以上的竞买人报价的，出价最高者为竞得人；报价相同的，先提交报价单者为竞得人，但报价低于底价者除外；在挂牌期限内无应价者或者竞买人的报价均低于底价或者均不符合其他条件的，挂牌不成交。

【阅读材料】 招标拍卖挂牌公告的主要内容❶

（一）出让人的名称和地址；

（二）出让宗地的面积、界址、空间范围、现状、使用年期、用途、规划指标要求；

---

❶来源：中华人民共和国国土资源部令第 39 号，《招标拍卖挂牌出让国有建设用地使用权规定》，2007 年 9 月 28 日。

(三) 投标人、竞买人的资格要求以及申请取得投标、竞买资格的办法;
(四) 索取招标拍卖挂牌出让文件的时间、地点和方式;
(五) 招标拍卖挂牌时间、地点、投标挂牌期限、投标和竞价方式等;
(六) 确定中标人、竞得人的标准和方法;
(七) 投标、竞买保证金;
(八) 其他需要公告的事项。

4. 协议出让

协议出让国有土地使用权,是指国家以协议方式将国有土地使用权在一定年限内出让给土地使用者,由土地使用者向国家支付土地使用权出让金的行为。

出让国有土地使用权,仅当依照法律、法规和规章的规定不适合采用招标、拍卖或者挂牌方式出让时,方可采取协议方式。在公布的地段上,同一地块只有一个意向用地者的,方可采取协议方式出让;但工业、商业、旅游、娱乐和商品住宅等经营性用地除外。同一地块有两个或者两个以上意向用地者的,应当按照《招标拍卖挂牌出让国有土地使用权规定》,采取招标、拍卖或者挂牌方式出让。

协议出让的主要程序包括,首先申请土地受让方持有效证明文件向政府土地管理部门提出申请,出让方将出让地块的有关资料和文件提供给预期受让方,受让方在规定时间提供土地开发建设方案、出让金额以及付款方式等文件;出让方在规定时间给予答复,双方协商达成协议,签订合同并由土地受让方支付定金,受让方在支付全部出让金后,向土地管理机关办理土地使用权登记,并领取国有土地使用权证。

目前在房地产开发中,对用于经济适用房、廉租房等社会保障性用房的开发建设项目用地,采用行政划拨方式。

2.2.2 土地使用权转让

土地使用权转让是获得国有土地使用权的受让人,在投资开发经营的基础上,对出让土地的再转移,土地使用权的转让是土地使用者之间的横向土地经营行为。

以出让方式取得的土地使用权转让,必须按照合同的约定已经全部支付土地使用权出让金,并取得土地使用权证书,按照合同约定进行投资开发,属于房屋建设的,完成投资总额的25%(不包括土地出让金),属于成片开发的,形成工业用地或者其他建设用地条件。

以划拨方式取得的土地使用权转让,需向政府报批,在获得准予转让的基础上,土地受让方方可办理土地使用权出让手续,并缴纳土地出让金,转让方将土地收益上缴国家。这种方式多见于因企业改制和兼并收购行为而导致的土地使用权变更的情况。

2.2.3 土地使用权划拨

土地使用权划拨是指县级以上人民政府依法批准,在土地使用者缴纳补偿、安置等费用之后将该幅土地交付其使用，或者将土地的使用权无偿交付土地使用者使用的行为。

取得划拨土地使用权实际上分为两种情况：一种是土地使用者先缴纳对原土地所有人或使用人的补偿、安置等费用后，国家将土地交付其使用；另一种情况是国家将国有土地使用权无偿交付给土地使用人。

根据《城市房地产管理法》的规定，划拨土地的范围包括：国家机关和军事用地，城市基础设施和公益事业用地，国家重点扶持的能源、交通、水利等项目用地，法律行政法规规定的其他用地。

2.2.4 土地合作

随着土地出让方式制度的改革，由于资金实力等原因，现在很多中小开发商在一级市场中"拿地"的成功性在逐年下降，从而转向其他的土地获取方式。其中，与拥有土地使用权的机构进行合作开发，可以省去一大笔土地费用，降低投资风险，这是一种目前常见的土地取得方式。土地合作的方式很多，可以土地作价入股成立项目公司，也可以进行公司之间的并购或资产重组。

2.3 开发项目立项与报批

2.3.1 立项与报批阶段的主要工作内容

开发项目的前期立项与报批阶段的主要内容有：项目立项、项目选址审批、申领《建设用地规划许可证》、规划设计条件审批、规划设计方案审批、申领《建设工程规划许可证》、申领《建筑工程施工许可证》以及《商品房预售许可证》等工作。

2.3.2 立项与报批阶段的程序

1. 立项与报批阶段的程序

为了保证城市规划的顺利实施，城市政府制定了严格的项目报建审批程序制度，房地产开发项目在立项与报批阶段必须遵循一定的程序，在取得政府相关许可文件后方可开工建设和商品房预售行为。立项与报批阶段的基本程序如图2-2所示。

2. 几点说明

项目立项工作中，根据《国务院关于投资体制改革的决定》（国发［2004］20号）及国家发展与改革委员会第19号令的精神，对于不使用政府投资建设的项目，一律不再实行审批制，目前不使用政府投资的房地产开发项目立项采用备案制。

由于房地产开发存在明显的地域性特点，事实上，各地在立项与报批阶段的具体要求也有所不同。例如在建设项目选址许可中，各地的具体情况会有所不同，如北京针对绿隔项目（绿化隔离地区建设项目）的项目选址许可还要求提供绿隔项目审查会的会议纪要及相关文件、北京市规划院核定的"规划意见书"

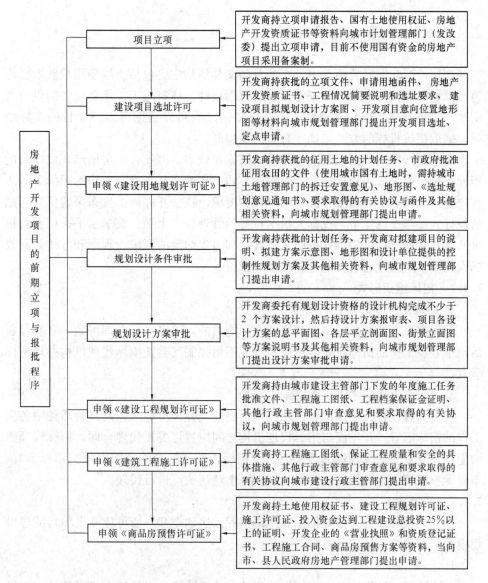

图 2-2 房地产开发项目立项与报批基本程序图

（含主要经济技术指标）1份，"规划意见书"附图4份等。

各地在申领《建设用地规划许可证》阶段，根据各地的实际情况，项目申报材料的要求也有所不同，如西安市根据城区内遗存明代城墙的特点，规定提供地形图时，城墙以内的项目提供1/500地形图八套，城墙以外项目提供1/1000地形图八套。

房地产开发项目立项与报批工作中，应当注意到房地产开发的地域性特点，结合当地城市规划管理等部门的具体要求来进行。

2.4 房地产开发项目招标

在房地产开发经营活动中,所涉及的交易活动主要包括土地使用权获取、房地产项目的投资咨询服务、工程勘察、规划设计、建筑施工、主要设备的供应与安装、工程监理、物业管理等,所有这些活动均可以根据房地产项目的实际情况,采取招标投标的方式来确定合适的承包商。

房地产开发项目比较复杂,涉及的因素比较多,因此有关房地产开发项目的招标投标一般采取密封价格报价的招标方式。房地产开发投资人作为招标采购人首先提出货物、工程和服务的采购条件和要求,在公开媒体上发布采购信息,邀请投标人参与投标竞争,投标人根据自身的管理技术水平、成本水平采用密封报价的形式参加投标,招标人按照法律规定和事先约定的要求、程序和方法,对投标人的报价进行评选,并确定最优中标报价。

2.4.1 招标组织形式

1. 房地产开发公司自行招标

开发商具有编制招标文件和组织评标能力的,可以自行办理房地产开发经营活动中各项工作的招标,任何单位和个人不得强制其委托招标代理机构办理招标事宜。

2. 委托招标机构代理招标投标

开发商有权自行选择招标代理机构,委托其办理房地产开发经营活动中各项工作的招标事宜。开发商与招标代理机构之间应签订委托代理合同,招标代理机构应当在其资质等级规定的范围内、及招标人委托的合同范围内承担招标事宜,不得无权代理、越权代理,不得明知委托事项违法而进行代理。

2.4.2 招标方式

招标方式可以分为公开招标和邀请招标。房地产开发商可依开发项目的建设规模和复杂程度选择招标方式。

1. 公开招标

公开招标,是指招标人以招标公告的方式邀请不特定的法人或者其他组织投标。公开招标吸引众多的投标人参加投标竞争,招标人从中择优选择中标单位,这是一种无限制的竞争方式,按竞争程度又可以分为国际竞争性招标和国内竞争性招标。

采用公开招标方式,招标人有较大的选择范围,可在众多的投标人中选定报价合理、工期较短、信誉良好的承包商,有助于实行公平竞争,提高项目开发建设的效率和效益。公开招标通常适用于工程项目规模较大、建设周期较长、技术复杂的开发项目建设。

2. 邀请招标

邀请招标，也称选择性招标或有限竞争投标，是指招标人以投标邀请书的方式邀请特定的法人或者其他组织投标。邀请招标应当向三个以上具备承担招标项目的能力、资信良好的特定的法人或者其他组织发出投标邀请书。

邀请招标通常在对承包商的基本情况有一定的了解后，才发出投标邀请的。经过选择的投标单位在房地产开发项目的经验、技术力量、经济和信誉上都比较可靠，因而一般能保证项目的进度和质量要求。此外，参加投标的承包商数量少，因而招标时间相对缩短，招标费用也较少。

2.4.3 招标程序

房地产开发项目招标工作分为准备、招标和评标三个阶段进行，招标程序如图 2-3 所示。

1. 准备阶段

（1）成立招标工作小组。房地产开发项目招标人（以下简称项目招标人）在实施招标前应成立招标工作小组。招标工作小组有项目招标人代表、技术人员、预算和财务等管理人员参加。

（2）成立评标小组。评标小组由项目招标人依法组建，其成员由项目招标人代表和技术、经济等方面的专家组成，成员人数为 5 人以上的单数，

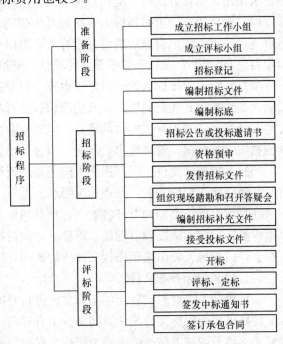

图 2-3 招标程序示意图

其中技术、经济等方面的专家不得少于成员总数的 2/3。

（3）招标登记。项目招标人在具备招标条件后，到有管辖权的招标投标管理办公室领取相关表格。在填妥相关表格后，随同其他资料报送到招标办审核。

2. 招标阶段

（1）编制招标文件。招标文件是整个招标过程所遵循的基础性文件，是投标和评标的基础，也是合同的重要组成部分。招标文件应当包括招标项目的技术要求、对投标人资格审查的标准、投标报价要求和评标标准等所有实质性要求和条件以及拟签订合同的主要条款。

（2）编制标底。标底是招标工程的预期价格，也是审核投标报价、评价、决

标的重要依据之一。标底可由项目招标人请有资格的概预算人员编制，也可委托具有相应资质的单位编制，但开发商需仔细审核。按工程项目所用的基础数据不同，编制招标工程标底的方法可分为：以施工图预算为基础编制，以概算额或扩大综合定额为基础编制，以平方米造价包干为基础编制等。

（3）招标公告与投标邀请书。项目招标人采用公开招标方式时，应在报刊、广播等指定的报刊和信息网络上发布招标公告，招标公告应当载明招标人的名称和地址、招标项目的性质、数量、实施地点和时间以及获取招标文件的办法等事项。采用邀请招标方式时，应向投标人发出投标邀请书。

（4）资格预审。项目招标人在招标开始初期，对申请参加投标的单位进行资格审查，经审查认定合格后的潜在投标人，得以参加投标。一般来说，对于大中型项目、"交钥匙"项目和技术复杂的项目，资格预审程序是必不可少的。

项目招标人对投标人的资格审查内容一般包括：①投标人合法性审查，包括投标人是否是正式注册的法人或其他组织、是否具有独立签约能力、是否处于正常经营状态；②对投标人能力的审查，包括专业技术资格和能力，资金、设备和其他物质设施状况，管理能力，经验、信誉；③以往承担类似项目的业绩情况。

（5）发售招标文件。项目招标人应通知经资格预审合格的投标人，按规定的时间、地点购买招标文件，办理投标手续。

（6）组织现场踏勘和召开答疑会。项目招标人根据招标项目的具体情况，可以组织潜在投标人踏勘项目现场。踏勘后，项目招标人应及时组织召开招标文件答疑会，由投标人提出关于招标文件中的疑问，项目招标人负责逐一解答。

（7）编制招标补充文件。

项目招标人需要对已发出的招标文件进行必要的澄清或者修改的，应当在招标文件要求提交投标文件截止时间至少十五日前，以书面形式通知所有招标文件收受人。该澄清或者修改的内容为招标文件的组成部分。

（8）接受投标文件。项目招标人应根据招标文件的规定，按照约定的时间、地点接受投标人送交的投标文件，并在接受投标文件的截止之日开标。

3. 开标定标阶段

（1）开标。开标由项目招标人主持，所有投标人参加，招标办的管理人员到场监督、见证。开标时，由投标人或者其推选的代表检查投标文件的密封情况，也可由项目招标人委托的公证机关检查并公证。经确认无误后，由工作人员当众启封，宣读投标人名称、投标价格和投标文件的其他主要内容。

（2）评标、定标。评标由评标小组负责，其过程必须保密，不得外泄。评标小组根据送交招标办审核批准的评标办法，在所有的投标人中，评选出一个最适合本工程项目的投标人，作为中标单位，报招标办审核。

（3）签发中标通知书。招标办在收到项目招标人填妥的中标通知书后，应及时签证，作为中标结果的凭证。同时，项目招标人应将中标通知书及未中标通知书同时发送中标人和未中标人。

（4）签订承包合同。项目招标人在发出中标通知书之后的 30 天内与中标单位签订项目承包合同，并将合同副本同时报政府主管部门备案。

2.5　办理施工许可

为了加强对建筑活动的监督管理，维护建筑市场秩序，保证建筑工程的质量和安全，根据《中华人民共和国建筑法》，建设部于 2001 年重新发布了《建筑工程施工许可管理办法》。规定必须申请领取施工许可证的建筑工程未取得施工许可证的，一律不得开工。任何单位和个人不得将应该申请领取施工许可证的工程项目分解为若干限额以下的工程项目，规避申请领取施工许可证。

2.5.1　施工许可证的申领条件

1. 已经办理该建筑工程用地批准手续。
2. 在城市规划区的建筑工程，已经取得建设工程规划许可证。
3. 施工场地已经基本具备施工条件，需要拆迁的，其拆迁进度符合施工要求。
4. 已经确定施工企业。按照规定应该招标的工程没有招标，应该公开招标的工程没有公开招标，或者肢解发包工程，以及将工程发包给不具备相应资质条件的，所确定的施工企业无效。
5. 有满足施工需要的施工图纸及技术资料，施工图设计文件已按规定进行了审查。
6. 有保证工程质量和安全的具体措施。施工企业编制的施工组织设计中有根据建筑工程特点制定的相应质量、安全技术措施，专业性较强的工程项目编制的专项质量、安全施工组织设计，并按照规定办理了工程质量、安全监督手续。
7. 按照规定应该委托监理的工程已委托监理。
8. 建设资金已经落实。建设工期不足一年的，到位资金原则上不得少于工程合同价的 50%，建设工期超过一年的，到位资金原则上不得少于工程合同价的 30%。建设单位应当提供银行出具的到位资金证明，有条件的可以实行银行付款保函或者其他第三方担保。
9. 法律、行政法规规定的其他条件。

2.5.2　施工许可证的申办程序

1. 建设单位向发证机关领取《建筑工程施工许可证申请表》。
2. 建设单位持加盖单位及法定代表人印鉴的《建筑工程施工许可证申请表》，并附本办法第四条规定的证明文件，向发证机关提出申请。

3. 发证机关在收到建设单位报送的《建筑工程施工许可证申请表》和所附证明文件后，对于符合条件的，应当自收到申请之日起十五日内颁发施工许可证；对于证明文件不齐全或者失效的，应当限期要求建设单位补正，审批时间可以自证明文件补正齐全后作相应顺延；对于不符合条件的，应当自收到申请之日起十五日内书面通知建设单位，并说明理由。

4. 建筑工程在施工过程中，建设单位或者施工单位发生变更的，应当重新申请领取施工许可证。

2.5.3 施工许可证的管理

1. 建设单位申请领取施工许可证的工程名称、地点、规模，应当与依法签订的施工承包合同一致。

2. 施工许可证应当放置在施工现场备查。

3. 施工许可证不得伪造和涂改。

4. 建设单位应当自领取施工许可证之日起三个月内开工。因故不能按期开工的，应当在期满前向发证机关申请延期，并说明理由；延期以两次为限，每次不超过三个月。既不开工又不申请延期或者超过延期次数、时限的，施工许可证自行废止。

5. 在建的建筑工程因故中止施工的，建设单位应当自中止施工之日起两个月内向发证机关报告，报告内容包括中止施工的时间、原因、在施部位、维修管理措施等，并按照规定做好建筑工程的维护管理工作。

6. 建筑工程恢复施工时，应当向发证机关报告；中止施工满一年的工程恢复施工前，建设单位应当报发证机关核验施工许可证。

思考题

1. 房地产开发程序主要分为哪几个阶段？有哪些步骤？
2. 前期工作中开发商主要有哪些工作？
3. 获取土地使用权的途径有哪些？
4. 简述土地使用权出让的主要方式？
5. 不同类型土地使用权出让的期限。
6. 招标出让土地使用权的概念和特点？
7. 拍卖出让土地使用权的概念和特点？
8. 挂牌出让土地使用权的概念和特点？
9. 立项与报批阶段的主要工作内容有哪些？
10. 房地产开发项目立项阶段的主要工作有哪些？
11. 工程项目招标的主要方式和特点是什么？
12. 申领施工许可证有哪些要求？

第 3 章
房地产开发项目市场调查

本章学习要求：
1. 熟悉房地产市场调查的主要工作内容；
2. 了解房地产市场调查的概念、原则和特点，房地产市场调查的程序，房地产市场调查的常用方法。

3.1 房地产市场调查概述

3.1.1 房地产市场调查的内涵

1. 房地产市场调查的含义

从广义上说，房地产市场调查是指为了解和预测房地产市场的产品供给和需求信息、正确判断和把握市场现状及其发展趋势，同时为制定科学决策提供可靠依据的一项市场调查活动。其中，市场调查的使用者可以是政府相关机构，也可以是投资者或开发商、市场分析机构、营销机构、贷款机构、设计人员以及购房者等。

狭义上，房地产市场调查是指开发商为了项目开发的需要而进行的市场调查活动，本书所讲的房地产市场调查是狭义上的概念。

房地产市场调查，是指为实现房地产项目特定的经营目标，运用科学的理论以及现代化的调查技术方法和手段，以客观的态度，有目的、有计划、系统地通过各种途径收集有关房地产市场的信息资料，通过对资料的整理和分析，来正确地判断和把握房地产市场的现状和发展趋势，从而为开发商预测房地产市场未来发展、制定科学决策提供可靠依据，这是房地产项目策划、规划设计、经济评价和市场营销等工作的前提和基础。

2. 房地产市场调查的必要性和作用

市场调查的必要性主要体现在以下两个方面：

一方面，房地产开发属于资金密集型项目，其中蕴含着很大的市场风险，一旦决策失误就造成巨大的、甚至是不可挽回的损失。通过房地产市场调查能够使决策者对当前以及未来的市场有较为充分的了解，准确把握产品定位及经营策略，并能够根据市场调查结果进行及时的调整，也可以从中发现新的市场机会，从而较好地规避市场风险。

另一方面，消费者的需求是不断变化的，及时有效的市场调查可以帮助开发商掌握消费者消费意向及消费动态，寻求项目的最佳市场切入点，从而不断开拓市场，提高市场占有率。

因此，市场调查是房地产项目策划的基础，其主要作用表现在：

（1）市场调查是项目策划者认识市场，捕捉新的市场机会的前提；

（2）市场调查是项目策划者感知市场，了解消费者需求的主要手段；

（3）市场调查是项目策划者了解市场、挖掘卖点、形成创意的必要前提；

（4）市场调查是项目投资机会研究、项目定位、项目规划设计、项目营销等一系列活动的基础，贯穿项目全程策划的始终。

3.1.2 房地产市场调查的原则

1. 客观性原则

客观性也称真实性，调查资料必须真实、准确地反映客观实际情况。只有通过深入细致的市场调查，获取真实可靠的市场数据，尊重客观事实、实事求是地进行分析，才能看清市场，摸清问题，作出科学准确的开发决策。市场调查结果的客观性往往取决于以下方面：

（1）市场调查人员的技术水平。调查人员的技术水平对市场调查结果有着很大的影响，决定了他们的调查技巧、对问题的理解程度、对整体调查方案的把握程度，以及市场资料的筛选、整理、分析水平等。

（2）市场调查人员的敬业态度。市场调查在大多数情况下要走出户外，深入项目现场，与人面对面地沟通，这是一项很辛苦的工作，而且，真实的市场情况往往需要非常深入的调查才能够获得，浅尝辄止的工作态度是难以获得真实的市场数据的，因此要求房地产市场调查人员必须具备一种认真、敬业、一丝不苟的工作态度。

（3）被调查者的合作态度。被调查者是否持积极的合作态度，以及回答问题是否持客观态度，会直接影响到调查结果的准确性，这些也与调查人员的亲和力及调查技巧有关。

2. 全面性原则

房地产市场调查，应当全面系统地针对宏观政治经济社会环境、区域房地产市场环境以及项目用地现状、周边配套、竞争楼盘等微观环境进行调研，做到全面细致，通过市场调研把握整个房地产市场状况。当然，可以结合项目实际情况，根据具体需要设计调查内容和规模，全面性原则中不要忽略市场调查的针对性。

3. 经济性原则

房地产市场调查的经济性原则也称为成本控制原则，调查者必须权衡所做的调查工作能够带来多大的效益，测算市场调查的成本，明确市场调查的花费是否能够被投资者所接受；应当明确市场调查中采取哪些调查方法最有效，如何费时最少、成本最低、效果最佳，这些都应是房地产市场调查中始终把握的经济性原则。

4. 学习性原则

房地产市场是不断发展变化的，而非静态停止的，这一切主要源于宏观经济以及消费者需求的不断变化。因此，在房地产市场调查中，应当抱有学习的态度，善于发现新问题，研究新问题，解决新问题，从而为项目开发提供决策依据。

3.1.3 房地产市场调查的特点

1. 调查内容的广泛性

房地产市场调查贯穿项目策划全过程，内容非常广泛，包括调查对象的收入水平、消费偏好、市场价格水平、竞争楼盘等多方面内容。

2. 调查内容的针对性

房地产市场调查的内容具有广泛性，但市场调查在不同阶段的侧重点又有所不同，决定了调查内容还具有针对性，即具体问题具体分析。例如在项目定位阶段，市场调查侧重于地块现状、项目周边配套、人文景观、客户需求信息、区域租售价格走势等，而在市场推广阶段侧重于竞争项目信息、广告媒体等。

3. 调查内容的时效性

房地产市场调查中有些信息是随着时间的变化而变化的，如需求特征、销售价格，用陈旧信息来做项目策划，结果显然是不够准确的，因此，房地产市场调查内容还具有较强的时效性。

4. 调查方法的多样性与专业性

调查方法的多样性体现在调查方案和获取信息途径两方面。首先，针对具体项目，可能有多个调查方案供选择。其次，在获取信息的途径上也可运用多种方法，如实地调查、座谈会、面访和电话访问等。另外，房地产产品的非标准化和调查内容的复杂性，决定了房地产市场调查的专业性。房地产市场调查除了对项目用地现状、周边环境等基本问题进行调查外，还要对消费者的消费特征、购房偏好、消费趋势等问题进行深层次的分析研究，这些都要求调查人员具有一定的专业知识和技能。

5. 调查结果的局限性

任何的房地产市场调查结论都不是完美无缺的，因为不可能把所有的市场因素调查考虑得很完善，因此，市场调查结果具有一定的局限性。房地产调查结果只应被当成是项目开发、策划和营销的基础，在应用上必须结合决策者、策划人员以及营销人员等对市场的定性认识和项目操作经验。房地产市场调查结果是重要的决策参考依据，但并不等于准确地给出了决策答案。

对房地产市场调查的结果应当认真思考，同时抱有"健康的怀疑态度"，如感到调查结果不够深入，必要时需作进一步的调查和分析。

3.2 房地产市场调查方法

房地产市场调查需要了解大量可靠、真实和全面的资料，而资料的收集和分析是一项艰巨的过程。确定调查计划中资料的来源主要是收集二手资料和一手资料，二手资料就是为了其他目的或其他项目已经收集到的资料，而一手资料则是为当前的项目或特定的目的而收集的原始信息。

房地产市场调查人员开始时总是要收集二手资料，例如所在城市以及项目微观区域市场的社会经济、城市规划、土地出让、销售价格、消费能力、购房者需求等方面的资料，从而来判断所关心的问题是否部分或全部解决了。二手资料是研究房地产市场的起点，优点是成本低，可以立即使用。但是，二手资料往往由于时间跨度长、针对性不强等原因，使得所收集的信息不够准确、不可靠、不完整或已经过时，甚至会存在一些错误，这时市场调查人员就需要花费时间和精力去收集准确性更高、更加具有针对性的一手资料。

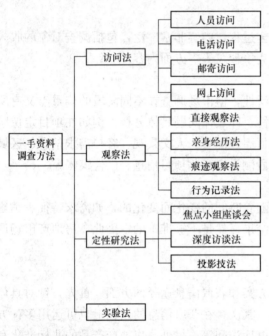

图 3-1　房地产市场一手资料的收集方法

为了提高收集一手资料的调查效率，必须找到适当的调查方法才能达到事半功倍的效果。一手资料的收集方法主要包括访问法、观察法、定性研究法和实验法，如图 3-1 所示。

3.2.1　房地产市场调查常用方法

1. 访问法

访问法是通过直接询问被调查者的方式了解市场情况和客户需求的一种方法。采用访问法进行调查时，通常要将需要了解的信息做成问题的形式列在表中，按照表格的顺序和要求询问被调查者，所以通常又被称为调查表法。根据调查人员与被调查者的接触方式，访问法又可以分为人员访问、电话访问、邮寄访问和网上访问四种类型。

（1）人员访问。人员访问是指房地产调查人员直接与被调查者面对面交谈以收集资料的一种调查方法，又称面谈调查，是市场调查中较为灵活和通用的一种调查方法。这种调查方法又可分为两种方式：一种是入户面谈，是指调查人员根据调查方案，依照事先拟定好的问卷或调查提纲顺序，到被调查者家中或单位对被调查者进行面对面的直接访问，但是在被调查者家中进行访谈存在一定的难度。

另一种是拦截式面谈调查，指调查人员根据调查方案，在指定的地点，按照指定的调查程序在路人中选取访问对象，进行较为简短的调查，这种方法经常采用问卷式调查，目前问卷式调查是房地产市场调查中经常采用的调查手段之一。

人员访问由于采用与客户面对面交谈的方式进行调查，所以需要调查者具有一定的技巧，使被调查者能够较为真实地表达他对调查问题的看法。这就需要房地产市场调查人员在进行面谈调查之前统一培训，研究客户心理，妥善处理调查时出现的各种情况。

人员访问的方法有很多优点。它非常灵活，交谈时的主题和时间安排都可以根据具体的客户情况进行改变。调查人员可以采取灵活委婉的方式，层层深入，以保证资料的顺利收集。其次，人员访问法一般拒答率较低，面对面地访问往往会对被访问者产生一定的压力，使他们较为认真地回答问题。同时，面对面的调查气氛比较轻松，适于进行深度调查，并且随意联想，会收集到意想不到的信息。

人员访问也会有一定的缺点。首先人员访问需要调查人员准备大量的访问材料，而且往往需要对调查人员进行事前培训，另外还需要一定的交通费和其他费用，成本高。其次，它对调查者的素质要求较高，调查人员的访问技巧和应变能力是制约调查质量的两个重要因素。第三，由于人员调查往往是一对一进行的，因此需要大量的时间，调查周期长。另外，人员调查匿名性差，对于一些较为敏感性或者涉及隐私的问题，面对面调查不易获得较为真实的信息。最后，人员调查的管理比较困难，调查者的主观因素易影响到调查的结果。

（2）电话访问。电话访问是通过在电话中与选定的被调查用户交谈以获得市场信息的一种方法，它是一种间接的方法。电话访问前，需要对调查人员进行培训，力求口齿清楚、语气亲切、语调随和，可在不长的时间（一般15分钟左右）内完成调查。电话调查人员还需要在电话调查前设计好问卷调查表，由于受到通话时间和记忆规律的限制，大多采用是非选择法向被调查者询问。这样可以保证调查的顺利进行。

（3）邮寄访问。邮寄访问是房地产市场调查中一个比较特殊的收集资料的方法。它是将调查者事先准备好的调查问卷邮寄给被调查者，再由被调查者根据要求填写好后寄回的一种调查方法。它的特点是调查范围广、成本低。它在能够通邮的地区都可以实施。它给被调查充分的考虑时间，避免受到时间限制，也不受调查人员的倾向影响。它可以节省调查人员的数量，不需要对调查人员进行专门的培训。

（4）网上访问。网上访问是随着互联网兴起而出现的一种新型的访问方法。它有很多形式，调查人员可以发邮件给被调查者或者将问题答卷放在网上供被调查者填写。然而，由于目前网络诚信存在一定的缺失，网络信息的真实性和准确性得不到有效保证，目前房地产调查人员对其结果还只能用于参考。

2. 观察法

观察法是指调查者凭借自己的眼睛或摄像、录音等器材，在调查现场进行实地考察，记录正在发生的市场行为或状况，以获取各种原始资料的一种非介入式调查方法。观察法主要有以下四种形式：

（1）直接观察法。直接观察法就是调查人员去现场直接察看市场情况。例如，派调查人员去现场了解楼盘的销售情况等等。

（2）亲身经历法。亲身经历法就是调查人员亲自参与某项活动，来收集有关资料。如调查人员伪装顾客，到代理商处去咨询、买楼等等，例如通常所说的"踩盘"。通过亲身经历法收集的资料，通常信息都是真实的。

（3）痕迹观察法。调查人员不是直接观察被调查对象的行为，而是观察被调查对象留下的一些实际痕迹。例如，想了解一个商场的销售情况，调查人员可以观察从商场门口出来的客户手中是否有商场提供的纸袋或塑料袋即可；还有比如在房展会上，调查人员可以观察参观人员手中哪家楼盘的手提袋最多。

（4）行为记录法。有些情况下，为了降低调查者的记录负担，可以通过录音机、摄像机、照相机以及其他一些监听、监视设备记录客户的行为。如可以用录音机和摄像机将客户问的问题和参观楼盘时的行为记录下来，分析客户购房的心态，有针对性地进行楼盘营销的策划。

3. 定性研究法

定性研究法是对研究对象质的规定性进行科学抽象和理论分析的方法，这种方法一般选定较小的样本对象进行深度、非正规性的访谈，发掘问题的内涵，为随后的正规调查作准备。目前国内常用的定性研究法有：焦点小组座谈会、深度访谈法、投影技法。

（1）焦点小组座谈会。焦点小组座谈会就是以会议的形式，就某个或几个特定的主题进行集体讨论，集思广益的一种资料收集方法。一般由主持人引导对某个主题进行深入的讨论，例如现在很多媒体上（电视、网络、报纸等）邀请几个房地产资深人士对市场或项目开发等特定主题进行讨论。

（2）深度访谈法。深度访谈法是一种直接的、一对一的访问，在访问过程中，由掌握高级访谈技巧的调查员对调查对象进行深入的访谈，用以揭示被访者对某一问题的潜在动机、态度和情感等。在对机构投资者的购楼行为或高档楼盘的销售调查中常采用这种方法。

（3）投影技法。投影技法又称投射法，是一种无结构的、非直接的询问方式，主要采用非直接目的性的方法激励被访者将他们所关心话题的潜在动机、态度和情感反映出来。

前面讲到的小组座谈法和深层访谈法都是直接法，即在调查中明确地向被调查者表露调查目的，但这些方法在某些场合却不太合适，比如对那些动机和原因的直接提问，对较为敏感问题的提问等。此时，研究者主要采取在很大程度上不依赖于研究对象自我意识和情感的新方法，其中，最有效的方法之一就是投影技法，又称为投影法。它用一种无结构的、非直接的询问方式、可以激励被访问者将他们所关心话题的潜在动机、态度和情感反映出来。例如，欲了解调查对象对某个新推出的楼盘的看法，你可以这样问他："如果您的朋友有意购房，您认为他会对这个楼盘感兴趣吗？"研究者可以从被访者如何把他自己投影到这个第三者身上，来揭示出被访者的真实想法。因为有时一些深层次的真实原因，单靠信息的收集和直接的访问是不能发现的。

4. 实验法

实验法是将调查范围缩小到一个比较小的规模上，进行实验后得出一定结果，然后再推断出样本总体可能的结果。它是一种特别的调查与观察活动，在过程中，调查者可以控制实验环境，使其得到一个理想的调查结果。

实验包括三个基本部分：实验对象称为"实验体"，实际上引入的变化称为"处理"，"处理"发生在实验对象上的效果称为"结果"。例如，在调查房地产广告效果时，可选定一些消费者作为调查对象，即"实验体"，对他们进行广告宣传，广告宣传对消费者产生的影响，即"处理"，然后根据消费者对广告的接受的效果来看楼盘销售量的变化，即"结果"，研究房地产广告投放量变化和广告用词、语气对楼盘销售的影响，并将它与未投放广告区域进行比较，指导广告营销。当然，由于市场情况受多种因素的影响，在实验期间消费者的偏好、竞争者的策略都可能有所改变，从而影响实验的结果。即使如此，实验法在研究因果关系时仍能提供询问法和观察法所无法得到的材料，它具有独特的使用价值和应用范围。特别值得一提的是，试销是一种重要的实验方法，一项新产品或服务在推向扩大的市场之前，先在局部区域推广或测试。在投入大笔资金之前，局部区域的推广将有助于消除可能出现的问题。

3.2.2 房地产市场调查方法的创新

近些年，随着房地产开发活动的不断成熟与发展，房地产市场调查方法也在不断创新中，一些开发商和市场调查机构对传统方法进行了一定程度的创新，并进行了有益的尝试。

1. 主题式调查

精心设计调查导向性主题，通过公开有奖征询公众的意见或征文，来获取需求信息。如重庆百年世家房地产公司通过征文主题"我理想中的家"来展开调查，同时也是颇有成效的营销策划活动。

2. 论坛式调查

通过举办论坛，吸引消费者与社会各界的目光，借助公众的看法评述来达到市场调查的目的。如：有的房地产公司通过广告开展良心定价，让大众通过信件、网络、邮件等方式参与拟售项目定价，最终达到项目定价目的。

3. 记者式调查

由企业赞助，组织媒体记者联盟，有针对性设计调查内容，借助记者采访、宣传新闻的权利，达到调查的目的。记者式调查较适用于对竞争项目的调查。

3.3 房地产市场调查程序

房地产市场调查的程序，是指从调查准备到调查结束全过程工作的先后次序。房地产市场调查是一项有组织、有计划的系统活动，在房地产市场调查中，建立一套系统的科学程序，有助于提高调查工作的效率和质量，以下是房地产市场调查的流程示意图，见图3-2。

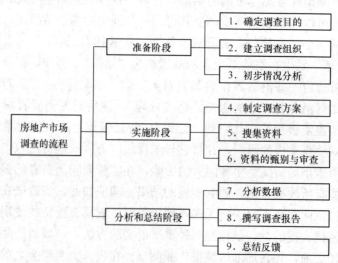

图 3-2 房地产项目市场调查流程

3.3.1 准备阶段

1. 确定调查目的

这是进行市场调查时应首先明确的问题。目的确定以后，市场调查就有了方向,不至于出现太大的过失。如果开始调查目的不明确,将使以后一系列市场调查工作成为浪费,造成损失。如果目标太大,往往会抓不住关键问题,不能发现真正需要的信息;但也不能太小,太小则不能通过市场调查充分反映市场的状况,起不到市场调查应有的作用。

房地产市场调研的最终任务是为营销决策提供信息,帮助他们发现并解决营销问题。所以调研人员必须牢记调研是为营销服务的,其目的是发现问题并解决问题,任何偏离主题的调研都不能成为有效的调研。因此,在每次起草调研提案之前,调研人员首先要知道自己要干什么,要对调研目的与目标十分明确。

2. 建立调查组织

房地产市场调查部门,应当根据调查任务和调查规模的大小,配备好调查人员,建立房地产市场调查组织。调查人员确定后,需要集中进行学习。对于临时吸收的调查人员,更需要进行短期培训。学习和培训的内容主要包括:

(1) 明确房地产市场调查方案;

(2) 掌握房地产市场调查技术;

(3) 了解与房地产有关的方针、政策、法令;

(4) 学习必要的经济知识和业务技术知识等。

3. 初步情况分析

调查人员针对初步提出来需要调查的问题,可首先收集企业内外部相关的情报资料,作初步分析研究,帮助调查人员发现问题中相互影响的因素,找出各个因素间的联系。必要时还可以组织非正式的探测性调查,以判明问题的症结所在。初步情况调查通常有如下三个过程:

(1) 研究收集的信息材料,包括研究企业外部材料和分析企业内部材料;

(2) 与企业有关领导进行非正式谈话,从领导谈话中寻找对市场的初步判断,因为领导者的经验也是很重要的;

(3) 了解市场情况,分析消费者对本公司所开发经营的房产的态度等。

初步情况分析中,如果原来提出的课题涉及面太宽或者不切实际,调查的范围和规模过大、内容过多,无法在限定时间内完成,就应当实事求是地加以调整。初步情况分析的资料收集不需要过分详细,只需要收集对所要分析的问题有参考价值的资料即可。

3.3.2 实施阶段

1. 制定调查方案

对房地产市场调查课题经过上述分析研究之后,如果决定要进行正式调查,就应制定调查方案和工作计划,拟定调研计划书。

房地产市场调查方案是对某项调查本身的设计,目的是为了调查有秩序、有目的地进行,它是指导调查实施的依据,对于大型的市场调查显得更为重要。调

查方案设计的内容如下:
(1) 为完成调查的课题需要收集哪些信息资料。
(2) 信息资料从哪里取得(例如调查地点、被调查人员类别),用什么方法取得。
(3) 明确获得答案及证实答案的做法。
(4) 怎样运用数据分析问题。
(5) 费用支出计划。
(6) 评价方案设计的可行性,以及方案进一步实施的准备工作。

房地产市场调研工作计划是指在某项调查之前,对组织领导、人员配备、考核、工程进度、完成时间和费用预算等做出安排,使调查工作能够有计划、有秩序地进行,以保证调查方案的实现。例如,可按表3-1设计调研计划。

总之,市场调研计划书必须具有可操作性,在调查对象、调查范围、调查内容、调查方法、调研经费预算、调研日程等方面都应做出明确的计划和安排。

2. 搜集资料

市场调查需要收集大量的信息资料,根据资料来源不同,一般分为一手资料和二手资料。

调研计划表   表3-1

项目	内容
调查目的	为何要做此调查,需要了解些什么,调查结果有何用途等
调查方法	采用询问法、观察法或实验法等
调查区域	被调查者居住地区、居住范围等
调查对象、样本	对象的选定、样本规模等
调查时间、地点	调查所需时间、开始日期、完成日期、地址等
调查项目	访问项目、问卷项目(附问卷表)、分类项目等
分析方法	统计的项目、分析和预测方法等
提交调查报告	报告书的形式、份数、内容、中间报告、最终报告等
调查进度	策划、实施、统计、分析、提交报告书等
调查费用	各项开支数目、总开支额等
调查人员	策划人员、调查人员、负责人姓名和资历等

①收集二手资料。二手资料是指以前已经收集好的,不一定与当前问题有直接关系的信息资料。任何房地产项目市场调查都不可能是完全独一无二的,很可能以前有人做过同样的或类似的调查。另外,相对于一手资料而言,收集二手资料只需花费比一手资料少得多的费用和时间,而且也更为方便。因此,房地产项目市场调查往往也大量采用二手资料。

二手资料一般有两个来源:一是项目内部,二是项目外部。常见的内部资料来自于开发企业的内部数据库,如收集的有关竞争对手的信息,竞争楼盘价格的变化、竞争对手推出的特别广告信息等。外部资料来自公布的信息,如政府的法律法规文件、政府规划、书籍、报纸、期刊、统计年鉴、其他市场调查报告等。房地产项目市场调查通常是以二手资料的收集为起点,因此,收集第二手资料,必须保证资料的时效性、准确性和可靠性。

②收集一手资料。一手资料是指为了解决特定的问题而专门收集的原始资料。经常遇到的情况是,为解决问题所需的资料并不能完全地从内部记录或已出版的外部记录中获得,即不能完全地从第二手资料中获得,因此研究必须以第一手资料为基础。这种资料的获取往往来源于项目的实地调查,采用一手资料所花费的时间、精力和费用通常较高,但资料的价值相应也较高。市场调查问卷是收集一手资料时普遍采用的手段之一。

房地产市场调查资料所反映的信息都具有一定的局限性,因此,通过这些资料所得到的调查结果通常只应被当成是项目开发、策划和营销的基础,在应用上还应当结合决策者、策划人员以及营销人员等对市场的定性认识和项目操作经验。

3. 资料的甄别与审查

所收集数据的价值在于它是否如实地反映了客观事实,任何非正常的偏差对调查结论的形成都会产生不利甚至是错误的影响,因此资料的甄别与审查是非常重要的,主要表现在:

(1) 由于抽样或调查方式本身的局限性,使得市场调查不可避免地存在一定的错误,因此在抽样及调查方式的选择上,合理性的原则更为重要。

(2) 实地调查的真实性。特别是问卷调查中,被访问者的态度以及调查者的敬业精神都会影响到调查结果的真实性,对于具体的开发项目,真实的调查和分析以及与项目密切相关的资料,显得特别重要。

(3) 调查人员完成调查后,应对调查结果进行必要的事后复核。

3.3.3 分析与总结阶段

1. 分析数据

数据收集后,市场调查的下一步就是进行数据分析,数据分析的目的是解析所收集的大量数据并提出相应结论。

分析数据的过程是一个复杂的系统过程。首先,要进行编辑整理,将零碎的、杂乱的、分散的资料加以筛选,去粗取精,去伪存真,以保证资料的系统性、完整性和可靠性。其次,要进行分类编号,将调查资料按照适当的类别分类,以便查找和使用。再次,要进行统计,将已经分类的资料进行统计计算,编制相应的计算表、统计表、统计图。最后,对各项资料中的数据和事实进行比较分析,得出必要的结论。数据处理过程中也经常采用一些软件,如 SPSS 统计软件等。

2. 撰写调查报告

调查研究报告主要归纳研究结果并得到结论，提交给管理人员决策使用。很多主管人员都十分关心这一报告，并将它作为评价研究成果好坏的标准。

（1）撰写调查报告的要求

客观真实。调研报告要坚持实事求是原则，如实反映市场情况和问题，对报告中引用的事例和数据资料，要反复核实，必须确凿、可靠。

简明扼要。调研报告的内容必须紧扣调查主题，结构要条理清楚，文字精炼，用语中肯，突出重点。

结论明确。调查结论应当明确，切忌模棱两可；要善于发现问题并提出合理建议，以供决策参考。

制作美观。调研报告应内容完整、印刷清楚、装订整齐、制作美观。

报告后应附必要的表格和附图，以便阅读和使用。

（2）撰写调查报告的主要内容

①调查目的、方法、步骤、时间等说明；

②调查对象的基本情况介绍；

③所调查问题的实际情况与分析说明；

④对调查对象的基本认识，做出结论；

⑤提出建设性的意见和建议；

⑥统计资料、图表等必要附件。

3. 总结反馈

房地产市场调查全过程结束后，要认真回顾和检查各个阶段的工作，作好总结和反馈，以便改进今后的调查工作。总结的内容主要有以下几个方面：

（1）调查方案的制定和调查表的设计是否切合实际；

（2）调查方式、方法和调查技术的实践结果，有哪些经验可以推广，有哪些教训应当吸取；

（3）实地调查中还有哪些问题没有真正搞清，需要继续组织追踪调查；

（4）对参加调查工作的人员做出绩效考核，以促进调查队伍的建设，提高调查水平和工作效率。

事实上，在实际的房地产市场调查中，可视调查内容、环境条件和调查要求的轻重缓急，灵活安排调查步骤及程序，并非一成不变，有的可以省去，有的则可能需要重复进行或进行修改。例如，在采用问卷方式进行市场调查时，发现由于问题设置过于宽泛，以致调研结果达不到预期的效果，此时可能需要重新设计问卷，加强问卷的针对性；又如，进入收集数据阶段时，发现方案的成本太高，在预算的限制下，就可能需要对调查方案进行修改。因此，在进行资料收集之前，要对调研方案进行仔细的研究论证，以免造成不必要的损失。

3.4 房地产市场调查的主要内容

房地产市场调查主要包括房地产市场环境调查、房地产市场需求调查、房地产市场供给调查和房地产营销环境调查四个方面内容。

3.4.1 房地产市场环境调查

房地产市场环境调查可以分为宏观环境调查、区域环境调查、微观环境调查三个层面。事实上,上述三个方面的调查是基于研究的范围和深度的不同而展开的,并非简单地按照地理因素而进行的划分。

房地产市场环境调查中,视研究者的经验、日常积累和项目具体情况的不同,每一次的调查工作也并非一定要从这三个层面按部就班地展开,例如,如果对宏观环境和区域环境掌握较为深刻的话,可以直接进入微观环境调查层面。但是无论如何,房地产开发都离不开这三个层面问题的影响。

1. 宏观环境调查层面

(1) 政治法律环境。应当关注政府的有关方针政策,如住房制度政策、旧城改造政策,与房地产有关的金融、环保、财政税收政策,以及相关的原材料工业、能源、交通运输业等方面的政策。还要调查有关法律法规是否有新的调整,如土地管理法、城市规划法、城市房地产管理法、建筑法、城镇土地使用权出让和转让暂行条例、城市拆迁条例、外商投资开发经营成片土地暂行管理办法、环境保护法、保险法等。必要时也需要关注政局的变化,如政府人事变动以及社会动荡等情况。

政治法律环境的调查是非常必要的,可以帮助开发商充分了解宏观政策环境,从而为项目开发提供政策和法律的保障。

(2) 宏观经济环境。包括国民经济生产总值、国民收入总值以及其发展速度;物价水平、CPI 数据(消费者物价指数,也称居民消费价格指数)、通货膨胀率、金融市场环境、进出口税率及股市波动情况;城乡居民家庭收入、个人收入水平;通讯及交通运输、能源与原材料供应、技术协作条件等。上述分析的目的在于判断房地产市场所处的总体经济运行环境,据此对房地产市场的走势作出准确的判断。

一般来说,经济环境对房地产项目的市场营销有着直接影响。经济发展速度快,人民收入水平高,购买力增强,市场需求增大;反之则小。一个国家或地区的基础设施完善,投资环境良好,便有利于吸引投资,发展经济,促进房地产市场的发展。

在经济环境调查中应当意识到,房地产金融状况是影响房地产开发的重要因素之一。作为房地产开发的主要资金来源,金融市场可提供的服务作用是巨大的，房地产市场与金融市场相互结合、紧密联系，银行等机构在金融市场与房地产市场中担任着至关重要的角色。首先，银行贷款在房地产资金结构中的比重通常较高；其次，利率水平与房地产市场变动趋势也有密切关系，对此房地产开发商应当有充分的重视。

（3）房地产市场总体运行状况。对当前房地产市场总体运行状况的分析判断和预测，是项目前期投资决策工作的重要环节，这是一项战略性的工作，对项目开发有着根本性的影响，应当引起投资者的高度重视。例如近年我国房地产市场高速发展，带来了一些结构性失衡的问题，房价上涨过快，购房出现了非理性热情；部分地区在2007年下半年房价开始出现回调，一线城市的开发资金在逐步向二、三线城市转移，又带来了二、三线城市房地产价格的上涨等等，这些房地产市场宏观运行状况，是开发商必须掌握的。

（4）人口环境。人口是构成市场的主要因素之一。一般来说，人口越多，收入越高，市场需求量就越大。人口环境调查的内容包括人口规模、人口增长率、人口密度、人口迁徙流动情况、人口地理分布、民族分布、出生率、结婚率以及家庭规模等。对这些因素的判断分析，能够帮助开发商作好开发方向的战略性选择。

（5）技术环境。主要包括有关建筑设计和建筑材料等方面的新技术、新工艺、新材料的技术现状、发展趋势、国内外先进水平、应用前景等。

（6）对外开放程度。对外开放，是我国进行对外房地产交流、房地产合作的重要举措，对外开放的程度对于加速我国房地产业的发展有着深刻的影响意义。

例如，2007年11月7日，国家发改委和商务部联合颁布了《外商投资产业指导目录（2007年修订）》（下称"目录"）。《目录》规定，从2007年12月1日起，不再鼓励外资进入内地普通住宅的开发建设中，同时，该政策第一次明确提出，外资进入二手房交易市场及房地产中介或经纪公司的途径也将受到全面限制。而在限外令颁发之前，国际资本在上海楼市所占的比重比较大。来自戴德梁行的报告显示，2006年中国内地共发生49宗超过千万美元的整幢物业买卖，其中82%的交易额涉及境外资金。

2. 区域环境调查层面

区域环境调查有时也被称为中观环境调查，主要调查房地产项目所在城市或区域的经济发展水平、城市发展规划、房地产市场供需状况等。

（1）经济发展水平。主要调查城市或区域的经济总体水平，主要产业及分布、居民收入水平、购房消费能力等情况。有助于做好项目选址，确定开发规模和产品档次。

（2）城市发展规划。主要调查城市发展的战略方向，这是项目选址着重考虑的问题，它直接关系到项目的潜质和增值的可能性。这方面可以通过到规划部门查询城市总体规划文本，或请城市规划专家来分析情况。

（3）房地产市场供需状况。对城市或区域房地产市场供需状况的调查主要包括房地产供应量、需求量、需求特征、价格水平、开发成本等资料，并以此判断市场供给和需求的基本状态，从而为项目定位、开发规模、风险程度等参数提供依据。

在房地产市场供需状况调查中，应注意对各类楼盘的总体价格水平与供求关系进行调查和分析，特别是对区域范围内竞争性楼盘的初步认识，有助于较好地识别区域房地产市场的特征，把握好项目的规模、档次、目标客户人群、价格区间等。

（4）社会文化环境。包括教育程度、职业构成、文化水平、人口状况，价值观、审美观、风俗习惯，社会阶层分布、就业率、宗教信仰等。企业营销人员综合分析研究社会文化环境对人们生活方式的影响，便于了解不同消费者行为，以正确细分市场，制订企业的市场营销策略。

（5）房地产企业情况。城市房地产企业情况包括城市房地产企业的数量、类型、企业资质与实力等概略资料。上述有关内容可以通过房地产企业管理部门及业内人士的介绍取得，从中可以了解竞争对手的基本情况。

（6）专业机构与中介商情况调查。主要调查工程咨询公司、规划建筑设计单位、房地产销售代理公司、广告策划公司、物业管理公司的信誉、资质和业绩情况等。从中可以对项目的前期咨询、规划设计、销售代理、广告策划、物业管理等合作单位进行选择。

（7）城市或区域的交通条件研究。对城市或区域的交通条件进行调查和分析，有助于项目选址、交通组织方案设计、项目定位等工作。

（8）影响区域发展的其他因素和条件。这里主要包括对城市或区域内的历史因素、文化因素、景观因素、价值取向、意识形态、气候条件等方面的调研，有助于做好项目总体战略性定位。

3. 微观环境调查层面

项目的微观环境调查又称为项目开发条件分析，其目的是分析项目自身的开发条件及发展状况，对项目自身价值提升的可能性与途径进行分析，同时为以后的市场定位作准备。微观环境调研具体包括：

（1）用地现状调查与分析。用地现状调查中主要对项目的地形地貌、地质条件、地上附着物等情况进行现场勘察和分析。上述工作对于项目定位、规划设计、择前安置等工作具有重要的参考价值。

（2）项目周边环境调查与分析。房地产位置的固定性决定了周边环境对项目开发具有重要的影响作用。周边环境主要指地块周围的物质和非物质的环境与配套情况，包括水、电、气、道路等市政基础设施情况，项目的对外联系程度、交通组织等因素的调查，周边的公园、学校、医院、邮局、银行、超市、体育场馆、集贸市场等生活配套情况，以及空气质量、自然景观等生态环境状况，还包括由人口数量和素质所折射出来的人文环境等。

项目周边自然环境的优劣对房地产项目定位以及市场营销活动有着直接的影响，例如良好的环境会给房地产产品带来价格的增值，开发商可以选择远离闹市区、远离工业区作为房地产发展的重点方向。

(3) 竞争性楼盘调查与分析。在区域环境层面调研中，对区域内的竞争性楼盘有了一个初步的、概括性的认识，进入项目微观环境调查层面，就应当对竞争性楼盘进行重点调研。主要包括调查竞争性楼盘的项目名称、开发规模、总体规划与建筑设计、建筑材料与新技术、客户类别、项目定价、广告宣传与开发销售进度、物业管理以及与本项目的竞争差异等。有关竞争性楼盘调查的详细介绍参考本书3.4.3节内容。

3.4.2 房地产市场需求调查

1. 市场需求容量调查

需求容量，是指对房地产产品有购买欲望且具有购买能力的市场需求总量。进行房地产市场需求容量调查有利于开发商初步认识市场需求总体状况，为项目决策和开展下一步工作提供依据，房地产市场需求容量调研主要包括以下几个方面：

(1) 项目所在城市人口总量、家庭数量及家庭结构；

(2) 有购房需求的人口数量（包括现实需求和潜在需求人口）和整体特征；

(3) 居民对各类房地产商品的需求总量；

(4) 居民的消费结构；

(5) 居民的收入水平、储蓄余额和支付能力；

(6) 影响房地产市场需求的因素。

市场需求由购买者、购买欲望、购买能力组成。其中，购买者是需求的主体，是需求行为的实施者；购买欲望是需求的动力，是产生需求行为的源泉，购买能力是需求的实施条件，是需求行为的物质保障。三者共同构成了实质性需求。为了促使产品适销对路，开发商必须事先了解消费者特征、购买动机和购买行为特征。在房地产市场消费者调查中，一般需要回答以下七个问题(6W+H)：

第一，购房者是哪些人？(who)

第二，购房者要买什么样的房？(what)

第三，购房者为什么要买这些房子？(why)

第四，购房者在哪里买房？(where)

第五，购房者什么时候买房？(when)

第六,购房者以什么样的方式买房?(how)

第七,谁参与购房者的购买行为?(whom)

通过下面的调查可以回答上述七个问题。

2. 消费者调查

(1) 消费者个人特征

消费者个人特征即消费者的个人基本信息,消费者个人特征调查是客户甄别的重要依据。其内容主要包括:消费者的年龄、文化程度、家庭结构、职业、原居住地、宗教信仰等。

(2) 消费者购买动机

消费动机是引起人们购买房地产产品的愿望和意念,即消费者出于什么目的去购买房地产商品,是产生购买行为的内在原因。常见的房地产消费动机有自用、改善住房条件、为亲人朋友购房、投资或投机等类型。消费者购买动机调查主要包括消费者购买倾向、影响购买动机因素及购买动机类型等内容。

消费者的购买倾向是指消费者对某类物业及其特性的个人偏好,这种偏好决定了消费者对不同物业的喜厌态度,是决定消费者消费行为的重要原因。消费者的购买倾向主要针对房地产产品类型、配套设施、户型、价格、面积、环境景观、物业管理等。

(3) 消费者购买力水平

消费者购买力水平是指消费者对某类房地产产品的最大支付能力,这是影响房地产消费的最重要因素,它直接决定了消费者的购房承受能力。消费者购买力水平的主要衡量指标是家庭年收入。

一般情况下,在未确定目标客户群之前,可通过收集二手资料对房地产市场的消费群进行粗略的了解;在确定了目标客户群之后,则要通过具体的调查方法,针对目标客户群进行有针对性的市场调查。

3.4.3 房地产市场供给调查

1. 房地产市场供给总体调查

对整个地区房地产市场供给情况的总体调查主要包括:房地产市场产品的供给结构、供给总量、供给变化趋势、供给的充足程度、房地产产品价格现状;本地以及外埠房地产企业的生产与经营等方面的调查等。

在房地产市场行情调查中,价格调研是重要内容之一。积极开展房地产价格的调研,对企业正确的产品定价具有重要作用。价格调研的内容包括:房地产市场整体价格水平和变化趋势、影响房地产价格变化的因素、价格变化引起的社会反映、有无新的房地产价格政策、市场上采用的主导价格策略和定价方法、竞争项目的价格制定等方面。

2. 竞争楼盘调查

竞争楼盘分为两类，一类是与所在项目处在同一区域的楼盘；另一类是不同区域但定位相似的楼盘。竞争楼盘调研主要指对这些楼盘进行营销策略组合的调查与分析，包括产品、价格、广告、销售推广和物业管理等方面。具体说来，主要包括：

（1）竞争楼盘的产品调查

竞争楼盘的产品调查中，主要包括竞争楼盘区位调查、产品特征调查等。

①楼盘区位调查：主要包括竞争楼盘的具体坐落方位，交通基础设施条件，区域的经济发展水平、产业结构、生活水准、文化教育状况等方面的特征，政府对该区域的城市发展规划，地块周边环境，周围的生活配套情况以及项目周边所折射出来的人文环境和生态环境状况等。

②产品特征调查：主要包括项目的项目总建筑面积、总占地面积以及容积率等建筑设计参数，各种户型及使用面积、建筑面积、户型配比等，外立面及室内公用部位的装修，户内居室、厅、厨卫的处理等，生活教育配套设施，绿化率，建筑密度等。

③交房时间调查。对期房楼盘而言，交房日期是影响购房人购买决策的重要因素，也是衡量项目竞争强度的重要指标。

（2）竞争楼盘的价格调查

价格是房地产营销中最基本、最便于调控的，在实际的调查中也是最难取得真实信息的。一般是从单价、总价和付款方式来描述一个竞争楼盘的价格情况。

①单价。单价是楼盘各种因素的结合反映，可以从起价、均价、主力户型单价、成交价等指标判断一个楼盘的价值。其中，主力户型单价是指占总销售面积比例最高的房屋的标定单价，是判断楼盘客户定位的重要依据。

②总价。单价反映的是楼盘品质的高低，而总价反映的是目标客户群的选择结果。通过对楼盘总价的调研，能够正确掌握产品定位和目标市场。

③付款方式。通过付款方式的设计也可以做到价格调整和促销的目的，可以缓解购房人的付款压力，扩大目标客户群的范围，提高销售率。常见的付款方式主要有以下类型：一次性付款；分期付款，参照工程进度；按照约定时间付款；利用商业贷款或公积金贷款等。

（3）竞争楼盘的促销手段调查

竞争楼盘的促销手段是项目市场竞争调研的重要方面之一。其中，主要包括广告促销调查、活动促销调查、人员促销调查、客户关系促销调查等内容。

①广告促销调查。广告是房地产促销的重要手段，对竞争楼盘的的广告调查是市场调研的重要组成部分，主要对竞争项目的广告目标、采用的广告媒体、广告投放费用与时间、广告创意和诉求点、广告合作单位、广告效果等进行调查分

析。其中售楼部的调查是必须的。这是进行楼盘促销的主要场所,其地点选择、装修设计、形象展示是整个广告策略的综合体现。另外从报纸广告的刊登次数和篇幅、户外媒体的块数和大小,也可以判断出一个楼盘的广告强度。

②活动促销调查。通过开展一系列促销活动的安排,可以营造楼盘的销售氛围,促进销售。在竞争楼盘的促销手段调查中,应当注意收集竞争楼盘活动促销的方式、内容、时间安排以及创新性,从而判断竞争楼盘的竞争强度,为待开发项目的活动促销创新提供参考。

③人员促销调查。与客户面对面的人员促销是传统的促销手段,也是目前开发商的主要促销形式之一。这里需要调查竞争楼盘销售人员的综合业务素质和创新手段,以便将对手的优点运用到本项目销售中,同时也可以为待开发项目销售人员贮备打下基础。

④客户关系促销调查。目前,房地产促销的竞争已经从单纯的交易营销上升到客户关系营销的层面,这是一种企业与客户共同创造价值的营销理念。关系营销理论主张以消费者为导向,强调企业与消费者进行双向沟通,从而建立长久的稳定的互应关系。因此,竞争楼盘客户关系管理的创新方式、内容以及核心价值点应当成为调查的重点。

(4) 竞争楼盘的销售情况调查

销售情况是判断一个楼盘最终的指标,但也是最难获得准确信息的部分,主要包括:

①销售率。这是一个最基本的指标,它反映了一个楼盘被市场的接纳程度。

②销售次序。这是指不同房屋的成交先后次序。可以按照总价成交的顺序,也可以按户型或是面积成交的次序来排列。可从中分析出不同价位、不同面积、不同户型的单元被市场接纳的程度,它反映了市场需求结构和强度。

③客户群分析。通过对竞争楼盘客户群的职业、年龄、家庭结构、收入的调查和分析,可以反映出购房人的信息,从中分析其购买动机,从而找出本楼盘影响客户购买行为的因素,以及各因素影响力的大小。

通过对竞争楼盘的调研,可以分析竞争对手产品规划的特点、价格策略、广告策略和销售的组织、实施情况,以此为基础可制定出本项目的营销策略和相应的对策。

(5) 竞争楼盘的物业管理调查

物业管理调查包括物业管理的内容、管理情况、物业管理费以及物业管理公司背景、实力以及所操作过的项目等。

下面给出竞争楼盘的相关调查表以供学习参考,见表3-2所示。

对竞争楼盘的调研,应特别注意保证楼盘基本数据的准确性。最后还应对竞争楼盘进行综合对比分析。

竞争楼盘调查表❶ 表 3-2

项目名称	项目名称		项目地址	
开发商/投资商	开发商名称：投资商名称：		联系电话	
建筑及景观设计机构			策划代理机构	
项目占地面积（亩）		绿化率（%）	均价	
建筑面积 m²		容积率	最高价	
规划用途		规划幢数	车位数量价格	
土地年限		公摊率	朝向差	
规划户数		销售率	层差	
建筑结构		交付日期	商铺价格（元/m²）	
工程进度		物业管理费	付款方式及优惠	
户型区间（m²）				
主力户型	主力户型 1 主力户型 2		开盘及入住日期	开盘日期 入住日期
楼盘特点：				

3. 竞争对手调查

与其他消费品不同，房地产产品价值大，寿命长久，交易复杂，导致房地产产品的买卖不是经常性的行为，而竞争对手的存在是客户分流的主要动因之一，因此对竞争对手的调研显得尤为重要。对竞争对手的调研可从以下几个方面进行考察：

（1）专业化程度。指竞争对手将其力量集中于某一产品、目标客户群或所服务区域的程度。

（2）品牌知名度。指竞争对手主要依靠品牌知名度进行竞争，而不是依靠价格或其他度量进行竞争的程度。目前，我国房地产企业已经越来越重视品牌知名度。

（3）推动度或拉动度。指竞争对手在销售楼盘时，是寻求直接在最终用户中建立品牌知名度来拉动销售，还是依赖分销渠道来推动销售的程度。

（4）开发经营方式。指竞争对手对所开发的楼盘是出售、出租还是自行经营。如果出售，是自己销售还是通过代理商销售等。

（5）楼盘质量。指竞争对手所开发楼盘的质量，包括设计、户型、材料、耐用性、安全性能等各项外在质量与内在质量标准。

（6）纵向整合度。指竞争对手采取向前（贴近消费者）或向后（贴近供应

---

❶ 参见兰峰等，西安高科房产有限公司 8 号府邸项目可行性研究报告，2007。

商)进行整合所能产生的增值效果的程度,包括企业是否控制了分销渠道,是否能对建筑承包商、材料供应商施加影响,是否有自己的物业管理部门等。

(7) 成本状况。指竞争对手的成本结构是否合理,企业开发的楼盘是否具有成本优势等。

(8) 价格策略。指竞争对手的产品定价策略,会影响到项目的目标客户分流以及市场推广工作等,开发商必须认真组织调研,并提出对策。

(9) 与当地政府部门的关系。指竞争对手与当地城市建设规划部门、土地管理部门等政府职能部门的关系。这一点对房地产企业经营而言也是十分重要的。

(10) 竞争对手历来的项目开发情况、土地储备情况、未来的开发方向等。

在上述针对竞争对手的调查研究的基础上进行对比分析,可以评价竞争对手的优势与劣势。

3.4.4 房地产市场营销环境调查

1. 房地产广告环境调查

广告是促进房地产商品市场销售的一种重要手段,房地产广告环境调查主要包括广告表现形式调查和广告代理商的调查。

广告的主要表现形式主要调查该区域广告的主流形式以及公众所认可的、能接受的广告形式。广告的主要表现形式有:

公共传播形式,包括:报纸、杂志广告、互联网、电视与广播等。

印刷品传播形式,包括:售楼海报、邮寄派发海报、售楼书、平面图册等。

户外传播形式,包括:看板、旗帜、空中飞行物、指示牌和售点广告等。

广告代理商的调查,主要是调查该区域的主要广告代理商、调查这些公司的知名度、技术能力以及这些公司的社会关联度。

2. 房地产营销中介机构调查

房地产营销中介机构是指协助房地产企业将产品销售给最终购买者的中介机构,包括代理中间商和辅助中间商。

代理中间商简称代理商,是指代理人、经纪人等,他们为房地产开发企业专业介绍客户或代表房地产开发企业与客户磋商交易合同,但并不拥有产品所有权。代理商对房地产产品从生产领域到消费领域具有极其重要的影响。在与代理商建立合作关系后,要随时了解和掌握其经营活动,并可采取一些激励性合作措施,推动其以后业务活动的开展。但是,一旦代理商不能履行其职责或市场环境发生变化,房地产开发企业应及时解除与代理商的关系。

辅助中间商不直接经营房地产商品,但对房地产商品的经营起促进和服务作用,包括房地产价格评估事务所、公证处、广告代理商、市场营销研究机构、市场营销咨询企业、律师事务所等。房地产企业借助辅助中间商的协助能够有效地开展市场营销活动。

3. 房地产营销媒体调查

房地产营销媒体是指那些刊登或播放房地产新闻、专栏的媒体机构，主要是指报纸、杂志、广播电台、电视台和网站等。对当地房地产营销媒体调查有助于正确选择该地区最有影响力的媒体，做好市场推广，从而提高营销的效果。一般开发商都希望和当地的主流媒体保持一个良好的关系。

 思考题

1. 房地产市场调查的广义和狭义概念的含义。
2. 房地产市场调查的意义和特点。
3. 房地产市场调查常用方法有哪些？
4. 房地产市场调查的不同阶段以及各阶段的主要内容。
5. 房地产市场环境调查的主要内容有哪些？
6. 房地产市场需求调查的主要内容有哪些？
7. 房地产市场供给调查的主要内容有哪些？
8. 房地产市场营销环境调查的主要内容有哪些？

第 4 章
房地产开发项目策划

本章学习要求：
1. 掌握房地产开发项目策划的主要内容，房地产开发项目定位的含义、客户定位、产品定位和形象定位；
2. 熟悉房地产开发项目市场细分，房地产开发项目主题策划方法与实践；
3. 了解房地产开发项目策划的含义、特征、作用和工作流程，房地产开发项目主题策划的内涵、分类与作用、主题策划的原则。

4.1 房地产开发项目策划概述

4.1.1 房地产开发项目策划的含义

1. 策划的概念

在我国，策划一词最早出现在《后汉书·隗嚣传》中"是以功名终申，策画复得"之句。其中"画"与"划"相通互代，"策画"即"策划"，意思是谋划、打算。辞海中解释"策"为计谋，如：决策、计策；"划"为计划、打算，如工作计划、筹划、谋划。

在当代，美国哈佛大学企业管理丛书编纂委员会对策划含义作了如下概括：策划是一种程序，在本质上是一种运用脑力的理性行为，策划是针对未来要发生的事情作当前的策划。美国学者苏珊在其所著的《西方策划学沿革》一书中认为：策划就是人们事先的筹谋、计划、设计的社会活动过程。国内学者吴粲所著的《策划学》一书中把策划定义为："对某件事，某个项目，某种活动进行酝酿、统筹、实施，运用新闻、广告、营销、公关、谋略等手段，综合实施运行，使之达到较好的效果的过程，称为策划。"

本质上讲，策划就是筹划或谋划，是一项立足现实、面向未来的活动。它根据现实的各种情况与信息，判断事物变化的趋势，围绕某一项活动的特定目标，全面构思、设计、选择合理可行的行动方式，从而形成正确决策和高效工作的过程[1]。

策划是为了实现特定的项目发展目标，在充分获取相关有价值信息的基础

---

[1] 参见任智强，房地产项目全程策划及成功运营模式全集，企业管理出版社，2006。

上，借助一定的科学思维方法，对项目的未来发展方向进行判断，为项目的决策、执行而构思、设计、制作工作方案的过程。对策划的理解应当包含以下层面：

第一，策划具有很强的目的性；

第二，策划是在充分获取相关有价值信息的现实基础上进行谋划；

第三，策划具有多方案比选的特点，提供最佳的项目市场定位；

第四，策划具有一定的前瞻性和创新性；

第五，策划应当借助科学的思维方法，并符合科学的工作程序。

2. 房地产项目策划的含义

房地产项目策划是指根据房地产开发项目的具体目标，以客观的市场调研为基础，优选最佳的项目市场定位，综合运用各种策划手段，按一定的程序对房地产开发项目进行创造性的构思，并以具有可操作性的策划文本作为结果的活动。

对房地产项目策划的理解应当从以下几个方面进行：一是房地产策划具有明确的目标；二是房地产策划是在客观真实的市场调研基础上进行的；三是优选最佳的项目市场定位；四是房地产策划要综合运用各种策划手段以及创新性思维（如主题策划、建筑策划、营销策划等，还可以运用房地产领域外的其他手段，如体育、旅游、教育等概念）；五是房地产策划要遵循特定的科学程序；六是房地产策划最终要提供具有可操作性的策划文本。

4.1.2 房地产项目策划的特性

1. 地域性

房地产项目策划的地域性特征主要表现在以下几个方面：第一，要考虑房地产开发项目的区域经济情况。在我国，由于各区域的地理位置、自然环境、经济条件、市场状况很不一样，要进行房地产项目策划就要对这些情况进行具体分析。第二，要考虑房地产开发项目周围的市场情况。从房地产市场来讲，房地产项目策划要重点把握市场的供求情况、市场的发育情况以及市场的消费倾向等。第三，要考虑房地产项目的区位情况，如房地产项目所在地的自然区位、经济区位。

2. 系统性

房地产项目策划是一个庞大的系统工程，项目开发从开始到完成经过市场调研、投资研究、规划设计、建筑施工、营销推广、物业服务等几个阶段，每个阶段构成策划的子系统，各个子系统又由更小的子系统组成。各个子系统各有一定的功能，而整个系统的功能并非是各个子系统功能简单的相加。系统的结构与功能具有十分密切的联系。

3. 前瞻性

房地产项目策划的理念、创意和手段应体现一定的前瞻性。房地产项目完成的周期少则二三年，多则三五年，甚至更长，未来市场的发展变化是不可阻挡的，因此要求策划人员具有深刻的市场洞察能力、前瞻性的策划理念，以应对未来市场的发展变化。

4. 市场性

房地产项目策划要符合市场的需求，以市场为导向，同时根据市场的变化而变化，房地产市场情况发生变化，策划的思路、项目定位也应及时调整。策划的市场性也体现在引领市场、创造市场，引领房地产开发潮流等方面。

5. 创新性

房地产项目策划要具有创新性，目前房地产市场的"同质化"现象严重，而策划就应当解决"雷同"的问题。房地产项目策划的创新性，应当体现在概念新、主题新、方法新、手段新等方面，通过不断的策划实践，达到体现项目个性的目的。

6. 可操作性

项目策划应当具有较强的可操作性，策划思路与方案不能是"空中楼阁"，不能完全脱离项目自身或市场的客观条件，或超出开发商的实际开发能力，应当可以落到实处。

7. 多样性

房地产项目策划存在多方案比选的过程。在实际项目开发中，一般存在多个开发方案可供选择，项目策划应当对多种方案进行优选，结合开发商经济实力、开发经验、规划限制条件、社会人文、市场前景等因素选择最合理并具可操作性的一种。同时，项目策划方案应当注意保持"动态的稳定性"，根据房地产市场环境的变化，不断对策划方案进行改进和调整，以保证策划方案与现实情况的最佳适应状态。

4.1.3 房地产项目策划的作用

房地产项目策划在房地产企业中充当着智慧团、思想库的角色，是企业决策者的重要助手。房地产项目开发建设要完成一个项目周期，需要经过市场调研、项目选址、投资研究、规划设计、建筑施工、营销推广、物业服务等一系列过程，在项目开发建设的每一个环节，策划活动都参与其中，通过概念设计及各种策划手段，提升产品价值，促进市场销售，提升企业品牌，创造经济与社会效益。其作用主要表现在：

1. 能创造显著的经济效益和社会效益。在新知识经济时代，房地产策划属于创意产业，能产生极高的经济附加值，为房地产企业创造显著的经济效益和社会效益。

2. 能为项目决策指明方向。房地产项目策划方案是在对房地产市场的深入调研后形成的，是策划机构不断地面对市场而总结出来的智慧结晶，能够作为房地产企业的参谋，为项目决策指明方向，避免项目运作中出现大的偏差。

3. 能使房地产开发项目增强竞争能力。随着房地产市场竞争越来越激烈，开发模式与产品理念在不断创新，在这种情况下，房地产项目策划能够发挥市场研究、项目构思的特长，增强项目的竞争能力，使企业赢得市场主动地位。

4. 能有效地整合房地产资源。房地产项目开发是多资源的组合，需要多种资源协调发展，如人力资源、物力资源、社会资源等。这些资源在项目策划开始以前，往往是分散的、凌乱的。通过房地产项目策划能够分析它们特有的功能，梳理各种资源之间的逻辑关系，帮助它们整合在一起，发挥资源组合的优势从而为项目开发服务。

此外，房地产项目策划还有预测未来市场，满足购房者需求等作用。

4.1.4 房地产项目策划的工作流程与阶段划分

1. 房地产项目策划组织与工作流程

房地产项目策划组织主要有两种形式：开发商内部组建或外聘专业房地产策划机构，随着房地产业内社会化分工越来越精细，越来越多的开发商开始与专业化的房地产策划机构合作，来充分发挥专业策划机构熟悉市场、精于策划的优势。

但是，无论哪种形式，房地产项目策划一般都要经历如下的工作流程，才能形成一个较为深入的项目策划方案。图4-1表示了房地产项目策划的基本工作流程。

图 4-1　房地产项目策划基本工作流程图

2. 房地产项目策划的阶段划分

房地产项目策划一般要经历三个阶段：前期策划阶段、营销执行阶段及策划总结阶段，这里我们指的是房地产项目的全程策划，在不同的策划阶段有着不同的侧重点。

前期策划阶段侧重于项目区位分析、项目定位以及规划设计与物业发展建议、资金运作与经济分析等，营销执行阶段侧重于项目筹备期、项目入市期及持续热销期的主要工作安排，以上详见本书4.2章节有关内容。策划总结阶段是对项目全部售完后进行的工作总结，包括项目整个过程的描述，全过程的销售走势及策略分析，并进行效果评估，以及本项目值得借鉴之处。

4.2 房地产开发项目策划的主要内容

4.2.1 项目区位分析与选择

房地产开发项目的区位分析与选择，包括地域分析与选择和具体地点的分析与选择❶。地域分析与选择是战略性选择，是对项目宏观区位条件的分析与选择，主要考虑项目所在地区的政治、法律、经济、文化教育、自然条件等因素。具体地点的分析与选择，是对房地产项目坐落地点和周围环境、基础设施条件的分析与选择，主要考虑项目所在地点的交通、城市规划、土地取得代价、拆迁安置难度、基础设施完备程度以及地质、人文、噪声、空气污染等因素。

开发商根据自己对房地产市场的分析及认识，寻找投资机会，将投资设想落到一个或若干个具体地块上，开发商与策划人首先在开发用地选择上进行深入研究。主要工作内容有：①研究城市规划并了解当地房地产市场情况；②研究地块的开发价值；③研究如何获得土地使用权及了解地块所在地的政策法规。之后通过市场分析和拟选项目的财务评估（评价）工作进行决策。这一阶段需提出项目投资建议，编制项目初步投资估算，这是房地产整个开发过程中最为重要的一个环节。

当确定了投资决策后，获取土地使用权就成为一个很关键的工作。获取土地使用权的方式主要有招标、拍卖、挂牌等方式，也可以通过转让方式等获得土地使用权，目前房地产开发企业通过竞投的方式获取土地使用权成为主流。

4.2.2 项目合作方式与开发时机策划

房地产项目开发合作方式策划，主要应考虑开发商自身在土地、资金、开发经营专长、经验和社会关系等方面的实力或优势程度，并从分散风险的角度出发，对独资、合资、合作（包括合建）、委托开发等开发合作方式进行选择，同

---

❶ 参见房地产开发项目经济评价方法，建设部发布，中国计划出版社，2000。

时确定合作各方在项目资本金中所占的份额。

房地产项目开发时机策划，应首先考虑开发完成后的市场前景，再倒推出应获取开发场地和开始建设的时机，并充分估计办理前期手续和征地拆迁的难度等因素对开发进度的影响。大型房地产开发项目可考虑分批开发（滚动开发）。

4.2.3 项目定位与主题策划

在获得土地使用权之后，由于用地性质已经明确，此时，开发商对项目发展方向已有了一定的考虑，为了使决策更科学、项目定位更加准确，必须通过市场调查深入了解消费者心理，寻找目标客户。在充分的市场调查和市场细分基础上，可以对房地产项目定位和主题概念进行策划和研究，这是项目策划工作的重要组成部分。

1. 客户定位——即房子主要卖给谁，目标客户有哪些消费习惯。

2. 产品定位——确定开发什么样式的产品，找出拟开发产品限制条件，制定具体的产品定位方案和定位策略。在产品定位中，要对开发内容和规模进行分析，在符合城市规划的限定条件下，按照最高最佳使用原则，选择最佳用途和最合适的开发规模，包括总建筑面积、楼盘档次、建筑风格、空间形态、户型配比、平面布局、交通组织、景观方案等。

3. 形象定位——研究房地产项目的市场表现方式，确定房地产项目从产品到商品的过程中的最佳表达方式。

4. 主题策划。在房地产开发项目的策划研究中，应当特别注重房地产项目的主题策划，这是贯穿于上述3个基本定位之中的开发哲学和所倡导的生活理念。房地产项目的主题策划是对拟建项目提出一种概念、精神和思想，它是贯穿于整个项目的主题。成功的主题策划给项目赋予更多的精神内涵，引领一种新的生活理念和生活方式。

值得注意的是，在项目定位与主题策划工作完成之后应当提出物业发展建议，如规划方案建议、产品建议、相关配套建议、园林景观建议、项目展示建议、分期开发建议等，这样项目策划工作才能真正落到实处。

【阅读材料】 房地产项目主题策划案例

碧桂园项目推出的主题为"给你一个五星级的家"，向人们表达的信息是多方面的，其实最核心的一点，是使消费者产生了与五星级酒店相关的联想——"项目的高品质，配套服务设施齐全，生活舒适度高，是高档居住社区"。而奥林匹克花园项目的主题为"运动就在家门口"，居家与体育健身相结合，都市人们在快节奏的生活之余能够享受到健身的方便。

4.2.4 项目资金运作策划

房地产开发项目的资金运作策划是整个项目开发过程中不可缺少的一个重要环节，需对项目进行全面、详细、深入的技术经济分析论证，评价选择拟建项目的最佳资金方案。

项目资金运作策划主要是结合项目开发方案设计资金结构，分析可能的资金来源渠道、不同来源资金的比例，分析短期和长期资金的需求计划，确定项目不同时段的资金投入与筹措方案，并结合资金筹集方案对项目预期经济效益进行评价，以便在策划总结阶段对项目实际发生值与策划阶段预测的经济效益指标进行比较和分析，找出原因，作为下一个项目策划的借鉴之处。

4.2.5 项目市场推广策划

一般在房地产项目开发前期，开发商要对自行销售和委托销售作出选择，并对整个项目进行市场推广策划。市场推广策划的主要内容有：市场推广的渠道安排；广告时机选择和节奏控制，广告商的选择，广告创意分析、买点及产品诉求点，广告费用预算；销售分期的安排及不同阶段的推广主题；不同销售期的项目定价及调整策略；市场推广前的准备工作，市场推广过程控制与管理；活动推广以及客户关系管理的策划等。从未来的发展趋势看，房地产企业委托代理销售方式在房地产市场中将占主流，这也是社会分工更加精细化的结果。

4.2.6 项目经营方式策划

房地产开发项目经营方案策划主要指对项目效益实现的方式进行策划，例如产品是出售还是出租或是自营，出售或出租的进度安排和现金流的实现计划等；当然也包括物业管理的前期介入策划和如何实现物业的保值增值，以及如何通过恰当的投资组合来降低投资风险等。

事实上，房地产开发项目经营方案与项目定位是紧密联系在一起的，在这里主要针对常见的收益性物业和居住物业的经营方式策划内容进行介绍。

1. 收益性物业

由于收益性物业比居住物业投资风险大，所以开发商在项目前期就需要对各种收益性物业的投资要点和投资风险进行分析比较。为降低投资风险，有些人想出很多办法，如曾经风行的"产权式酒店"。收益性物业主要有公寓、写字楼、酒店、商业零售等类型。

收益性物业的经营策划要进行深入的市场调查研究和分析，对项目进行系统定位和总体策划，做好项目的财务经济分析，做好项目的财务经济分析，对项目进行系统定位，做好总体规划设计，加强招商推广和经营管理活动的策划。收益性物业的经营策划除了加强对物业及物业设备的管理之外，更重要的是通过物业资产管理和房地产组合投资管理，实现房地产的保值增值，降低投资风险，实现收益最大化。

2. 居住物业

居住物业的经营策划中，除了明确收益实现的方式（出售或是出租），分析产品的市场接受程度，对现金流的实现等进行策划以外，还要对物业管理方式进行策划。

一般在项目前期，开发商通过招标的方式选择一家物业服务企业，并签订《前期物业服务合同》，由物业服务企业依照合同约定实施前期物业管理。物业服务企业从物业管理运作的角度提出小区规划、楼宇设计、设备选用、道路交通设计、绿化、功能规划、工程监管、竣工和验收接管等多方面的建设性意见，直到业主委员会成立选聘物业服务企业并签订《物业服务合同》时止。在后续工作中，物业服务企业将按合同约定实施管理。物业管理方案是开发商或业主委员会选择物业服务企业的主要依据。

4.3 房地产开发项目市场细分

在通常情况下，任何企业都无法为该市场内所有的消费者提供最佳的服务。分布广泛的众多消费者的需求差异很大，同时竞争者也会服务于特定的细分市场，因此，企业要识别能够有效服务的最具吸引力的细分市场，而不是到处参与竞争。

4.3.1 房地产市场细分的概念

1. 市场细分的概念

市场细分是指营销者在市场调研的基础上，从消费者需求的差别出发，以消费者的需求为立足点，根据消费者购买行为的差异性，把消费者市场划分为具有类似性的若干不同的购买群体——子市场，使企业可以从中认定目标市场的过程和策略。

市场细分这一概念最初是 20 世纪 50 年代中期美国市场学家温瑞尔·史密斯提出的。作为现代市场营销思想的一个突破，这一概念一经提出，很快受到学术界的重视，并在企业界得到广泛应用。目前，市场细分已成为现代市场营销学的重要理论之一。

20 世纪 90 年代，美国著名营销学教授菲利浦·科特勒（Philip Kotler），在他畅销全球 30 多年的《营销管理》一书第九版中系统地提出了 S、T、P 战略，S——segmentation（市场细分），T——targeting（目标市场选择），P——positioning（产品定位）。这一概念的提出是现代市场营销思想的一个重大突破，并在世界上得到广泛应用。

2. 房地产市场细分

所谓房地产市场细分，就是指营销者通过市场调研，按照一定的标准，把房地产整体市场划分成为若干个消费者群的市场分类过程。其中，每个消费者群就是一个细分市场，也称"子市场"。分属于同一细分市场的消费者，他们具有相似的偏好和需求；分属于不同细分市场的消费者则对同一产品的偏好和需求存在着明显的差别。例如，有的消费者购房是改变自身的居住条件，有的消费者是用来做投资，有的消费者用来度假，有的消费者是为父母购买，有的消费者是为了子女购买等。据此，从购买动机上可以把房地产市场细分为五个子市场。当然，对同一产品细分市场的依据很多，细分的结果也不同。值得注意的是，房地产市场细分不是对房地产产品进行分类，而是对同种房地产产品需求各异的消费者进行分类；是识别具有不同需求和欲望的消费者群的活动。

对于复杂多变的房地产市场，任何一个规模巨大的开发企业、资金实力雄厚的大开发公司，都不可能满足该市场上全部顾客的所有需求。又由于企业其特征、项目（土地）的特殊性、技术等方面的限制，也不可能满足全部顾客的不同需要。企业只能根据自身的优势条件，从事某一方面的生产、营销活动，选择力所能及的、适合自己经营的目标市场。例如，万科企业是中国房地产的知名企业，其跨地域的品牌复制，"万科城市花园"、"万科金色家园"在房地产市场获得了相当的成功，其市场细分，是通过在城市中开发有文化、有品味的社区吸引白领阶层、私营企业主。这部分客户就是万科企业市场细分后的一个子市场。"SOHO"仅针对可在家办公的（如软件工程师、广告策划师等）年轻白领一族。

这里必须指出的是，细分市场不是根据产品品种、产品系列来进行的，而是从消费者的角度进行划分的，是根据市场细分的理论基础即消费者的需求、动机、购买行为的多元性和差异性来划分的。市场细分对开发企业的生产、营销起着极其重要的作用。

4.3.2 房地产市场细分的方法

按照房地产功能的不同，房地产市场细分主要可分为住宅类房地产、商业类房地产和工业类房地产以及特殊用途房地产。这几种房地产中的需求不尽相同，因而市场细分的标准是不同的。下面主要对市场中常见的住宅物业类型的市场细分方法进行介绍。

住宅类房地产市场细分的标准，即是导致客户需求出现异质性、多元化的细分。这些细分主要有以下四大类：地理细分、人口细分、心理细分和行为细分。

1. 地理细分

地理细分作为住宅市场细分变量主要是指潜在消费者的地理分布状况，如地区、地域特征（市区、郊区、远郊区、农村等）、人口密度，以及地区自然环境、生活环境、交通环境等。潜在的消费者原来所在的地理环境因素或多或少地影响着消费者的生活方式，也影响着他们对新购住房的需求偏好。地理因素还是预测市场规模的重要因素。

另外，房地产的区位环境具有三重性质：第一是自然地理环境，如地形、地貌以及气候条件等；第二是经济地理环境，如距离市中心的远近、交通便利程度等；第三是人文环境，如居民素质、社会风气、文化教育设施等。人们对房地产的需求爱好，实际上是对房地产及周围环境进行综合评价和选择的结果。因此，在细分房地产市场时，还应充分考虑到人们对房地产需求的环境评价与偏好。

2. 人口细分

人口细分主要有年龄、性别、职业、收入、教育、家庭人口、家庭生命周期、国籍、社会阶层、种族、民族、宗教等。显然，这些人口因素将是决定消费者住宅需求差异性的重要因素。不同年龄、不同性别、不同收入、不同教育背景、不同家庭人口、处于不同家庭生命周期的消费者，对住宅产品有不同的消费需求。依据人口因素来细分住宅类房地产是房地产企业最常用的方法。

（1）家庭人口。家庭人口的数量直接影响对住房面积的需求量。

（2）家庭生命周期。家庭生命周期分为单身期、新婚期、满巢期、空巢期和鳏寡期等几个阶段。处于不同家庭生命周期阶段的消费者对住房的需求不同。

（3）家庭代际数。是指家庭成员由几代人构成。按照家庭代际数可以把家庭划分为一代家庭（包括单身家庭和夫妻家庭）、二代家庭（核心家庭）和多代家庭（三代及三代以上家庭）。两个家庭如果人口数量相同，但家庭代际数不同，其对住房的需求也有较大的差异。

用人口因素来细分住宅类房地产，可以是单因素细分，如香港钧濠集团以收入作为细分变量，将深圳的房地产市场细分为高收入、中等收入和低收入三个子市场，通过大量的市场调研、科学分析并结合企业所拥有的资源优势，该集团选择了面广量大的低收入群体作为自己的目标市场。房地产市场细分也可用多因素细分，即用两个或两个以上的人口因素来细分住宅类房地产。例如，小户型的房地产开发商以年龄、家庭生命周期、收入、阶层作为细分变量，并选择了单身白领或新婚夫妇作为目标市场，为其量身打造了小户型公寓，并在产品设计、价格制定、物业管理等方面都迎合目标市场消费者的需求，结果一经推出，即被这一处于旺盛需求状态的目标市场消费者抢购一空。

3. 心理细分

人们经常发现，利用地理细分及人口细分进行房地产市场细分后，同一细分市场的消费者对于同类住宅产品的需求并不相同，这其中的奥妙就在于人的心理影响。心理细分主要有：

（1）生活方式。来自不同文化背景、社会阶层的人们可能各有不同的生活方式，生活方式不同的消费者，对住宅会有不同的需求。如有些人喜欢交际，就可能需要客厅大的住宅；有些人喜欢悠闲的生活，就可能需要环境幽雅的住宅。生活方式是个体所表现出来的其对待生活的基本态度与基本看法。它与个体的教育、文化、职业、生存环境、收入等有关。但来自相同的亚文化群、社会阶层、甚至来自相同职业的人们，也可能具有不同的生活方式。

企业可以用以下三个尺度来测量消费者的生活方式：

活动（Activities）——消费者的工作、业余消遣、休假、购物、体育、款待客人等；

兴趣（Interests）——消费者对家居、服饰的流行式样、食品、娱乐等的兴趣；

意见（Opinions）——消费者对社会、政治、经济、产品、文化教育、环境保护等问题的意见。

这种尺度又叫 AIO 尺度。企业可详细调查和研究消费者的各种活动、兴趣、意见，从中区分生活方式不同的消费者群体。

（2）个性。是指消费者个人的性格特征。不同的人往往有不同的个性，如外向、内向、开放、保守、独立、依赖、激进、孤僻、乐观、悲观等。一位美国学者发现，购买汽车的顾客中，有活动车篷汽车的买主与无活动车篷的买主之间，存在一些差别：前者表现较为主动、激进和喜欢社交。不同个性的消费者对住宅的建筑风格、色彩、房屋结构、社区环境等方面有不同的要求。如有些消费者喜欢欧陆风格的建筑、有些则喜欢具有中国传统建筑风格的建筑。

（3）购买动机。不同的消费者购买住宅的动机不同，因而对住宅的需求也不同。有些人购房是为了改善自身的居住条件，则注重住宅的实用性和性价比；有些人购房是作为投资，则注重住宅的增值性；有些人购房是为了显示自身的成就、地位或经济实力，则注重住宅的豪华性。

4. 行为细分

房地产消费者市场细分的标准，统而言之可分为两大类。一类的依据是消费者的特征，如地理细分、人口细分和心理细分；一类的依据是消费者的反应，如各种行为细分。许多学者和企业认为，行为因素是市场细分重要的出发点。行为细分主要有：

（1）追求利益。不同的消费者在购买住宅时的动机不同，所追求利益也不同。有的注重小区及周边的环境；有的注重配套设施，特别是住宅区附近的重点中小学；有的注重建筑的风格；有的注重升值潜力；有的注重物业管理；有的买房子是作为改善居住条件的第一居所，有的是作为休闲度假的第二居所等。因此，企业可以按照消费者在购买住宅所追求利益的不同来细分住宅市场，这是一个重要的细分变量。

（2）品牌忠实度。企业可以按消费者对品牌的忠诚度来细分住宅市场。所谓品牌忠诚，是指由于价格、质量、性能、信誉等因素综合作用，使消费者对某一品牌情有独钟，形成偏好并长期地购买这一品牌产品的行为。例如很多业主重复购买万科公司的产品，就体现了对万科品牌的忠实度。

4.4 房地产开发项目定位

房地产项目定位是在市场调研和细分的基础上研究和分析潜在消费者的客户定位,是对消费者使用方式和使用心理进行分析研究基础上的产品定位,是将产品按消费者的理解和偏好方式传达出去的形象定位。房地产项目定位的核心是客户定位;房地产项目定位的目的是通过准确的定位形成项目的市场竞争优势。

4.4.1 客户定位

1. 客户定位的概念

客户定位就是开发商为自己的项目确定、确认潜在客户的过程,确定房地产项目的目标消费群体和他们的特征。对于开发商而言,开发建设的产品通常不止是卖给一个客户,而是卖给一个客户群,这群客户都是由于对房地产产品的认可并实施了购买行为而成为业主,所以开发商的产品一般不是仅满足某单一的客户,而是满足某一范围的客户群,而寻找、发掘这类主力客户群就是开发商进行客户定位的过程。

2. 目标客户群的研究内容

客户定位需要研究消费者的消费行为、消费动机以及消费方式,同时研究消费者自身的人格、观念、所处的阶层、环境、文化背景、偏好和生活方式等。在这部分研究中要回答的问题有:房地产项目针对哪些不同的消费群体?产品的差异对消费行为的影响程度和影响方式如何?消费者对房地产项目的消费习惯是什么?等等。

房地产开发商应当结合项目自身特点展开目标客户群的研究,主要包括:(1)客户群年龄结构;(2)客户群职业特征;(3)客户群区域结构;(4)客户群的商品房消费能力、消费方式;(5)客户群对商品房特征的需求;(6)客户群对环境及配套的需求;(7)客户群对物业管理的需求;(8)客户群购买商品房的目的。

【阅读材料】 客户需求分析的主要内容——以住宅产品为例[1]

区域方面	位置需求	处于市区,还是近郊区、远郊区等
		希望购买的住宅方位(城市的东、西、南、北、中等方向)
		处于传统居住区、文化教育旅游区、体育健身区、金融商业区等
	配套需求	生活配套需要(购物、餐饮、娱乐、银行、医疗、健身等)
		交通配套需要(公交站点、出租车站点、地铁、轻轨等轨道交通)
		教育方面的配套需要(大学、中学、小学、幼儿园等)
		公园、绿地等环境方面的配套需要

---

[1] 参见兰峰等,西安乾唐雁月项目市场定位研究,2005。

续表

小区方面	规划设计需求	规划设计风格方面的需求
		交通组织、是否人车分流方面的要求
		对绿地率的要求
	配套设施需求	小区内配套服务设施需要（会所、商业、健身、停车位等）
		安全，监控等安防设施需要
	物业管理方面	需要的物业管理水平
		需要的物业管理内容
		能承受的物业管理收费水平
建筑方面	建筑物	需要的建筑风格、建筑朝向、建筑色彩等
		需要的住宅层数（低层、多层、小高层、高层）
		需要的结构形式（砖混、剪力墙、框架）
	户型	需要的户内空间布局（平层、错层、复式、跃层等）
		需要的户型可调整性
	科技含量	建筑节能、生态环保等新技术、新材料
	室内状况	需要的室内总面积，各功能室内面积
		需要的户型（一室一厅、两室一厅、三室二厅等）
		需要的采光、通风条件等
		装修程度，装修档次等
		需要的给水、中水、排水、燃气、采暖、通信、智能化等条件
消费方面	消费能力	能承受的住房单价和总价水平
		信贷能力、偿还能力等（受职业、收入水平、信用等影响）
	消费目的	自用
		他用（如给父母、朋友或孩子购房）
		投资或投机
	消费方式	一次性支付
		分期付款
		按揭
人文方面	生活态度	对先进生活方式的需求
		参与公众活动的需求
	社会感知	居住优越感的需求
		社会归属感的需求

4.4.2 产品定位

1. 房地产产品的整体概念

现代市场营销理论认为，房地产产品是人们通过交换而获得需求的满足，是消费者或用户期求的实际利益。房地产产品的概念可以归结为：凡是提供给市场的能够满足消费者或用户某种需求或欲望的任何有形建筑物、土地和各种无形服务均为房地产产品。前者主要包括物业实体及其质量、特色、类型、品牌等；后者则主要包括可以给消费者带来附加利益和心理上的满足感及信任感的服务、保证、物业形象、房地产开发商和房地产销售代理商声誉等。

从房地产整体产品概念出发,房地产=有形实体+无形的服务。所以,房地产整体产品有3个层次的内容:房地产核心产品、有形产品及延伸产品,见图4-2所示。

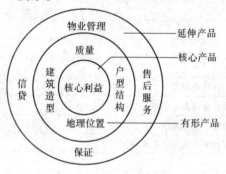

图 4-2 房地产整体产品图

核心产品是产品需求的核心层次,即满足客户的基本需求或利益。从本质上说,客户需求所关注的并不是房屋本身,而是房屋所能提供的安全、舒适的居住条件,同时关注房地产产品能够给客户带来的家庭温暖感、亲情感、成就感等心理需求,以及房地产产品所具有的保值、增值功能等。

有形产品是产品需求的物质层次,即产品的物质表现形式,是房地产核心产品的载体,它是消费者可直接观察和感觉到的内容。实际上,消费者是通过有形产品来考察房地产是否能够满足其需求的,所以,有形产品是消费者选购房地产的直接依据。房地产有形产品包括:项目的区位、建筑风格、房屋户型、楼层、朝向、质量、建筑设备、配套设施、品牌等。

延伸产品是产品需求的外延部分,即顾客购买房地产商品过程中可以得到的各种附加服务或利益的总和。房地产延伸产品是附着在有形产品之上的,是实质产品的需要和体现,包括销售、信贷、物业管理、产品的社会形象等。延伸产品能给购房者带来更多的利益和更大的满足感,在日益激烈的市场竞争中,延伸产品已成为房地产开发经营者市场营销中重要的竞争手段。房地产的客户关系管理也正是对延伸产品的深度开发。

房地产产品的三个层次构成了房地产产品的整体,三者是密不可分、相互支撑、相互促进的。真正意义上的房地产市场营销应该重视房地产产品的整体概念。以往企业的注意力主要集中在有形产品上,认为只要房屋的位置好、设计好、质量好就可以卖得好,而随着房地产市场竞争日渐激烈,企业渐渐注意到产品的三个层次,特别关注核心产品和延伸产品,竞争在多个层次上进行,通过在不同的层次上创造差异性来获得竞争优势。

2. 产品定位的概念

房地产项目的产品定位是在市场细分、客户需求分析、客户群确定的基础上,对房地产项目的主要技术参数、模式等的确定,对产品效用、产品形式、产品功能的设计与创新,最终目的是反映产品独特的市场形象。

房地产项目产品定位是建立在客户需求的基础之上,以客户为先导,以"需求为导向"的定位;是开发商针对一个或几个目标市场的需求并结合企业差异化优势,在目标客户群体的心目中占有特定位置的过程。

房地产产品定位是一项科学的策划过程,通过这种策划确定土地的用途和产品规划的方向。以往的开发商往往凭直觉或主观判断来进行产品定位,这种方式风险较大,也无法真正体会到科学的产品定位带来的益处。

3. 产品定位的原则

房地产产品定位应该遵循以下四个方面的原则:

(1) 定位的市场化原则

任何房地产产品,要期望获得市场的、消费者的认同,就应该是符合市场需求的,因此,市场化的原则是定位基础。定位的市场化要求开发商,一方面应着重分析目前市场上存在的产品、对手,以及即将出现在市场上的潜在的竞争项目;另一方面,需要分析购房者的特点,购房者的购买力和购买欲望是决定产品营销顺畅与否的关键。

开发商所作的产品定位,是在高度竞争的市场中建立自身的位置,去挖掘并满足客户尚存的或还没有释放的购买力和购买欲望。因此,就要求房地产开发不能脱离市场、不能脱离客户需求,这就是所谓"以客户为圆心"。

(2) 定位的差异化原则

当商品都一样的时候,客户很难去决定他的选择。现在房地产产品的同质化现象很严重,这便要求开发商在充分分析市场的基础上,需要选择自己的产品定位,在产品主题、概念、规划设计等方面有所不同,在环境、配套、外立面、色彩、户型结构等方面有其特色。

(3) 定位的前瞻性原则

房地产项目定位,实质上是在现在一个静止的时点,去把握以后某一年度的特定时点的市场,是对未来生活的预测,是在考验开发商对未来市场的推理和预测能力,需要用前瞻性的思维方式进行项目定位。

事实上,每一位开发商都想开发出世界上独一无二的、最先进的产品,但是在实际的项目开发中,必须考虑项目的市场接受能力,考虑生产工艺能否达到预期目的,考虑客户的经济承受能力。因此,产品的前瞻性不可能是全方位的,应该是有重点地突出。

(4) 产品之间的不可替代性

产品之间的不可替代性,指房地产项目内部的各类产品如各类户型、楼型的不可替代性,如果产品的可替代性强,那么客户可能会因为选择某一户型或楼型而使其他户型或楼型滞销。比如小区内如果150平方米的三室和四室住宅同时存在,而且独栋别墅与联排别墅面积及价格区间相仿,那么会致使销售过程中出现障碍，例中的三室和四室住宅的可替代性较强，独栋别墅与联排别墅的可替代性较强，消费者在购买中一般只选其一，导致另一产品难以消化，这是定位阶段犯的错误，难以弥补。

4. 产品定位的限制条件

房地产产品定位要求在各种限制条件（地形地貌、户型配比、容积率、绿地率、限高、朝向、楼间距、日照间距、单套面积等）下寻求最佳方案，还要求考虑产品是否满足市场和客户需求，因此房地产项目的产品定位存在很多的限制因素。

房地产产品定位的限制条件是指对产品的性质、档次、价格等起到决定作用的客观和主观条件，主要包括以下几个方面。

（1）土地。土地方面主要考虑：①土地的自然条件，如地块的面积、以及周边的自然景观等。通常面积越大、形状越方正完整，产品定位的空间越大；②土地的使用条件，如土地的规划要求、地理位置和其他限制条件；③土地周围的使用现状和发展趋势；④土地开发的条件，例如是自主开发还是合建，自主开发使产品定位有了更大的空间。

（2）城市规划。城市规划方面主要考虑相关城市规划的限制，例如容积率、覆盖率、建筑物高度、用途及环境等。城市中心地块的规划要求一般比较严格，在用地范围、容积率、建筑物高度甚至是建筑物的外观、外墙颜色和装饰材料等方面的限制条件较为苛刻，使得房地产产品的定位受到较大限制。

（3）顾客需求。顾客需求方面主要考虑客户需求的地理位置、价格区间和产品种类，例如别墅一般考虑建在离城市较远的地方，定位于开敞的空间，优美和恬静的田园环境，满足高收入、自己配备汽车的家庭。

（4）资金供应。资金供应方面主要考虑是自有资金还是借贷资金，采用何种融资方式，即是采用独资、招商、集资还是贷款等手段，不同资金来源会影响到房地产产品成本的不同，会造成产品定位空间的不同。

（5）市场条件。市场条件方面主要考虑房地产市场的发展阶段、发展水平和发展趋势，例如，市场是处于一个供方市场还是需方市场，市场是一个良性市场还是一个不正常的市场，不同的市场条件会影响房地产产品定位。

（6）开发商思维。房地产产品定位很容易受到开发商思维的限制，开发商对市场的把握、创新性或对项目的理解深度的不同，会在很大程度上影响到房地产项目的产品定位，特别是在项目的创新性等方面。目前在户型创新等方面，很多开发商都进行了一些有益的尝试，并取得了成功，但是个别地区的项目在规划和户型设计上还过于陈旧，体现不出时代感和创新性。

5. 产品定位的方法

（1）房地产市场分析方法

①房地产市场分析方法的概念

房地产市场分析方法是指运用市场调查方法，对房地产项目市场环境进行数据搜集、归纳和整理，形成项目可能的产品定位方向，然后对数据进行竞争分析，利用普通逻辑的排除、类比、补缺等方法形成项目的产品定位的方法。市场分析法中的市场调查方法包括实地调查法、问卷访问法、座谈会等。

②房地产市场分析方法的流程

市场分析方法的流程见图4-3所示。

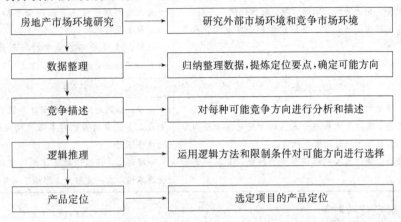

图4-3　房地产项目市场分析方法的流程图

③房地产项目市场环境研究的内容

A. 外部市场环境

外部市场环境是指经济环境、政策环境等。例如在经济环境中，不同人群的收入对产品定位有直接的影响，银行个人住房抵押贷款制度的变革对住宅房地产产品定位和开发也有重要影响。在政策环境中，有关政策的出台和变化也是房地产产品定位的重要依据，例如政府的土地政策、城市规划的调整等。

B. 竞争市场环境

竞争市场环境主要指同类项目的开发结构、市场供应量、潜在需求量、开发规模、城市及区域价格分布规律、产品级别指数、客户来源和客户资源情况。竞争市场环境分析是在外部市场环境的基础上进行的市场状况研究，它的主要目的是明确项目的直接竞争市场，确定产品定位的策略。

（2）SWOT分析方法

SWOT是优势（Strength）、劣势（Weakness）、机会（Opportunity）和威胁（Threats）的合称。SWOT分析方法即对项目面临的内、外部各方面条件进行概括和总结，分析项目自身具备的优势和劣势因素、面临的外部发展机会和存在威胁等因素，将调查得出的各种因素根据轻重缓急或影响程度等用排序方式，构造SWOT矩阵，以此为基础，从而提出项目解决方案。

【阅读材料】 西安市南郊某楼盘 SWOT 分析案例❶

1. SWOT 因素矩阵分析

SWOT 因素矩阵分析表　　　　　　　　　表 4-1

S（优势）	W（劣势）
地段：项目位于城市成熟地段，居住成熟度较好； 交通：临近两条主干道交叉口，交通便利； 生活配套：附近餐饮、购物方便，就医近便； 教育：附近有三所大学、多所中学和小学，教育氛围良好。	环境：临近立交桥和主干道，来往车流量密集、噪声较大； 规模：项目规模较小，绿化不足； 开发商品牌：开发商在西安市知名度较低，缺乏品牌优势； 治安：项目紧邻某城中村，人员较杂，存在一定的安全问题。
O（机会）	T（威胁）
政策：城中村改造受到政府的大力支持； 曲江开发：曲江文化旅游开发区的开发建设带动项目升值，为其提供了很好的发展机遇； 消费能力：周边高校人群消费能力较强，具有一定的购房意向。	竞争：临近地区特别是曲江片区的开发，形成众多竞争楼盘，对本项目构成了较大的竞争压力； 市政施工：周边道路正在进行市政施工，交通不畅，在一定程度上影响了项目形象。

2. 制定行动对策

①利用项目成熟地理位置和周边完善商业配套优势，着力打造都市中档住宅社区；

②通过对该片区教育和文化卖点的宣传，增加客户层面，以规避其他不利社会环境因素；

③加强建筑外立面和小区内部庭院空间设计，规避规模因素带来的不利影响形象；

④结合前期市场调研结果，从客户需求角度出发，强化住宅户型设计，体现人性化，例如考虑户内花园等，弥补项目自身绿化不足；

⑤对销售中心（小区将来的商业配套）进行精心设计和装修，改善项目周围绿化环境，以期形成较好的项目形象；

⑥注重外墙环保材料的使用，达到降噪、节能目的；

⑦加强小区的治安管理，建立现代化智能安保体系；

⑧实施楼盘品牌与企业品牌联动策略，适时开展公益型活动，以获得公众的好感，逐步提升开发商和项目知名度。

（3）建筑策划方法

房地产项目产品核心集中体现在建筑环节，同时也是产品差异化竞争优势的

---

❶参见兰峰等，西安"泊澜地"项目可行性研究报告，2006。

产生方式。房地产项目产品定位中的建筑策划不等同于建筑设计本身，它是在建筑设计之前，在市场调研的基础上提出的建筑设计内容，是房地产项目产品构思、概念和形象的组成部分，是产品定位的重要构成部分。

①建筑策划方法的概念

建筑策划是指根据总体规划的目标，从建筑学的角度出发，依据相关经验和规范，以实态调查为基础，经过客观分析，最终得出实现既定目标所应遵循的方法和程序。建筑策划中，人在建筑环境中的活动及使用的实态调查和分析是关键。

②建筑策划方法的研究领域

根据研究对象不同，建筑策划方法的研究领域分为第一领域和第二领域，如图4-4所示。

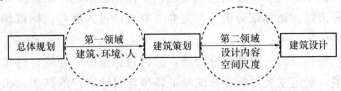

图4-4 建筑策划方法的研究领域图❶

A. 第一领域。研究建筑、环境、人的课题。它受制于总体规划，在总体规划限定的红线范围内，依据总体规划确定的目标，对社会环境、人文环境和物质环境进行实态调查，对其经济效益进行分析，根据用地区域的功能性质划分，确定项目的性质、品质和级别。

B. 第二领域。研究建筑功能和空间的组合方法。在建筑设计进行空间、功能、形式、体形等内容的图面研究前，对设计内容、规模、朝向、空间尺寸的可行性进行调查研究和数理分析，科学地制定设计任务书。

③建筑策划方法流程

A. 目标规模设定。目标规模的设定必须以满足使用为前提，同时避免不切合实际的浪费与虚设。目标规模的内容主要包括建筑的空间尺度和体量、面积、建筑物与街道的距离、建筑与环境的影响方式等方面的静态研究；以及使用者活动流线、轨迹，使用者由内到外对目标空间的使用方式，空间组合比例及环境空间使用量上的分配比等。

B. 外部条件调查。建筑策划部分的外部条件主要包括地理条件、地域条件、社会条件、人文景观条件、技术条件、经济条件、工业化标准条件以及一些总体规划中的控制性条件。

C. 内部条件调查。内部条件主要指建设项目本身条件，如建设者的功能要

---

❶参见叶剑平、梁兴安主编，房地产经纪实务．中国建筑工业出版社，2007．

求、使用方式、管理条件等。

D. 方案构想。方案构想是建筑策划中最具创新性的环节，要求策划人员具有较强的城市规划、建筑学等知识，方案构想中，应当坚持规划控制、建筑技术和经济协调发展的原则，结合项目自身特征以及开发商的要求等因素，开展方案构想工作。

建筑方案策划必须满足建筑的空间功能条件、空间心理感观条件、空间文化条件等因素。因此，方案策划需要在建筑的内部和外部空间中把握使用者的活动特征。

(4) 目标客户需求定位法

目标客户需求定位法是指房地产开发商在物业产品定位时，根据所选定的目标市场的实际需求，开发建设出能满足他们个性化需求的产品，步骤如下：

确定目标市场。市场细分后，开发商要对选择进入哪些目标市场或为多少个目标市场服务做出决策。

目标客户特征分析。根据目标市场，分析目标群体所处的目标角色状态和追求的核心价值，确定主要目标客户的特征，包含目标客户的购买动机、欲望、需求等特征，从而提出相应的产品定位。

产品定位。在充分知晓目标顾客的需求特征之后，需要对产品效用、产品形式、产品功能等进行定位与创新，反映产品独特的市场形象。

(5) 头脑风暴法

在房地产产品定位中，头脑风暴法是实践中经常采用的一个方法。头脑风暴法又可以分为直接头脑风暴法（通常简称为头脑风暴法）和质疑头脑风暴法（也称反头脑风暴法）。直接头脑风暴法是指房地产专家群体决策尽可能激发创造性，产生尽可能多的设想的方法；质疑头脑风暴法是对直接头脑风暴法提出的设想、方案逐一质疑，分析其现实可能性的方法。房地产产品定位使用头脑风暴法，就是针对产品定位这一主题，发动集体集中注意力与思想进行创造性沟通，从而确定产品定位。

4.4.3 形象定位

1. 形象定位的概念

形象定位主要是找到该房地产项目所特有的、不同于竞争对手、能进行概念化描述、能通过广告表达并能为目标客户所接受而产生共鸣的特征。形象定位需要研究房地产项目的市场表现方式，确定房地产项目从产品到商品的过程中的最佳表达方式。该部分研究中要回答的问题有：如何让消费者理解产品的内涵？如何对产品的特点进行描述和提升？如何让消费者对项目产生认同感而发生购买行为？等等。形象定位一般通过统一的广告、包装、模型与样板房等形式来表达。

在产品定位和客户定位的基础上，就可以确定项目的形象定位。形象定位诉求点源自产品和客户诉求。在产品定位和客户定位后,房地产经纪人和广告人一起罗列项目产品定位和目标客户特征,内容包括一些易于展示的主题概念和卖场包装,其中包括楼盘名称、主打广告语等表现项目特点的内容。一般采用头脑风暴法共同确定项目形象定位。

2. 形象定位的原则

(1) 项目形象易于展示和传播。例如项目起名和广告主题,应有丰富的内涵和优美的表现,应该有利于该项目的展示和传播。

(2) 项目形象定位应与项目产品特征相符合。一个好的形象定位可以传递产品品质特征,引发消费者的联想。与产品特征毫无联系的形象定位,或牵强附会的形象定位,对项目销售绝无益处。

(3) 项目形象定位与项目周边的资源条件相符合。例如项目定位为国际化社区必须与周边的资源条件如国际学校、国际俱乐部等匹配。

(4) 项目形象与目标客户群的需求特征符合。项目定位应呼应目标客户的需求,向客户传递产品信息,在客户心目中引发"这就是我所要的"触动和共鸣。

(5) 项目形象定位应充分考虑市场竞争的因素,与其他楼盘有明显的差异和区别。

4.5 房地产开发项目主题策划

4.5.1 主题策划的内涵

房地产开发项目的主题策划是指开发商(或策划者)对拟建项目提出的一种概念、意图,一种贯穿于整个项目的精神和思想,是一种可以为人们切实感知到的生活方式和居住理念,体现了项目开发的总体指导思想。

主题策划可以为房地产项目带来一种所倡导的生活态度,引导人们的居住哲学,促进房地产市场的繁荣、健康发展。

例如,广州光大花园的"大榕树下,健康人家"的生态概念;奥林匹克花园"运动就在家门口"的健康概念;碧桂园"给你一个五星级的家"的身份概念和先办学校,再建住宅的教育概念,以及北京 SOHO 现代城的"居家办公"概念等都是房地产项目主题策划中的成功案例。

4.5.2 主题策划的作用与原则

1. 主题策划的作用

(1) 主题策划是项目开发运作的总体指导思想。房地产项目的主题策划,是整个项目开发运作的指导思想,无论规划设计、建筑材料、营销策划、物业管理等均应从各个不同角度对其进行表达、与之相呼应,并诠释这一主题。围绕项目主题这一核心,能够大大丰富房地产项目的精神内涵。

例如，在奥林匹克花园"全民健身＋家居生活"这一主题策划中，要求设计者在规划设计中就考虑小区的体育健身设施布局，体现"运动就在家门口"的方便之处；在市场推广中，可以有针对性的选择向往"全民健身＋家居生活"住宅的使用者（年轻人、脑力工作者等），向他们进行广告宣传、促销等。

(2) 主题策划能体现出项目产品的价值。项目主题是一种资源，是一种可以为人们切实感知到的生活方式和居住理念。新颖、独特的主题概念的引入能显著提升房地产产品的附加值。

(3) 主题策划能使项目具有独特的个性。项目的主题具有区别于其他项目而展现出来的独特个性，无论在内容、气质上，还是在形式、手段上都独具一格，其他项目难于模仿。这种独特性的存在，就形成了项目的竞争优势。

2. 主题策划的原则

(1) 创新性原则

主题策划要取得较好的效果，离不开创新的策划思想的指导。房地产项目开发理念日新月异，各种新思想、新观念、新理念层出不穷，策划者要深刻领会这些理念的精髓，把握它们的实质，灵活地运用到策划实践中去。运用这些新理念的同时，还要注重创新，引导主题策划理念的新发展，同时注意将结合项目特色以及自身对建筑和居住文化的理解融入项目策划中，形成风格独特、个性鲜明的"明星楼盘"。

(2) 领先性原则

项目主题策划应当站在市场的最前沿，努力引导市场，引领消费者的需求。在引领消费者需求的同时，项目主题策划还要注重体现项目独特的功能要求，增加量身定做的空间和相应的设施，在开发理念和设计细节等各方面更深层次地体现"以人为本"的思想。

(3) 整合性原则

有了独特、富于个性的策划主题后，就应当在整个开发全过程中对其加以整合和贯彻。主题概念就是一个中心，项目开发的各个环节均围绕这一中心完成，如项目定位、规划设计、材料选用、广告宣传、推广计划、整体形象包装等工作都应当配合项目主题，从不同的角度诠释其内涵。

4.5.3 主题策划的方法与实践

房地产项目主题策划的方法并不固定，主要是结合市场与项目特色，从实践中不断总结并加以运用，而且各个方法之间也会相互渗透。

房地产项目的主题策划基本遵循4个导向：文化科技导向、自身优势导向、客户需求导向、创造概念导向，分别体现在以下方法的运用中。

1. 结合文化内涵挖掘项目主题

在房地产策划中，结合文化科技内涵挖掘项目主题是一个常见的方法。房地产项目不仅仅意味着钢筋加混凝土,其背后承载的是文化,通过文化概念的引入,把房地产开发与经营提升为一个系统的文化工程,可以取得较好的效果。例如,碧桂园项目在初建时就是引入了北京景山学校的教育概念,从而打造了碧桂园品牌。

一些项目巧妙地运用到区域特有的文化概念,例如成都的"浣花别墅区"、"杜甫花园"项目,地处杜甫草堂公园,以诗句、雕塑、水景等方式,大力弘扬杜甫文化的内涵,收到了非常好的效果;西安曲江文化旅游开发区一些旅游地产项目也是大力发扬唐文化概念,如大唐芙蓉园、大唐不夜城等。

还可以结合中国传统居住文化挖掘项目主题,如近年来兴起的新中式建筑等。策划人要善于挖掘项目的文化内涵,使项目的文化精髓和生活理念融为一体。

2. 结合科技进步挖掘项目主题

随着科技的进步,特别是建筑科技与人们的关系越来越密切,人们开始认识到科技为生活带来的便捷和生活质量的提高。项目策划中,运用各种科技概念也渐渐成为时尚,主要体现在建筑设计技术的创新和新材料的应用上,如生态环保材料、恒温墙体技术等,让人们享受到科技进步带来的益处,例如北京锋尚国际公寓、无锡朗诗国际公寓等项目。

3. 结合自然环境优势挖掘项目主题

可以在项目SWOT分析的基础上,从项目自身最具代表性的优势角度去挖掘和创造主题概念,不仅有利于开发商进行准确的项目定位,而且能够巧妙的转移购房者视线,忽视项目劣势,使其更多地关注项目自身优势,有利于项目的市场推广。这也是房地产开发项目主题策划中常采用的方法之一。

如深圳蔚蓝海岸社区位于南山区后海片区,紧临深圳湾,主要由填海而成,滨海环境优势明显,项目主题策划中构思了成功的环境主题——"滨海"概念以及与之相呼应的营销主题——"安静、休闲"概念,规划设计也体现"滨海、安静、休闲"等主题概念。蔚蓝海岸已不仅是深圳的名盘,也成为全国各地开发商竞相观摩和学习的房地产项目。

4. 结合顾客需求挖掘项目主题

可以根据市场调查中发现的客户需求特征来进行项目的主题策划。例如,广州"光大花园"在楼盘策划之初,主要进行了两方面的工作:一是通过问卷调查,探求市民在目前的生活环境下最需要的是什么?反馈回来的最多的是"身体健康"。二是根据项目现状最具有价值方面的分析,认为项目地块最有价值、可以大做文章的是几十棵50多年树龄的大榕树。策划人通过思想碰撞,找出"身体健康"与"生态环境"之间存在的逻辑关系。于是,项目主题——"大榕树下,健康人家"就应运而生,大榕树下的一幅健康人家的风景画呈现在人们面前，让人们想到了在大榕树下纳凉，清新的空气、寂静的环境……，这一切都无不让人为之一动，激起人们强烈的购买欲望。

5. 通过营造新观念挖掘项目主题

通过主动营造某种主题氛围，激发人们对特定生活意向的联想，使居住的物质环境变得人性化、亲情化。如在深圳"波托菲诺·纯水岸"项目主题策划中，就引入了一种意大利旅游小镇的休闲生活概念，营造项目的"波托菲诺生活格调"，来激发人们的生活向往。

【阅读材料】 深圳"波托菲诺·纯水岸"项目主题策划❶

深圳华侨城房地产有限公司开发的"波托菲诺·纯水岸"项目，位于深圳华侨城社区中部，南临欢乐谷，北临桥香路。项目主要由86套250～290平方米的TOWNHOUSE、12栋180～335平方米的多层和高层豪宅组成，由世联地产顾问有限公司策划代理。

项目策划启动时，深圳房地产市场出现了明显的豪宅供应比例的结构性失衡。为了能够更好地对项目豪宅进行营销，策划机构进行了认真的项目优势分析，认为项目最大的优势在于华侨城地区的旅游概念，并提出如下项目主题策划思路：

依托华侨城旅游地产背景，打造旅游主题地产社区，在项目上成功地引进一个意大利旅游小镇（波托菲诺）的休闲生活概念，将华侨城旅游环境——意大利旅游小镇——波托菲诺小镇生活方式有机地结合在一起，主打广告语为"波托菲诺生活格调"，为中产阶层的生活方式定格。这一创新性主题概念的提出，在深圳房地产市场中引起了较大的反响，也收到了明显的营销效果。

6. 结合建筑设计的创新理念挖掘项目主题

建筑设计对产品定位的实现起到决定性的作用，项目的规划布局、建筑形式等，都在很大程度上影响着产品的个性化和差异化，从而为项目的主题策划奠定基础，如户内花园、早餐厅等生活概念以及叠拼别墅、LOFT住宅等居住概念。因此，结合建筑设计的创新理念挖掘项目主题是很有必要、也是很实用的方法。

思考题

1. 什么是房地产项目策划？项目策划有哪些作用？
2. 房地产项目策划的基本工作流程是什么？
3. 房地产项目策划主要有哪几个阶段？
4. 房地产项目策划有哪些主要内容？
5. 房地产项目定位包含哪些主要内容？

---

❶根据深圳世联策划经典案例整理并改写。

6. 房地产市场细分的含义和作用是什么?
7. 住宅项目市场细分的依据有哪些?
8. 开展房地产项目的目标客户群研究,包含哪些主要内容?
9. 房地产开发项目产品定位的主要内容是什么?
10. 简述房地产开发项目形象定位的内涵。
11. 简述房地产开发项目主题策划的内涵。
12. 房地产开发项目主题策划与项目定位的关系是什么?

第 5 章
房地产开发项目规划设计

本章学习要求：
1. 掌握房地产开发项目规划设计的主要技术经济指标；
2. 熟悉房地产开发项目规划设计的主要内容；
3. 了解城市规划的概念、城市规划的层次、城市规划对房地产开发的管理，房地产开发项目规划设计的指导思想。

5.1 城市规划与房地产开发

5.1.1 城市规划与房地产开发

1. 城市规划的概念

城市规划是指为了实现一定时期内城市的经济和社会发展目标，确立城市的性质、规模和发展方向，合理利用城市土地、协调城市空间布局和各项建设的综合部署和具体安排。

城市规划是建设城市和管理城市的基本依据，是保证城市土地合理利用和房地产开发等经营活动协调进行的前提和基础，是实现城市经济和社会发展目标的重要手段。城市规划经过法律规定的程序审批确立后，就具有法律效力，城市规划区内的各项土地利用和建设活动，都必须按照城市规划进行。在城市规划设计的指导下进行城市建设，可以取得合理的城市空间布局结构，完善的城市基础设施和良好的城市环境质量。

2. 城市规划的层次体系

城市规划按其规划的深度不同可分为城市总体规划、城市分区规划、城市详细规划。

（1）城市总体规划

城市总体规划是在较长时期内（一般为 20 年），对整个城市的发展进行的综合部署，从宏观上控制城市土地合理利用和空间布局，指导城市协调发展。它的主要任务是：研究确定城市的性质、发展目标和发展规模（包括人口规模和用地规模）；确定城市布局形式和功能分区；制定城市道路和交通系统规划，城市园林绿地系统规划，城市给水、排水、防洪、供电、供热、燃气供应、邮电等专项工程规划以及城市各项工程管线设计。此外，还制定主要公共建筑位置的规划方案、地震设防城市的防震规划、城市改建规划等。

（2）城市分区规划

城市分区规划是在总体规划的基础上，具体地划定土地使用界线，对土地使用进一步分类，对不同使用性质的用地位置和范围提出控制性要求，确定次干道及支路的红线位置、横断面、主要交叉口形式，控制点的坐标、标高；确定地上、地下各种主要管线的走向、控制管径，并综合处理平面和竖向关系；原则规定建筑高度和建筑密度，确定每块用地的建筑容积率和人口数量。

（3）城市详细规划

城市详细规划是城市规划的后期阶段，其任务是在近期拟建的地段上进行具体的规划布局以确定各项建筑物、道路、绿地和工程设施的安排，为各项单项设计提供依据。这是一种地段规划，可以由城市规划设计部门完成，也可以由房地产开发公司根据城市规划的要求完成。详细规划与投资开发部门有着直接的关系，因此，开发公司应重点掌握。

城市详细规划分为控制性详细规划和修建性详细规划。

①控制性详细规划是随着城市土地有偿使用和房地产开发业的发展而形成的新的规划层次。自房地产开发业兴起后，原有的城市总体规划和详细规划不足以指导城市开发建设，如城市总体规划的规划年限与开发建设的年限不相吻合；开发建设所要求的规划设计要求和土地招标投标的条件以及有关各项技术经济指标，难以在城市总体规划原则说明中找到依据；原有的详细规划给开发建设和建筑设计所留余地太少，不利于开发单位逐步建设和分块经营等。因此，必须补充新的规划层次，即控制性详细规划，以指导房地产开发。

控制性详细规划的任务是：将城市总体规划所明确的城市土地使用性质、发展方向、各项需要配套建设的公共服务设施和市政公用设施项目，具体明确地落实到每一块需要开发建设的土地上；落实每一块需要开发的土地建筑数量（包括容积率、建筑间距、建筑高度、建筑密度）、人口数量（人口密度）、道路红线（包括道路宽度和退缩要求）及其控制点的坐标；具体明确组织城市环境、城市特色的规划设计要求。

②修建性详细规划是对即将开发的地块，根据控制性详细规划对该地块的控制指标或城市规划管理部门提出的设计条件，所编制的开发建设实施性详细规划。它的主要任务是：确定各类建筑、各项基础工程设施、公共服务设施的具体配置，并根据建筑和绿化的空间布局、环境景观设计，编制规划总平面图；对局部地区交通场站选址定线以及单项工程综合；解决各种管线在平面上、高程上的关系，市政设施的具体位置和范围以及开发小区内外各种管线的衔接关系。

3. 城市规划与房地产开发的关系

（1）城市规划对房地产开发经济效益的影响

城市规划要根据各类用地的社会需求量，研究城市景观、区位条件、环境要求，处理好各项建设内容之间的关系，以及各类用地之间的关系，按"地尽其力、优地优用"的要求确定合理的城市用地数量结构、用地功能布局、各地块开发顺序、开发强度和建筑用地技术规范，而这些规定将不可避免地影响房地产开发项目的各项规划设计指标，最终影响房地产开发的数量和可以销售的面积大小，并决定房地产开发投资经营企业项目开发的经济效益。

(2) 城市规划对房地产开发程序的强制性管理

城市规划管理部门一般通过核发"建设用地规划许可证、建设工程规划许可证"等措施，对房地产开发企业的行为进行强制性管理。主要包括项目选址意见书、建设条件通知书、建设用地规划许可证、建设工程规划许可证等证书的申领以及执行开发项目报批程序等措施。

(3) 城市规划管理是政府调控地价的手段。

地价的高低对社会经济发展影响很大。各级政府代表国家控制和管理城市土地，城市规划及规划管理对地价产生决定性作用。我国城市可利用的土地资源紧张，土地供给弹性很小，而我国城市化及城市建设的快速发展，对城市土地的需求日益增加，因此，政府要通过调控土地供给来调节地价。城市规划和规划管理要根据城市建设需求，提出并落实开发建设程序，管理好每年的城市增量用地投放及存量土地建设。

5.1.2 房地产开发项目规划设计的技术经济指标

1. 居住区技术经济指标

为了评价居住区规划方案的经济性和合理性，经常采用以下一些技术经济指标作为衡量的标准。

(1) 居住区总用地（hm^2），其中包括居住建筑用地、道路用地、绿色用地；

(2) 居民每人占地（$m^2/人$），其中包括人均居住建筑用地、公共建筑用地、道路用地、绿色用地；

(3) 居住区总建筑面积（m^2），其中包括居住区建筑面积、公共建筑面积；

(4) 总户数、总人数、平均每户人口（口/户），指居住区内可容纳的总户数、总人口、总人口与总户数之比；

(5) 平均每户居住建筑面积（$m^2/户$）指居住区内居住建筑面积与总户数之比；

(6) 居住建筑密度，指居住建筑对居住建筑用地的覆盖率。即：

$$居住建筑密度 = \frac{居住建筑基底面积}{居住区用地面积}（\%）;$$

(7) 容积率：

$$容积率 = \frac{居住建筑面积}{居住区用地面积}（m^2/hm^2）;$$

(8) 绿地率,是指居住区用地范围内各类绿化用地总面积占居住区用地总面积的比率;

(9) 人口毛密度,指居住总人口和总用地之比:

$$人口毛密度=\frac{总人口}{总用地}（人/hm^2）;$$

(10) 人口净密度,指居住总人口与居住建筑用地面积之比:

$$人口净密度=\frac{总人口}{居住建筑用地面积}（人/hm^2）;$$

(11) 住宅平均层数,指住宅总建筑面积与住宅基底总面积之比:

$$住宅平均层数=\frac{住宅建筑总面积}{住宅基底总面积};$$

(12) 高层比例,一般七层以上为高层住宅,即高层住宅占总建筑面积的比例:

$$高层比例=\frac{高层建筑面积}{居住区总建筑面积}（\%）;$$

(13) 住宅间距（m）,指相邻居住建筑之间的距离;

(14) 居住区平均造价,即:

$$平均造价=\frac{总造价}{居住区总建筑面积}（元/m^2）;$$

(15) 停车位个数,指在规划用地范围内设置的地面和地下停车位的个数;

(16) 建设周期,是指自工程开工至全部工程完工之间的持续时间。

2. 建筑的技术经济指标

为了评价酒店、写字楼、商业零售中心等开发项目的规划设计方案的经济性和合理性,经常采用以下技术经济指标作为衡量的标准。

(1) 建筑容积率,指项目规划建设用地范围内全部建筑面积与规划建设用地面积之比,附属建筑物计算在内,但应注明不计算面积的附属建筑物除外;

(2) 总建筑面积,指各层建筑面积的总和;

(3) 地上建筑面积,指地上各层建筑面积的总和;

(4) 建筑密度,即建筑覆盖率,指项目用地范围内所有建筑物的基底面积之和与规划建设用地面积之比;

(5) 规划建设用地面积,指项目用地规划红线范围内的土地面积;

(6) 建筑高度,指城市规划建设部门规定的建筑物檐口高度上限;

(7) 绿地率,指规划建设用地范围内绿地面积与规划建设用地面积之比;

(8) 停车位个数,指在规划用地范围内设置的地面和地下停车位的个数;

(9) 有效面积系数,指建筑物内可出租（使用）面积与总建筑面积之比;

(10) 开发项目总造价、平均造价和开发建设周期。

5.2 房地产开发项目规划设计的指导思想与主要内容

5.2.1 指导思想

1. 项目规划设计应当体现项目总体策划的基本构思与原则

项目的规划设计，是整个项目策划系统中的一部分，整个规划设计工作一定要与其他策划环节协调展开，并以项目的总体策划思想为指导。一般情况下，影响项目规划设计的要素主要有：

（1）国家及项目所在城市房地产开发、建设的基本政策；
（2）项目所在地城市控制性详细规划的有关规定；
（3）项目所在地现场状况；
（4）市场调研结果与市场定位、项目开发理念；
（5）建设项目的总投资和资金运作方式。

2. 规划设计中的和谐理念

随着经济的发展，社会的进步，技术的改善，人们的居住需求也逐步从以往的简单的物理要求层次上升到包含物理需求和精神需求在内的更加全面的需求层次。也正是由于这些因素，不断促进了房地产开发项目在规划设计和建筑设计上的发展。建筑的规划设计应当最大限度地满足人的全方位需求，主要体现在：

（1）规划设计与自然生态相和谐

规划设计应当以积极的态度，把人与建筑、人与自然环境间的关系建立在和谐共生的基础上，以"配合应用"环境资源取代"消费"环境资源，与自然环境维持共生共存关系。与自然和谐共生的设计理念要体现在节地、节能、节材上；体现在结合地理环境、气候条件来优化设计方案上；体现在改善生态环境、亲近自然上，例如很多住宅项目都寻求亲近山水、亲近自然的生态环境。

（2）规划设计与社会发展相和谐

建筑及其环境不仅具有庇护的功能，还应是一个物质生活与精神生活的复合体，是体现人们思想、感情及价值观念的有形工具。如果中断了人与人、人与社会之间的良好互动关系，就容易造成道德上的漠不关心及麻木心理，邻里及家庭中的人际关系也会愈来愈疏远，往常的守望相助就会变成老死不相往来。

我们所定居的环境是一个充满良性互动的社会生态体系，因此，在住宅及其环境的构思中，必须将个人、家庭的需求与社会的存在紧密联系起来。住宅建筑设计必须为这种社会的群体化活动提供条件，才能给居民提供一个健康、安全、方便的居住环境。

例如，目前房地产市场中出现的很多中式住宅如北京的观唐、运河岸上的院子、天津的唐郡、苏州的天一墅、成都的清华坊等项目就是中国传统居住文化的回归；住宅小区的规划设计中注重小区广场等公共空间的设计也是提供给住户一个互相往来的空间，目的都是构建人与人、人与社会之间的良好互动关系。

（3）规划设计与用户需求变化相和谐

规划设计应当与用户需求和谐适应。以住宅设计为例，家庭是成长的，随着时间的推移，家庭成员的结构（年龄、数量、性别比例等）都会改变。随着社会的发展、生活观念的变化，住户的居住模式也在发生变化。因此在住宅外壳的静止与居住生活的动态之间存在着矛盾，我们称之为住宅的物理不变性与生活内容可变性之间的矛盾。住宅设计应当解决这个矛盾，要能适应家庭的成长过程，适应居住模式和用户需求的变化，应当采用动态空间的设计方法，提高住宅使用的灵活性。

实现住宅内部可变性的关键条件是采用自由分隔结构的可能性和分隔技术手段，这类可自由分隔的结构一般采用大开间、大空间或采用非承重墙的设计概念进行设计。

规划设计与用户需求和谐适应还体现在适应市场上。由于居住者的家庭构成、生活习惯、职业类型等的不同，因此提供给市场的住宅类型也应多样。同一个楼盘的多房型配合，以适应不同经济收入、不同类型、不同生活模式居民的不同购房目的的选择需要。对于老龄人、残疾人的生理、心理需要也要给予重视，做好无障碍设计和方便行动的支持辅助设施，同时尽可能考虑社会交往和互助的因素。

5.2.2 工作内容

项目规划设计第一步主要是研究基地条件和周围环境，从外部条件的分析开始为住宅区的规划设计做准备；进一步确定建筑类型，还要充分研究建筑的外观造型以及整个基地的空间效果等，并据此初步确定建筑的规划设计与风格。

项目规划设计中第二步是总体规划设计，无论占地面积大小，都要首先考虑项目的总体规划。以居住区项目为例，如果工程占地面积较大，需要布置多幢住宅时，就要先作总体规划布局，然后再进行住宅楼的单体设计；如果一块基地中仅布置1~2幢住宅楼，只要全面掌握基地的基本条件，就可直接进入住宅的设计阶段。

下面以居住区项目规划设计为例，对居住区项目规划设计的主要内容进行阐述，相关内容在本章5.3~5.8节中分别详细介绍。

1. 规划布局

规划布局应综合考虑住宅布局、公共建筑布局、建筑体型、道路交通以及景观规划等基本因素。居住区建筑的总体布局，应该遵循日照充分、通风良好、安静整洁、庭院空间美满丰富的原则，合理确定建筑群体布置。常见的建筑布局形式有行列式、周边式、混合式、自由式等。

2. 建筑选型

房地产项目建筑类型直接影响着日常的工作、生活，同时也是决定建设投资、城市用地及城市面貌的重要因素。因此，建筑类型的选择要在满足城市规划要求的同时，综合考虑项目自身的技术经济条件，决定具体的建筑物类型，如对住宅项目是选择高层、多层还是别墅群建筑，以及建筑风格和特色等。

3. 住宅户型

住宅户型是指住户的规模、类型结构等特征。居住区住宅户型设计是指住宅单元室内的功能分区和空间利用的方式、方法。在绝大多数的住宅项目中，户型的设计是最能够直观地表现消费实用性的概念，对楼盘的最终销售的影响是举足轻重的。因此，开发商格外注重户型的设计，目前，房地产开发中的户型创新活动方兴未艾，出现了很多优秀的户型设计，例如室内花园等概念的引入。

4. 配套设施规划

居住区内配套设施是否方便合理，是衡量居住区质量的重要标准之一。配套设施规划中，对于公共服务设施、停车设施、户外场地设施等要统筹考虑（详细内容见本章5.6节介绍），方便人们生活。应根据《城市居住区规划设计规范》来安排幼儿园、小学等，一般住宅离小学的距离应在300m左右（近则扰民，远则不便）。菜店、食品店、小型超市等居民每天都要光顾的基层商店等配套公建，服务半径最好不要超过150m。

5. 道路交通规划

居住区道路是城市道路的延续。车行道担负着居住区与外界及居住区内部的交通联系；步行道往往与居住区各级绿地系统结合，起着联系各类绿地、户外活动场地的公共建筑的作用。居住区道路是居住空间和居住环境的一部分，它既是交通空间，又是生活空间，也是居住区环境设计的重要组成部分。

6. 绿地与景观规划

居住区绿地是城市绿地系统和居住区景观规划的重要组成部分，它量大面广，与居民关系密切。居住区绿地具有释放氧气、杀菌除尘、净化空气、调节空气温湿度、减噪、隔热、防风以及美化环境的作用，并能创造四季各异的环境景观，对调节居民心理，改善居民生活环境和城市生态环境也具有重要的作用。

居住区的景观规划除绿地布置外，还包括步行环境、铺地、水体、户外设施环境如建筑小品等组成部分的规划和设计。户外生活是居民活动的重要组成部分，因此居住区不仅要为居民提供活动场地，还要创造一种美观怡人的外部空间环境。

5.3 居住区规划布局

5.3.1 规划布局遵循的原则

规划设计包含着很多内容，例如建筑的布局、间距、朝向、绿化和道路的布置等。这些内容直接关系着居民的生活环境质量乃至人身、财产安全。在规划设计中，建筑的规划布局要考虑到内外、动静、有无污染及交通方面的因素，创造便利、安全、舒适的居民生活环境；建筑的间距应满足防火间距和日照采光的要求。如果建筑间距留得不够，就不能为火灾的防范、扑救创造条件；同时建筑的朝向也是一个非常重要的因素，特别是在北方地区，应考虑到人们的居住习惯，例如在北方住宅多为南北朝向；在规划设计中，绿化、道路交通、户外工程的设计也同样重要且不可或缺，这些都影响着小区的档次和居住品质等。

1. 居住区的规划布局，应综合考虑路网结构、公建与住宅布局、群体组合、绿地系统及空间环境等的内在联系，构成一个完善的、相对独立的有机整体，并应遵循下列原则：

（1）方便居民生活，有利于组织管理；

（2）组织与居住人口规模相对应的公共活动中心，方便经营、使用和社会化服务；

（3）合理组织人流、车流，有利于安全防卫；

（4）构思新颖，体现地方特色。

2. 居住区的空间与环境设计，应遵循下列原则：

（1）建筑应体现地方风格、突出个性，群体建筑与空间层次应在协调中求变化；

（2）合理设置公共服务设施，避免烟、气（味）、尘及噪声对居民的污染和干扰；

（3）精心设置建筑小品，丰富与美化环境；

（4）注重景观和空间的完整性，市政公用站点、停车库等小建筑宜与住宅或公建结合安排；供电、电信、路灯等管线宜地下埋设；

（5）公共活动空间的环境设计，应处理好建筑、道路、广场、院落、绿地和建筑小品之间及其与人的活动之间的相互关系。

【阅读材料】 金地"曲江·尚林苑"项目案例[1]

在西安大雁塔南侧1公里的金地"曲江·尚林苑"项目，利用台地的高差错落，将社区提高到高于市政道路上的另一平面，有效规避了道路的噪声、灰尘影响，社区环境更加纯粹。坡地建筑天然形成了丰富而流动的错落空间与随处可见的层层跌水等情趣空间，为每天回家的路增加趣味。层层退台式规划，形成社区大气的建筑形态。

项目使用"街"与"巷"作为小区的主轴线，将众多的院落如珍珠一般串联起来。睦邻可以在绿树掩映、叠水潺潺的木栈道与小桥上轻松而亲切地交谈。这正是小区的主景观轴"珞溪九叠"，它并不追求宽敞，而取幽雅静谧。而主轴上的景观结点，巧妙的转折，使得巷中的人们不能够一眼望穿，这正是中国传统园林营造中所追求的"不透"。

---

[1] 资料来源：西安金地置业投资有限公司，2007。

"尚林苑"项目地块方正,规划采用了里坊院落的格局,并将回家的路设计为"街·巷·院·宅"四级空间序列:主入口有商业街,Townhouse 与叠加 Townhouse 之间的景观带为巷,Townhouse 与叠加 Townhouse 均有私家小院,最后才进入自家的住宅。

5.3.2 常见的规划布局形式

在居住区的规划设计过程中,应当充分考虑采光、通风以及项目所在的地形、位置等多种因素,合理规划建筑群体布局。常见的规划布局形式有行列式、周边式、混合式、自由式等,如表 5-1 所示。

常见的规划布局形式　　　　表 5-1

	常见形式	概　　念
建筑布局	1. 行列式	按一定的房屋朝向和间距成排布置,大部分是南北向重复排列,其优点是每户都有好的朝向,而且施工方便,但形式的空间较为单调。
	2. 周边式	沿街坊或院落周围布置,其优点是内部环境比较安静,土地利用率高,但其中部分住宅的通风和朝向均较差。
	3. 混合式	采取行列式和周边式相结合的方法进行布置,可以采纳上述两种形式之长,形成半敞开式的住宅院落。
	4. 自由式	结合地形、地貌、周围条件,不拘泥于某种固定的形式,灵活布置以取得良好的日照通风效果。

5.4　建筑选型

5.4.1　建筑类型

在房地产开发中,有大量的建筑是住宅,住宅规划设计的优劣不仅关系到楼盘开发的品质,而且在体现城市面貌方面起着重要的作用。因此,住宅建筑选型是规划的重要内容之一,它直接影响到土地的经济利用、住宅需求、建筑造价、景观效果以及施工的难易程度。住宅建筑类型有多种分类方式,常见的分类方式有以下几种:

1. 按建筑层数划分

(1) 低层住宅

低层住宅是指层数在 1~3 层的住宅。就我国目前的情况而言,城市低层商品住宅尚属于高档住宅,常见的有单层住宅、独栋别墅和联排别墅等,近年还出现了类别墅的建筑形式,如叠拼别墅等。随着对中国传统文化的尊重和怀念,房地产开发和建筑创作中也出现了一种"文化回归"理念,例如一些开发商尝试在现代化的高档别墅中寻找回归本土的建筑文化,在一些城市的房地产开发中,出现了富有当地传统居住文化的单层住宅，如北京的新四合院等。

①单层住宅。指层数为1层的住宅，单层住宅往往设有私用的庭院，具有自然的亲和性，便于房屋中各部分人流或物品和室外直接联系等优点，适合儿童或老人的生活。这种住宅虽然为居民所喜爱，但受到土地价格与利用效率、市政及配套设施、规模、位置等客观条件的制约，在供应总量上有限。例如北京出现的新四合院住宅、南方地区出现的江南水乡居住院落等。

②独栋别墅。一般为2～3层的独栋住宅，拥有较大的基地，限制少，平面布局有极大的灵活性，住宅四周均可直接采光。建筑周围均可布置院落，住户之间干扰最小。每户设有前院和后院，前院多为景观性花园，通常面向景观较好的方向，并和生活步行道相连；后院多为生活性或服务性院落，出口通常与通车道路连接。每户均可设置车库。

③联排别墅。联排别墅也称为Townhouse，于19世纪四五十年代发源于英国新城镇时期。在欧洲，传统的Townhouse住宅均是沿街的，是指每栋住宅相互连接建造的市民城区住宅，一般是由几幢低层的住宅并联组成的联排住宅，几个单元共用外墙，有独立的门户。由于沿街面的限制，所以在基地上都表现为大进深、小面宽。

联排别墅在一个垂直层面只有一户，多为2～4层，是介于公寓和别墅之间的一种新型住宅，主要位于城市边缘地区。这种产品最明显的特点是适中性、均好性，具有个性和设计新意；联排别墅占地规模相对单体别墅小，节约土地和工程管线，有利于降低总造价，从而其价格也较单体别墅低。但联排别墅住宅在设计上的灵活性较独栋别墅小。

由于联排别墅避免了独栋别墅区的常住居民比较少、整个小区比较空旷和缺乏生活气息的弊端，所以住户可以享受到更多的舒适性和邻里亲情。联排别墅现在在很多国家和地区已非常普及，成为城市发展过程中不可逾越的阶段——住宅郊区化的一种代表形态。

别墅方面，房地产市场中也出现了一些创新类型，例如双拼别墅、叠拼别墅、空中别墅等。双拼别墅是指联排别墅与独栋别墅之间的中间产品，由两个单元的别墅拼联组成的单栋别墅。在美国，双拼别墅被称为"Two famliy house"，直译为两个家庭的别墅。这种相对独立的双拼别墅，在保证拥有私家花园的基础上，既加强了户外空间的交流，也改变了Townhouse排列布局上的呆板。

叠拼别墅也称叠加别墅，是Townhouse的叠拼式的一种延伸，是在综合跃层住宅与联排别墅特点的基础上产生的，一般四至七层，由每单元二至三层的别墅式复式住宅上下叠加在一起组合而成，底层有花园，上层有屋顶花园，这种建筑类型与联排别墅相比，独立面造型可丰富一些，相比联排别墅更为灵动而宜人，同时一定程度上克服了联排别墅窄面宽、大进深的缺点。

(2) 多层住宅

多层住宅一般指层数在4~6层的不设电梯的住宅。采用若干户作水平组合，形成标准层，层与层之间用公共楼梯作垂直组合。多层住宅造价较低，价格适中，易于被普通消费者所接受，是我国住宅建设中主要的住宅类型之一。但是随着城市土地资源的紧缺性，在大城市多层住宅开发比例逐渐减少。

(3) 高层住宅

中华人民共和国国家标准《住宅设计规范》中规定7~9层为中高层住宅；10层及10层以上住宅为高层建筑，总高度超过100米的为超高层住宅。《住宅设计规范》规定住宅层数7层以上应设电梯，12层及以上的单元式和通廊式住宅应设消防电梯。

随着我国住宅产业的迅速发展以及城市可利用土地的减少，高层住宅的开发建设越来越普及，目前在一些地区的商品住宅开发建设中，也有开发商将7~16层的住宅称为"小高层"，而将16层以上的住宅称为高层住宅。

2. 按平面特点划分

(1) 点式住宅

宽度和长度比较接近的住宅称点式住宅，又称塔式住宅。点式住宅能适应不同尺寸和平面形状的用地，其本身所形成的阴影区小，对邻近建筑物日照时间的影响短，在群体中对周围建筑物的通风、视野遮挡也少，再加上其挺拔的体型，往往成为住宅群中富于个性的建筑类型。一梯可以安排4~6户，充分发挥电梯和楼梯的服务效率；整体抗震性能好。

(2) 条式住宅

由两个或两个以上的居住单元按直线邻接的住宅称条式住宅，又称板式住宅。条式住宅具有朝向好，通风向阳，造价相对点式住宅低以及施工方便等优点，其不足之处是布置不够灵活，立面造型不如点式住宅生动，体型大容易对周围建筑物的日照、通风、视野造成影响，抗震性能较点式住宅差等。

3. 按结构类型划分

(1) 砖混结构

主要有砖、石和钢筋混凝土等作为承重材料的建筑物。其构造是采用砖墙、砖柱为竖向构件来承受竖向荷载，钢筋混凝土作楼板、大梁、过梁、屋架等横向构件，搁置在墙、柱上，承受并传递上部传下来的荷载。这种结构的房屋造价较低，是我国目前建造量较大的房屋建筑。但是，这种房屋的抗震性能较差，开间和进深的尺寸都受到一定的限制，其层高也受到限制，多层住宅多采用这种结构。

(2) 框架结构

框架结构是由钢筋混凝土梁、柱组成的承受竖向荷载和水平荷载的结构体系。墙体只起维护和隔断作用。框架结构具有使用平面灵活、室内空间大等优点，但施工周期较长。由于梁、柱截面有限，侧向刚度小，在水平荷载作用下侧移大，故框架结构一般又称为柔性结构。其建造住宅的高度不宜超过15~20层，地震区不宜超过7层。

(3) 框架剪力墙结构

框架剪力墙结构也称框剪结构，此种结构为在框架结构的适当部位设置一定数量的钢筋混凝土墙体所组成的结构体系。剪力墙主要承受水平地震作用或风荷载所产生的剪力，框架主要承受竖向荷载和少部分剪力。这种结构抗侧移能力提高了很多，建筑结构更加稳固，一般称为半刚性结构体系。适合层数较多的居住建筑。

4. 按户内空间布局划分

(1) 平层式

平层是指一套住宅的厅、卧、卫、厨、阳台等不同功能的所有空间都处于同一层面的住宅。平层布局紧凑，功能合理，交通路线简捷，但空间层次感不强，平层住宅是目前最为普遍的住宅户型。

(2) 错层

错层主要指的是一套住宅的各功能区不处于同一平面，即房内的厅、卧、卫、厨、阳台处于几个高度不同的平面上。错层住宅在居住功能上具有较大的合理性，不同的功能区域完全是一个独立的空间，能够动静分区，干湿分离，居住的私密性大大加强，又使室内空间具有层次感，富有流动感，活跃了室内环境。错层式住宅还具有类似别墅的感觉，使居住的档次和品位得到提升，在居住舒适度上有着一般住宅无法比拟的超前性和实用性，能够满足不同人群的心理需求。但错层式住宅由于室内公共空间和私密空间的地坪楼板不在同一个高度上，使得结构复杂，增加了建筑成本，造价较高，且不利于结构抗震。

(3) 复式

复式住宅在概念上是一层，并不具备完整的两层空间，但层高（如层高4.5米）较普通住宅（通常层高2.8米）高，可在局部掏出夹层，安排卧室或书房等，用室内楼梯联系上下空间，其目的是在有限空间里增加使用面积，提高住宅的空间利用率。复式住宅平面利用率高，可使住宅使用面积提高50%~70%，同时也比较经济，并且打破了原有普通单元式住宅单调的平面形式，把室内居住环境空间化、层次化，能满足人们对空间变化的追求，更适合年轻人居住。

此外，很多开发商又进行了一些创新和有益的尝试，房地产市场中也出现了一些由此而派生的居住概念，例如LOFT住宅等。

【阅读材料】 LOFT住宅——自由个性新理念住宅

LOFT在英语中的原意是指工厂或仓库的楼层，现在其内涵已经远远超出了这个词汇的最初含义，逐渐演化成为一种时尚的居住与生活方式。

LOFT住宅是一种与以往常见的平层、复式、跃层等居室结构有很大差别的户型，其最显著的特征是高大而开敞的空间，LOFT住宅除了卫生间和厨房因管线的关系不可改动外，单元内所有的分室隔墙和不承重的轻质墙体，全部可以拆除，所有空间都可以进行重组。同时LOFT又十分开放透明，以大落地玻璃窗为主，买家对户型装修设计有较大的空间余地，比如说可以根据自己的需要设计挑高的会客厅，或者为了获得更充裕的使用面积而完全隔成两层。

LOFT住宅的出现是市场细分的结果，从目前的市场反馈来看，这类住宅比较受年轻人喜爱，吸引了从事IT、广告、艺术、设计、自由职业者等众多人士的青睐，也包含一些比较看好LOFT未来潜力的投资者。

(4) 跃层

跃层式住宅是在住宅的竖向交通联系上进行变化的住宅类型，多见于多层或高层建筑。所谓跃层式住宅，是同楼层的一套住宅单位在内部的结构设计上表现为相对独立的两层居住空间，也有人称为"楼中楼"。跃层住宅内部设计有上下两层楼面，卧室、起居室、客厅、卫生间、厨房及其他辅助用房可以分层布置，上下层之间的交通不通过公共楼梯而采用户内楼梯连接。跃层式住宅的优点是动静分区明确，互不干扰；每户都有二层或二层合一的采光面，即使朝向不好，也可通过增大采光面积来弥补；通风较好；户内居住面积和辅助面积较大；布局紧凑，功能明确，相互干扰较小。根据其跃层的空间设计，跃层住宅可分为"上跃型住宅"和"下跃型住宅"两种类型，但是以"上跃型住宅"最为常见。

5.4.2 建筑风格

1. 建筑风格的含义

建筑风格是一个建筑物的个性和独特表征，主要在于建筑在平面布局、形态构成、艺术处理和手法运用等方面所显示的独创和意境，它作为凝固的建筑语言深刻地体现出人类的价值观和审美倾向。建筑风格因受不同时代的政治、社会、经济、建筑材料和建筑技术等的制约以及建筑设计思想、观点和艺术素养等的影响而有所不同。具体到住宅区的建筑风格，可以从历史角度、流行风格角度、文化角度、技术角度四个方面来构思和设计建筑风格。

房地产项目开发要考虑地域、自然环境、风俗、目标客户年龄、文化层次及市场稀缺性等因素来确定产品的建筑风格。纵观我国房地产市场的不断发展，房地产产品经历了欧陆风格、简约风格、中国传统风格、异域风格如德式风格或西班牙建筑风格等不同风格的流行阶段，实践证明，有风格的楼盘才能得到消费者的认同。

2. 建筑风格的重要性

对于房地产开发商而言，适宜的建筑风格对楼盘促销具有相当大的积极意义，它可以作为楼盘的卖点之一，为项目开发奠定良好的基础；对于消费者而言，清新宜人的建筑风格能获得人们的认同，引起精神上的愉悦；对于城市建设而言，新颖的建筑风格能为城市增添一道道亮丽的风景线。

3. 建筑风格的创新实践

房地产产品的差异化特性要求楼盘开发具有创新性的、独特形象的建筑风格，满足人们心理和审美的需要。目前，建筑风格的创新实践主要有：

（1）结合传统文化进行建筑创作

将城市原有的建筑文化传统、原有的居住环境文脉以及新城市发展理念等要素综合起来，有机地融入建筑风格中。住宅区规划设计中，如有古建筑或古树等历史遗存应尽量保护，以增加住区的文化内涵。

【阅读材料】 中式建筑创新风格

城 市	创新建筑风格	城 市	创新建筑风格
上 海	新里弄建筑模式；	江 南	采用低层建筑布局、粉墙黛瓦以及传统造园手法，以体现江南水乡古朴、清新、淡雅的特色。
北 京	新四合院模式；		

（2）结合项目环境特色进行建筑创作

小区建设与建筑基地的地形、地貌、地物密切相关，住宅区的基地状况各不相同，规划时如能结合地形、地貌和地物作为建筑创作的依据，尽可能地保持大自然的优美环境，必然能反映出小区的环境特色。

【阅读材料】 因地制宜的建筑布局形式

基地情况	适宜采取的创新风格
面临湖光山色或大海	充分利用其优势，规划时建筑布局与自然的岸线形态结合
基地上有树木	通过修剪、移植，将其保护，并与规划的空间有机结合
高差较大的山地	依顺山地，巧妙布置道路，避免山形变动，突出山地特色
处于南方或低洼地带	可采用架空式的底层，使小区绿化空间流通和视线通透
基地自然景观不足	借用城市繁华景观，使用人造景观点缀，环境设施包装等

4. 住宅开发中常见的建筑风格形式

在我国的房地产开发实践中，在不同地域、不同时期出现了多种建筑风格，对丰富房地产市场产品类型，满足人民生活需求，美化城市建设起到了积极的作用。事实上，一些建筑风格之间也有交汇之处，例如欧陆风格与异域风格之间存在的交汇之处，本书重点并非研究建筑风格的界定与分类问题，而旨在对房地产市场中出现的主流建筑风格进行介绍。

（1）中式建筑风格

中式建筑风格讲究序列组合与生活密切结合，尺度宜人；建筑内向，色调淡雅，造型简朴，装修精致，更主要的是建筑与花木山水相结合，将自然景物融于建筑之中。

目前房地产市场中体现中国传统建筑风格的楼盘很多，具有代表性的有：北京的四合院、江南园林风格、新徽派建筑风格等。中式建筑以它独特的建筑符号及文化底蕴已经被越来越多的消费者所接受和追捧，并逐渐演变成一种居住的时尚与潮流。

【阅读材料】 新中式建筑的兴起❶

在国内新中式建筑的地产开发中，北京的观唐、运河岸上的院子、苏州的天一墅、成都的清华坊等项目在中式建筑的革新与探索方面进行了积极而有益的探索。

北京的观唐项目以北京四合院为母本，在房顶、墙面、门窗、入口、色彩等方面忠实地沿用了北京四合院的特征意象，在院落方面也有较明显的反映。但由于北京四合院为一层，观唐为二层建筑，所以在院落空间方面，观唐的中式特点和空间尺度有所损失。运河岸上的院子以灰色调为主，更多从北京地区的传统建筑寻找灵感，显得朴实内敛含蓄。

成都的清华坊结合了北京四合院、川西民居、徽州民居的特点，综合并提炼出各地民居的典型特征加以再创造，并以现代建筑的构成方法，再加上现代的栏杆阳台细部，重构成浓郁的中式风格。

在苏州的天一墅项目上，很难一眼看到中式建筑的具体符号，但在建筑色彩、空间运用上，又能感受到一定的中式建筑的神韵。天一墅项目运用更多的现代建筑手法，立足于苏州传统文化的基调，借鉴江南水乡建筑风格甚至日本民居的构成方式，更加强调简洁清新的气息，在传承江南水乡白墙黛瓦的气质之外兼具现代感。建筑体型错落有致灵活多变，设计中既继承传统又展现了现代工艺与材料的魅力，是"新中式建筑"的更深层表达。

(2) 欧陆风格

欧陆风格在前些年的房地产开发中曾经风靡一时，它是以"粉红色外墙，白色线条，通花栏杆，外飘窗台，绿色玻璃窗"为特色的建筑类型，主要以粘贴古希腊古罗马艺术符号为特征，反映在建筑外形上，较多地出现山花尖顶、饰花柱式、宝瓶或通花栏杆、石膏线脚饰窗等处理，具有强烈的装饰效果，在色彩上多以沉闷的暗粉色及灰色线脚相结合。另外，这一类建筑继承了古典三段式的一些表象特征，结合裙楼、标准层及顶层、女儿墙加以不同的装饰处理。

(3) 异域风格

异域风格，与前面所述的欧陆风格有交汇之处，大多是境外设计师所设计，其特点是将国外建筑式"原版移植"过来，植入了现代生活理念，同时又带有其种种异域情调。例如房地产市场中出现的地中海风情、北欧风情、北美风情、德

---

❶参见张伟，《安家》，2007年4月13日，整理并部分改写。

式风格、西班牙建筑风格等。

（4）新古典主义风格

新古典主义风格的建筑外观吸取了类似"欧陆风格"的一些元素处理手法，但加以简化或局部适用，配以大面积墙及玻璃或简单线脚构架，在色彩上以大面积线色为主，装饰味相对简化，追求一种轻松、清新、典雅的气氛，可算是"后欧陆式"，较之前者则又进一步理性和简洁。

（5）现代主义风格

现代主义风格，是以体现时代特征为主，没有过分的装饰，注重功能性，讲究造型比例适度、空间结构图明确美观，强调外观的明快、简洁。体现了现代生活快节奏、简约和实用，但又富有朝气的生活气息。

（6）主题风格

主题型楼盘是房地产策划的产物，现在也有开发商在运用这种策略。这种楼盘以策划为主导，构造楼盘的开发主题和营销主题，规划设计依此为依据展开，例如，西安市的"巧克力公寓"就是以巧克力命名，楼宇外立面采取巧克力的颜色，造型上也像一块巨大的巧克力，让消费者产生一种巧克力特有的美好、甜蜜的感觉。以此为主题，能够很好地发挥营销的魅力，吸引消费者的注意力。

5.5 住宅户型

5.5.1 住宅功能分区的原则

住宅的面积和空间是有限的，而住宅的使用功能相互间会有很多的关联，经济能力、设备配置等客观因素对功能分区也会产生一定的制约。因此，住宅设计时必须抓住主要矛盾，住宅设计应强调空间组合的层次清晰、布局合理。功能分区原则如下：

1. 内外分区原则

内外分区是住宅内部按照使用空间的私密性程度所进行的功能分区的划分，即家庭内部活动（对内）与接待客人活动（对外）分区。在住宅内部，对家庭使用空间的公共性和私密性有严格的区分，按照私密性由低到高的顺序对住宅空间进行排列，依次是过厅（前室）、客厅、公用卫生间、起居室、餐厅、厨房、家务室、洗衣房、健身房、储藏室、工作室（书房）、客房、次卧室、主卧室及主人卫生间。在普通住宅设计中，往往将客厅和起居室合并考虑。

在进行住宅内部空间组合设计时，要根据居住的私密性要求，对空间进行适当的划分，将私密性低的空间布置在入口的附近，把私密性最高的空间布置在住宅的最里面，即要遵循"内外有别，严格划分，互不干扰"的原则。

2. 动静分区原则

动静分区是按照空间的使用是否需要安静，以及需要安静的程度来进行划分的。在住宅内部，最需要安静的房间是卧室和书房，它们属于静区。相对来说，起居室、客厅、餐厅、厨房、家务室等空间一般有活动的时间较多，而且人们在从事相应的活动时并不一定要求非常的安静，这些空间属于动区。

在住宅内部空间组合设计时，要对家庭房间进行使用行为的分析，将空间的动、静进行合理的分区。一般可以把动区的房间设置在住宅的入口附近，把静区的房间安排在较为靠里的区域。这样，在使用的时候，可以减少动静两区的干扰，提高居住的舒适程度。

3. 洁污分区原则

住宅的洁污分区，是指住宅的房间在正常使用的过程中会产生油烟、污水、臭气、垃圾等污染源，将有污染源和没有污染源的房间按清洁程度进行功能分区。洁污分区主要指住宅的厨房、卫生间与起居室、卧室之间的分区。住宅中易产生污染源的房间主要有厨房、卫生间。它们也是住宅内需要用水的房间，体现在用水与非用水之间的分区上，也可理解为干湿分区。

住宅的使用是以功能合理、使用方便、舒适、安全为主要目的。一方面，一般的住宅只有一个出入口，厨房因为购买食品原料、清理生活垃圾等使用功能，需要离住宅入口较近，而且通行要便捷。在内部空间组织设计时，常把厨房设置在住宅出入口附近，为居家生活提供便利条件。另一方面，考虑到厨房和卫生间都需要用水，而且有许多管网，通常把厨房和卫生间进行集中布置，将管网集中处理，这样较为经济合理。同时，可在卫生间采用合理的设备和设施，使其不再是家庭的污染源空间，以保证居室清洁卫生的要求。

5.5.2 住宅功能分区

居住水平的提高，反映在居住功能上就是功能空间专用程度的提高。功能空间的专用程度越高，功能的使用质量亦相对越高。功能空间的逐步分离过程，也就是功能质量不断提高的过程。

根据居住行为模式，把家庭生活行为空间分为私人行为空间、公共行为空间、家务行为空间、卫生行为空间、交通空间、室外过渡空间等。按功能分区原则进行生活行为单元组合设计。功能分区愈明确，居住质量就愈高。

1. 私人行为空间

私人行为空间包括主卧室、单人次卧室、客房、保姆室等。

（1）主卧室一般指的是家庭主人夫妻卧室，年轻夫妻可以考虑放置婴儿床的空间。主卧室是住宅内最为稳定的空间，使用年限最长，私密性最强，有良好的家庭归属感。一般要求具有理想的朝向和较为开阔的观景视角。

（2）单人次卧室为家庭某一成员使用，应根据使用人不同的年龄阶段考虑其适用性。

(3) 客房和保姆室的居住标准和面积要求相对较低，以满足亲戚、朋友、保姆等短期居住需求即可。

2. 公共行为空间

公共行为空间包括起居室、客厅、餐厅、过厅、工作室、健身房等。

（1）起居室是家庭成员团聚、交流、活动的空间，要有较为良好的视线和观景条件；

（2）客厅是家庭成员接待来访、社交、会客行为的场所，与家庭成员活动应分开设置；

（3）餐厅是家庭成员就餐的地方，应与厨房就近布置；

（4）工作室既可以是个人学习的空间，也能成为多人共同学习、交流的场所；

（5）健身房要根据家庭成员的爱好来布置，一般家庭会选择占用空间不大的器械；

（6）过厅是进入住宅的第一个区域，在入口处设置玄关，玄关设置微型衣帽间，既可以满足私密性要求，又使空间过渡更为合理。

3. 家庭行为空间、卫生行为空间

家庭行为空间、卫生行为空间包括厨房、洗衣房、家务室和卫生间。

（1）厨房是住宅设计的核心组成部分，是家庭服务的中心，是专门处理家务、膳食的公共场所，其位置和空间大小的布置必须便于生活；

（2）洗衣房和家务室通常合并设在一起，以提高家务工作时间的综合使用效率；

（3）卫生间是供住户家庭卫生和个人生理卫生的专用空间，其通风、采光、景观以及卫生洁具布局的设计越来越受到重视。实践中，对于较大户型可以分别设置公用卫生间和主人卫生间。

4. 交通空间、室外过渡空间

交通空间、室外过渡空间主要包括过道、走廊、户内楼梯、阳台、露台等。

（1）住宅的过道和走廊是户内平面的主要交通联系。大多数情况下，住宅的过道、走廊会与其他的空间结合设置，增加住宅内空间转化的灵活性；但是设计中，应避免交通面积过大而影响住宅使用功能的优化。

（2）住宅的户内楼梯常见于复式、跃层或别墅户型内，多采用单跑直梯、弧形、螺旋形等形式，较大面积的独栋别墅也可以设置双跑直梯。户内楼梯也可以与住宅的公共空间结合在一起，如与起居室、餐厅等空间相结合，户内楼梯可以起到美观、装饰、储藏等作用。

（3）阳台是住宅中住户的专用室外空间，是住宅内部与自然沟通的场所。阳台按功能可以分为生活阳台和服务阳台。生活阳台是供生活起居用的，一般位于起居室和卧室的外部,多设置在南侧向阳处;服务阳台是为居住的杂务活动服务的,一般位于厨房的外部,多设置在住房的北侧。

(4)露台是利用住宅其他房间的顶部,进行专门的处理,达到可上人的使用要求。可在上面覆土,种植,绿化,改善环境小气候。露台常见于顶部住宅以及退台式住宅中。

5.5.3 住宅功能分区的技术要点

功能分区设计要为住户提供最佳的功能空间,要以我国城市住宅建设基本原则为指导,并与一定的技术经济条件相适应。

1. 每套住宅具有良好的通风、采光、日照、隔热、保温、隔声等性能。根据功能和使用要求,要综合考虑各个房间的大小、日照、采光、通风等。

2. 套内功能空间应具有一定的适应性、可变性,以适应不同家庭居住以及生活模式变化的需求,且功能空间还应满足适用、安全、卫生、舒适、经济、美观、长效的要求。

3. 卧室设计应该避开来自户内其他房间或周围邻居的视线干扰,以保证卧室的私密性。

4. 必须设置户内的室外空间——阳台。合理设置阳台,把自然环境引入室内,可促进室内外环境交融,发挥多功能作用。

5.6 配套设施规划

5.6.1 公共服务设施规划

一般而言,住宅区的公共服务设施可分为公益性设施和盈利性设施两大类。按其服务的内容,又可分为商业设施、教育设施、文化运动设施、医疗设施、社区管理设施五类。见表5-2所示。

公共服务设施类型表   表5-2

类型	主要设施
商业设施	小型超市、菜市场、综合百货商场、旅店、饭馆、银行、邮电局、储蓄所
教育设施	托儿所、幼儿园、小学、中学
文化运动设施	文化活动中心、居民运动场所
医疗设施	门诊所、卫生站、小型医院
社区管理设施	社区活动(服务)中心、物业管理公司、街道办事处

上述设施在布局中可以考虑在平面上和空间上的结合,其中公共服务设施、交通设施、教育设施和户外活动设施的布局对住宅区规划布局结构的影响较大。

各类公共服务设施宜根据其设置规模、服务对象、服务时间和服务内容等方面的服务性在平面上或空间上组合布置。例如，商业设施和服务设施宜相对集中布置在住宅区的出入口处；各类教育设施宜安排在住宅区内部，与住宅区的步行和绿地系统相联系；中小学的位置应考虑噪声影响、服务范围以及出入口位置等因素，避免对住宅区内居民的日常生活和正常通行带来干扰；文化娱乐设施宜分散布置或集中布置在住宅区的中心。

5.6.2 市政公用设施规划

住宅区的公用设施包括为住宅区自身供应服务的各类水、电、气、冷热、通信以及环卫的地面、地下工程设施。住宅区市政公用设施的规则应遵循有利于整体协调、管理维护和可持续发展的原则，节地、节能、节水、减污，改善居住地域的生态环境，满足现代生活的需求。

1. 住宅区的供水包括居民生活用水、各类公共服务设施用水、绿化用水、环境清洁用水和消防用水。

2. 排水系统包括污水排水系统和雨水排水系统。

3. 住宅区的供电有建筑用电和户外照明用电两大部分，其中建筑用电中住宅用的电量最大。住宅区的电力设施有变（配）电所、开闭所和电缆分支箱，宜设在负荷中心附近。高层住宅一般以高压引入，配电所设在高层建筑内，低压线路采用户外电缆分支箱。

4. 通信系统。现代化的通信除包括传统的电话、电视和邮政外，还包括话音、数据、图像和视频通信合一的综合业务数字网和有线电视。

住宅区内的通信设施一般包括用户光纤终端机房，约 500~1000 户预留一处（15~20 平方米）；公用电话亭服务半径为 200 米；邮政局（所）服务半径不小于 500 米；每个住宅单元应设住户信报箱，也可以设由物业管理公司集中管理的收发室。

5. 燃气系统

住宅区应实现管道燃气进户。住宅区的燃气设施有气化站或调压站，二者均要求单独设置并与其他建筑物保持一定的安全距离，调压站的服务半径一般在 500~1000 米。

6. 冷热供应系统

住宅区的冷热供应一般有三种：①以城市热电厂或工业余热区域锅炉房为冷热源的区域集中供应系统；②以住宅区或单栋住宅为单位建立独立的分散型集中供应系统；③以用户为单位的住户独立供应系统。

住宅区冷热供应设施有住宅区锅炉房、热换站或太阳能集热装置等。锅炉房应该设在负荷中心并与住宅保持一定的隔离。

7. 环卫系统

住宅区环卫的主要工作是生活垃圾的收运。不同的垃圾收集方式影响着不同环卫系统设施的配置，一般采用在住宅区内布置垃圾收集点（如垃圾箱、垃圾站）的方式。垃圾收集点的服务半径不宜超过100米，占地为6～10平方米。

8. 工程管线综合

住宅区的工程管线主要有给水管、排水管、电力管、电信管、燃气管、热力管（蒸汽、热水）等。

住宅区的工程管线综合应该遵循以下原则：

（1）各类管线布置应整体规划，近远结合，并预留今后可能建设的工程管线的管位。

（2）各类管线应采用地下敷设的方式，走向应沿道路或平行主体建筑布置，并力求短捷，减少交叉。

（3）各类管线应满足相互间水平、竖向间距和各自的埋深的要求。

（4）当综合布置地下管线发生矛盾时，应采取的避让原则为：压力管让重力管、小管径让大管径、易弯管让不易弯管、临时管让永久管、小工程量让大工程量、新建管让已建管、检修少而方便的管让检修多而不易修的管。

5.6.3 停车设施

住宅区机动车和非机动车的停车设施均有停车场和停车库（房）两种，同时还设有机动车停车位和非机动车停车点两种复合用途的场地。

住宅区的集中停车一般采用建设单层或多层停车库（包括地下）的方式，往往设在住宅区和若干住宅群落的主要车行出入口或服务中心周围，以方便购物、限制外来车辆进入住宅区，并有利于减少住宅区内汽车通行量、减少空气和噪声污染、保证区内或住宅群落内的安静和安全。

一般居民的自行车停车设施应该以分散为主，最多不大于以住宅群落（居住组团）为单位来安排集中的自行车停车房（棚）。

对非居民车辆的停放问题应该与居民车辆的停放采取不同的处理原则。一般情况下，非居民车辆的停放应该集中，其停车设施的布局应该尽可能地独立于居民的居住生活空间，一般布置在住宅区外围；对一些临时的、短时间的外来车辆的停放可以借用居民晚间车辆停放的空间。

住宅区停车设施建设可以根据条件和规划要求采用多种形式，如可与住宅结合，设于住宅底层的架空层内或设于住宅的地下层内；可与配套公共设施（建筑）相结合设于地下层等；也可通过路面放宽将停车位设在路边；还可与绿化地和场地结合，设于绿地和场地的地下或半地下空间，在其上覆土绿化或作为活动场地。

5.6.4 安全设施

居住区的安全设施根据所采用的安全系统一般较为常用的有对讲系统（包括

可视对讲系统）设施和视频监视系统设施。对讲系统是指住户与来访者之间通过对讲机（包括可视对讲机）进行单元门或院落门门锁开启的安全系统；视频监视系统是指在居住区内（可包括住宅内的公共部位）和外围设置能够监视居住区全部通道出入的摄像装置并由居住区保安管理监控室负责监控和处理。这两种保安系统均由居住区的专用线或数据通信线传送信息，需要设置居住区的中央保安监控设施。

5.6.5 户外场地设施

住宅区的户外场地设施包括户外活动场地、住宅院落以及其中的各类活动设施和配套设施。在住宅区中，户外活动场地有幼儿游戏场地、儿童游戏场地、青少年活动与运动场地、老年人健身与消闲场地和包括老年人健身与消闲场地在内的社会性活动场地。各类活动设施包括幼儿和儿童的游戏器具、青少年运动的运动器械和为老年人健身与消闲使用的设施。配套设施包括各类场地中必要的桌凳、亭廊、构架、废物箱、照明灯、矮墙和景观性小品如雕塑、喷水等。

幼儿游戏场地的位置应该尽可能地接近住户或住宅单元，以便家长能够及时、方便甚至在户内进行监护，一般希望有一个相对围合的空间，而住宅院落是一个理想的位置，但要保证基本没有交通——特别是机动车交通的穿越。它的服务半径不宜大于50米，或每20～30个幼儿（或每30～60户）设一处，儿童游戏场地宜设在住宅群落空间中，可设在住宅院落的出入口附近，有可能时宜设在相对独立的空间中。若干个住宅院落组成的住宅群落（约150户，或100个儿童）设一处儿童游戏场地，服务半径不宜大于150米，相当于居住区中的一个居住组团。青少年活动与运动场地应设在住宅区内相对独立的地段，约200户设一处，服务半径不大于200米。

老年人的健身与消闲场所具有多样性、综合性的特点，在不同的时间段往往会有不同的使用内容和使用对象。早晨是老年人晨炼的主要时间，下午主要是老年人碰面和交流的时间，其他时间可能作为青少年或家庭户外活动（如游玩、散步、读书等）的空间，而假日更多的是住宅区居民家庭户外活动的场所，有时也会是社区活动的地点。因此，老年人的健身与消闲场所应该考虑多样化的用途，位置布局宜结合在住宅区各种形式的集中绿地内，服务半径一般在200～300米左右。

5.6.6 服务管理设施

住宅区的管理设施包括社区管理机构和物业管理机构。社区管理机构是一种由行政管理与居民业主委员会管理共同构成的综合性管理机构（如居委会等），主要承担对关系到住宅区的各项建设与发展和住户利益事务的居民意愿、意见的征求以及讨论决策。物业管理部门则受居民业主委员会委托负责住宅区内部所有建筑物、市政工程设施、绿地绿化、户外场地的维护、养护和维修，负责住宅区内环境清洁、保安以及其他服务，如日常收费等。规划设计中，可以将社区管理机构和物业管理部门办公场所合并考虑。

物业管理机构与居民日常生活关系紧密，许多物业管理公司已经发展了许多为业主（住户）服务的新项目，如家政家教、购物订票、物业租售代理、家庭装潢等等，部分地代替了社区的一些服务设施的功能。因此，在布局上宜与社区（活动）中心结合，便于联系与运作，一般服务半径不宜超过500米。

5.7　道路交通规划

5.7.1　交通组织方式

居住区交通组织的方式有人车分行、人车混行结合局部分行两种主要方式。

1. 人车分行

建立"人车分行"的交通组织体系的目的在于保证住宅区内部居住生活环境的安静与安全，使住宅区内各项生活活动能正常舒适地进行，避免区内大量私人机动车交通对居住生活质量的影响，如交通安全、噪声、空气污染等。基于这样的一种交通组织目标，在住宅区的路网布局上应该遵循以下的原则：

（1）进入住宅区后步行通路与汽车通路在空间上分开，设置步行路与车行路两个独立的路网系统。

（2）车行路应分级明确，可采取围绕住宅区或住宅群落布置的方式，并以枝状尽端路或环状尽端路的形式伸入到各住户或住宅单元背面的入口。

（3）在车行路周围或尽端应设置适当数量的住户停车位，在尽端型车行路的尽端应设回车场地。

（4）步行路应该贯穿于住宅区内部，将绿地、户外活动场地、公共服务设施串联起来，并伸入到各住户或住宅单元正面的入口，起到连接住宅院落、住家私院和住户起居室的作用。

人车分行住宅区交通组织示例见图5-1。

人车分行的路网布局一般要求步行路网与车行路网在空间上不能重叠，在无法避免时可以采用局部立交的工程措施。在有条件的情况下（如财力或地形），可采取车行路网整体下挖并覆土，营造人工地形，建立完全分离、相互完全没有干扰的交通路网系统；也可以采用步行路网整体高架建立两层以上的步行路网系统的方法来达到人车分行的目的。

虽然人车分行路网布局要求避免步行路网与车行路网的重叠，但允许二者在局部位置的交叉，此时条件许可应该采用立交，特别是在行人量大的重要地段。

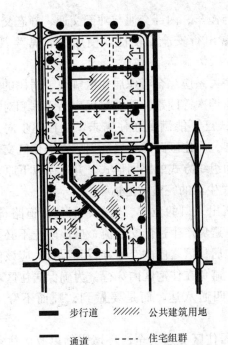

图 5-1 人车分行的住宅区路网规划示例（俄罗斯陶里亚帝新城居住区）❶

2. 人车混行结合局部分行

人车分行的交通组织与路网布局在居住环境的保障方面有明显的效果，但在采用时必须充分考虑经济性和它的适用条件，因为它是一种针对住宅区内存在较大量的私人机动车交通量的情况而采取的规划措施。在许多情况下，特别是结合我国国情，人车混行与局部分行的交通组织方式与路网布局有其独特的生存发展空间。

人车混行的交通组织方式是指机动车交通和人行交通共同使用一套路网，具体地说就是机动车和行人在同一道路断面中通行。这种交通组织方式在私人汽车不多的国家和地区，既方便又经济，也是一种传统的、常见的住宅区交通组织方式。人车混行交通组织方式下的住宅区路网布局要求道路分级明确，并应贯穿于住宅区内部，主要路网一般采用互通型的布局形式。人车混行交通组织方式在特殊区域应注重结合局部分行的设计原则，例如在小孩或老人出入频繁的区域。

5.7.2 路网规划原则

居住区道路系统是居住的骨架，有分割地块及联系不同功能用地的作用，对整个居住区的合理布局起决定性作用。居住区交通组织考虑的因素包括合理处理

---

❶参见周俭，城市住宅区规划原理，同济大学出版社，2002。

人与车、机动车与非机动车、快车与慢车、内部交通与外部交通、静态交通与动态交通之间的关系，应使居民日常出行安全、便捷，使居民日常生活安静、舒适。

在具体的规划中，如何处理这些关系应综合考虑居住区规模、居民的交通结构，兼顾建设资金、居住环境、楼盘档次等因素。随着居民生活水平和对居住环境要求的提高，完全的人车混行方式已不能满足居住需求，正在逐步向人车分行、人车混行结合局部分行方式发展。居住区路网布局规划应在居住区交通组织规划的基础上，采用适合于相应交通组织方式的路网形式，并遵循以下原则：

1. 顺而不穿，保持居住区内居民生活的完整和舒适

居住区内的路网布局包括居住区出入口的位置、数量、居住区道路布局等，应该符合居民通勤交通的主要流向，避免产生逆向交通流；应该防止不必要的交通穿行或进入住宅区，如目的地不在居住区之内的交通穿行和误行；应该使居民的出行能安全、便捷地到达目的地，避免在住宅区内穿行。为确保居住区环境的安全、宁静，居住区内的道路不宜四通八达，而是要做到"顺而不穿，通而不畅"。

2. 分级布置，逐级衔接，保证居住区交通安全、环境安静以及居住空间领域的完整

居住区与小区入口位置应符合人流的主导方向和小区的安全管理。为确保小区的交通安全，小区内车辆必须限速。应根据道路所在的位置、空间性质和服务人口，确定其性质、等级、宽度和断面形式，不同等级的通路，特别是机动车道路，应该尽可能地做到逐级衔接。

3. 因地制宜，使居住区的路网布局合理、建设经济

应该根据居住区不同的基地形状、基地地形、人口规模、居民需求和居民的行为轨迹来合理地规划路网的布局、道路用地的比例和各类通路的宽度和断面形式。

4. 功能复合化，营造人性化的街道空间

居住区的通路应该属于生活性的街道，应该同时具备居民日常生活活动包括交往活动的功能，居住区内街道生活的营造是居住区适居性的重要方面，也是营造社区文明的重要组成部分。道路转折线型要缓和，不易有生硬的转弯。

5. 构筑方便、系统、丰富、整体的居住区交通、空间和景观网络

各类各级居住区的通路是建构住宅区功能与形态的骨架，住宅区的路网应该将住宅、服务设施、绿地等区内外的设施联系为一个整体，并使其成为属于其所在地区或城市的有机组成部分。居住区内的道路不仅是从一处至另一处的交通通道，还应是一条条充满情趣的视觉走廊。

6. 避免影响城市交通

应该考虑居住区居民产生的交通对周边城市交通可能产生的不利影响，避免在城市的主要交通干道上设出入口或控制出入口的数量和位置，并避免居住区的出入口靠近道路交叉口设置。

5.7.3 道路交通规划要求

按照居住区规划设计的理论，结合相应的人口规模和用地规模，将居住区道路进行分级（主要针对车行道）是必要的。居住区道路的宽度则是按照其等级来确定的。

居住区的道路通常可分为四级，即居住区级、居住小区级、居住组团级和宅间小路。

1. 居住区道路宽度的要求

（1）居住区级道路。居住区级道路为居住区内外联系的主要道路，道路红线宽度一般为 20～30 米，山地居住区不小于 15 米。车行道一般需要 9 米，如考虑通行公交时应增加至 10～14 米，人行道宽度一般在 2～4 米左右。

（2）居住小区级道路。居住小区级道路是居住小区内外联系的主要道路，道路红线宽度一般为 10～14 米，车行道宽度一般为 5～8 米。在道路红线宽于 12 米时可以考虑设人行道，其宽度在 1.5～2 米左右。

（3）居住组团级道路。居住组团级道路为居住小区内部的主要道路，它起着联系居住小区范围内各个住宅群落的作用，有时也伸入住宅院落中。其道路红线宽度一般在 8～10 米之间，车行道要求为 5～7 米，大部分情况下居住组团级道路不需要设专门的人行道。

（4）宅间小路。宅间小路是指直接通到住宅单元入口或住户的通路，它起着连接住宅单元与单元、连接住宅单元与居住组团级道路或其他等级道路的作用。其路幅宽度不宜小于 2.5 米，连接高层住宅时其宽度不宜小于 3.5 米。

2. 居住区道路规划的其他要求

（1）居住区道路线型有方格型、曲折型、风车型、S 型、Y 型、弧型等。住宅的支路应做尽端式，使车辆不能任意穿行，使之真正成为半私密空间，有利于组团的安全管理。

（2）一个较大规模的居住区一般至少需要两个对外联系的道路出入口。居住区内主要道路至少有两个不同方向与外围道路相连。机动车道入口间距不小于 150 米，并征得当地交通管理部门的同意。

（3）居住区内主要道路与城市道路相接处，还应考虑通视条件，其交角不宜小于 75°。当居住区内道路坡度较大时，应设缓冲段与城市道路连接。

（4）居住区公建中心，应专门考虑为残疾人设置的无障碍通道。轮椅车通道宽度不小于 2.5 米，纵坡不大于 2.5%。

（5）居住区内尽端式道路不应长于 120 米，并在端头设大于 120 米×120 米的回车场地。居住区内道路纵坡控制在 0.3%~0.5%。

（6）居住区内道路设计与施工，小区管线综合设计与施工必须同时进行，避免不必要的返工。

5.8 绿地与景观规划

5.8.1 绿地规划

1. 绿地率

居住区绿地率是指居住区用地范围内各类绿化用地总面积占居住区用地总面积的比率，包括公共绿地、宅旁绿地、配套公建所属绿地、道路绿地，但不包括不能满足植树绿化覆土3米深度要求的屋顶、晒台的人工绿地，以及距建筑外墙1.5米和道路边线1米以内的用地。绿地率是衡量居住区生态质量、环境质量的重要指标。

目前，根据我国《城市居住区规划设计规范》的相关规定：规定了新建居住区绿地率不小于30%、旧城改建区绿地率不小于25%的指标。

在房地产开发营销活动中，一些开发商在售楼书上印制出"绿化率"一词，其实这是不准确、不规范的用词，规范用词应为绿化覆盖率。绿地率不等同于绿化覆盖率，绿化覆盖率是指建设用地范围内全部绿化种植物水平投影面积之和与建设用地面积的比率。在小区规划设计中，绿化覆盖率有时能做到60%以上，往往高于绿地率指标，如地下车库、化粪池等，这些设施的地表覆土一般达不到3米的深度，在上面种植大型乔木，成活率较低，所以计算绿地率时不能计入"居住区用地范围内各类绿化"中，但可以计入绿化覆盖率指标，树的影子、露天停车场可以中间种草的方砖也都可算入绿化覆盖率。

2. 绿地规划的要求

按照集中与分散相结合、点线面相结合的原则，公共绿地系统的布局必须设置一定的中心公共绿地，其目的在于方便居民日常的游憩活动需要，同时也有利于创造层次丰富的公共活动空间，达到较好的空间环境效果。小区级小游园的用地规模，不小于4000平方米，组团绿地不小于400平方米。中心绿地应与道路相邻，并开设出入口，以便于居民使用。

居住区各级公共绿地是居住区空间环境的重要组成部分，公共绿地应采用"开敞式"布局方式，以方便居民游憩活动并直接为居民使用，并在空间上与建筑及周边环境相协调。

组团绿地（包括其他块状、带状绿地）要满足日照环境的基本要求，即"应由不少于1/3的绿地面积在当地标准的建筑日照阴影线范围之外"；要满足功能要求，即"要便于设置儿童游戏设施和适于成人游憩活动"而不干扰居民生活；

要考虑影响空间环境的因素,即绿地四邻建筑物的高度及绿地空间的形式。

绿地规划中,应坚持"一切可绿化的用地均应绿化,并宜发展垂直绿化"的原则和"宜保留和利用规划或改造范围内的已有树木和绿地"的原则,这是提升小区绿化设计品位的关键环节。对规划区域内若有具有历史或人文价值的古树,更应特别注意保留和保护,例如北京菊儿胡同项目,就保留了原有的古树。在建筑高密度地区,还应特别注意垂直绿化和庭院绿化,做好宅前与屋顶绿化,同时也可以增强公益活动意识,密切邻里关系交往。

5.8.2 景观规划

1. 步行环境

步行环境的规划与设计应该同时考虑功能与景观问题。就功能而言,包括提供一个不易磨损的路面和场地系统,使人能安全、有效、舒适地从起点到达目的地或开展活动;就景观而言,要求能吸引人,并提供一个使人产生丰富感受的景观环境。

步行环境景观的物质要素包括地坪竖向、地面铺装、边缘、台地、踏步与坡道、护坡与堤岸、围栏与栏杆等。

2. 铺地环境

铺地设计主要从满足使用要求(感觉与触觉)和景观要求(视觉)两方面出发,考虑舒适、自然、协调。对地坪的铺装应考虑材料、色彩、组合等因素:第一要考虑地面的坚固、耐磨和防滑,即行走、活动和安全的要求;第二要利用地面材料、色彩和组合图案引导行走方向和限定场地界限;第三要通过一种能表现和强化特定场地特性的组合(包括材料、色彩和图案)创造地面景观;第四应该与周围建筑物形成良好的结合关系。

3. 水体环境

水具有灵动之美,水体的运用往往能为小区环境创造出清新宜人的效果,水也是我国古代造园艺术的精髓之一,由古至今,没有讨论居住环境而不涉及水的。《城市居住区规划设计规范》中将水体面积并入绿地面积来计算绿化率,可见水体对于环境影响的重要性。

水体的运用手法很多,其中最重要的原则,是利用水体的"活"性,顺应自然、利用自然、因势利导,创造生气活泼而又不矫揉造作的水环境。例如金地"曲江·尚林苑"项目结合坡地天然形成的丰富而流动的错落空间,创造出层层迭水等情趣空间,为住户每天回家的路增加很多趣味。

4. 户外设施环境

在住宅小区规划中,营造良好的户外设施环境是必不可少的工作,户外设施主要包括:

(1) 独立的小型公建,如门房、警卫室、居委会、小型存车房等;

(2) 公用工程设施中的小型土建，如水泵房、开闭所、加压站、小型热力站（锅炉房）、煤气站等；

(3) 环卫设施及消防设施；

(4) 照明灯、指示牌、标志物、公益广告牌、公用电话亭等；

(5) 其他建筑小品、围墙、园林建筑与雕塑等。

这些零散的建筑物和构筑物，是小区功能设施的重要组成部分，需要纳入统一的规划设计与管理。其建筑风格、环境风格、建筑色彩等需要与小区整体风格相一致、相协调，使之成为小区环境的亮点。

例如许多小区中，充满时代气息的路灯、庭院灯、标示灯等，以及各类赏心悦目的区位指示牌、地形平面图、公益广告牌等，都向人们展示出高质量的物业服务和小区文化，对小区环境也是一种美的点缀。再如通过生动、富有活力的建筑小品的点缀，透景围墙的设计，也可以为小区创造出优雅宜人的人居环境。

思考题

1. 城市规划的含义？城市规划对房地产开发是如何管理的？
2. 房地产开发项目规划设计有哪些主要技术经济指标？
3. 居住区规划布局的原则有哪些？
4. 常见的居住区规划布局形式有哪些？
5. 建筑类型的分类有哪些？
6. 住宅功能分区的主要内容和技术要点有哪些？
7. 居住区的配套设施主要有哪些？
8. 简述居住区交通组织的主要方式及居住区路网规划的原则。
9. 简述居住区绿地规划的主要内容与要求。
10. 居住区景观规划的主要内容有哪些？

第6章
房地产开发项目风险与不确定性分析

本章学习要求：
1. 熟悉房地产开发不确定分析的主要方法包括盈亏平衡分析、敏感性分析；
2. 了解风险与房地产开发风险的概念，房地产开发的风险识别，风险分析的界定、概率分析和蒙特卡洛法，房地产开发项目的投资组合策略，房地产开发的风险防范措施。

6.1 房地产开发风险概述

6.1.1 引言

房地产开发投资规模大，周期长，环节多，受自然因素以及社会、经济、行政、心理等其他因素的影响带来较多的不确定性，是一项高收益、高风险并存的经济活动，要求投资者在对房地产进行投资时应充分了解投资的风险情况，应用科学的分析方法和手段，正确做出决策。

在国外，对房地产开发风险的研究是可行性研究中一项必不可少的内容，特别是近二三十年，得到了迅速的发展，风险分析已逐步成为一门独立的学科。在美国、日本、西欧等国家，房地产业已是一个市场发展完善的传统性产业，无论在私人企业还是房地产行业协会或政府机构，均有从事房地产市场分析、估价和咨询管理的机构，这些企业或机构运用精确的经济分析（风险分析）手段，采用数量分析方法，为房地产投资者预测和评价房地产投资风险，帮助投资者进行房地产风险决策，使其避免因决策失误等造成的风险损失。

从我国的现实情况来看，和发达国家相比，房地产业仅仅处于产业发展的初级阶段，还存在许多问题。如投资者风险意识不强，为了片面追求高利润，违规操作和高风险投资；不重视市场调查，缺乏科学的经济预测和客观的可行性分析；缺少完善的投资决策机制，投资决策很多还停留在经验决策水平，仅凭经验或简单的计算就进行决策，再加上客观某些不利因素的影响，极易造成投资集中或投资过热，使房地产投资面临巨大的经营风险。

因此，充分了解房地产开发投资中的风险因素，建立全面的风险意识，掌握风险辨识和防范的工具，对规范房地产开发行为，获得安全收益，促进房地产市场健康、稳定、可持续的发展具有极其重要的意义。

6.1.2 风险与房地产开发风险

1. 风险的定义

风险的概念是与现代社会中人类的生产活动相伴产生的。"风险"一词最初出现于 1901 年美国的 A. M. Witlet 所做的博士论文《风险和保险的经济理论》中"风险是关于不愿发生的事件发生的不确定性之客观体现"。其后有许多专家学者也分别对此做出阐述，如英国的史梯芬·鲁·比认为："在投资活动中，风险可以被认为是决策的实际结局可能偏离它的期望结局的程度"。美国 Cooper D. F 和 Chapman C. B 在《大项目风险分析》一书中对风险给出了定义："风险是由于在从事某项特定活动过程中存在的不确定性而产生的经济（或财务）的损失，自然破坏（或损伤）的可能性"。

尽管研究者从不同角度看待风险问题，用不同的词句描述风险，但基本上都含有三个方面的含义：(1) 引起风险的风险因素；(2) 风险因素发生的可能性；(3) 风险因素一旦发生给活动和预期目标造成的损益程度。

为大多数风险研究者所认同的风险定义如下所述：风险是人们由于未来行为和客观条件的不确定性而可能引起的后果与预期目标发生多种负偏离的综合，这种负偏离可由两类参数来描述：一是发生偏离的可能性即事件发生的概率；二是发生偏离的方向和大小即后果。用数学公式表示为：

$$R = f(P, C)$$

式中　R——风险；

　　　P——不利事件发生的概率；

　　　C——不利事件发生的后果。

理解风险的概念应该把握以下三个要素：

(1) 不确定性是风险存在的必要条件。风险和不确定性是两个不完全相同但又密切相关的概念。如果某种损失必定要发生或必定不会发生，人们可以提前计划或通过成本费用的方式予以明确，那么风险是不存在的。只有当人们对行为产生的未来结果无法事先准确预料时，风险才有可能存在。

(2) 潜在损失是风险存在的充分条件。不确定性的存在并不一定意味着风险，因为风险是与潜在损失联系在一起的，即实际结果与目标发生的负偏离，包括没有达到预期目标的损失。例如，如果投资者的目标是基准收益率 15%，而实际的内部收益率在 20%~30% 之间，虽然具体数值无法确定，但最低的收益率都高于目标收益率，绝无风险而言。如果这项投资的内部收益率估计可能在 12%~18% 之间，则它是一个有风险的投资，因为实际收益率有小于目标水平 15% 的可能性。

(3) 经济主体是风险成立的基础。风险成立的基础是存在承担行为后果的经济主体（个人或组织），即风险行为人必须是行为后果的实际承担人。如果有某位投资者对其投资后果不承担任何责任，或者只负盈不负亏，那么投资风险对他就没有任何意义，他也不可能花费精力进行风险管理。

2. 房地产开发风险

房地产开发风险是指在房地产开发过程中出现的，可能导致投资损失乃至投资失败的各种因素发生的可能性，以及风险因素一旦发生给房地产开发活动和预期目标造成的损失程度。具体来说，房地产开发活动受制于多方面因素的影响，同时由于房地产项目自身的特点所决定存在着相当多的不确定因素，这些不确定因素可能会导致房地产开发活动的实际后果与预期收益的负偏离（即损失或减少），这种引起预期收益损失或减少的可能性便称为房地产开发风险。

这里需要强调指出的是，房地产开发风险的定义强调的是负偏离，也称下侧风险（Downside risk）；实际上，偏离有正有负，正偏离属于风险收益范畴，也称之为上侧风险（Upside risk），这正是开发商所期望的，但风险利益存在的同时又存在着风险损害，使之对投资者具有约束作用。

6.2 房地产开发风险识别

房地产开发投资是一个动态的过程，它具有周期长、资金投入量大等特点，很难在一开始就对整个开发投资过程中有关费用和建成后的收益情况做出精确的估计。因此，有必要就上述因素或参数的变化对评价结果产生的影响进行深入研究，以使投资项目经济评价的结果更加真实可靠，从而为房地产开发投资决策提供更科学的依据。

6.2.1 房地产开发的风险因素

1. 房地产开发全过程的风险认识

项目开发是一个长期的、涉及面广而且复杂的过程。这一过程中存在着大量不确定的风险因素，因此，有必要对项目开发全过程的风险有全面、系统的认识。

（1）投资决策阶段。在项目开发的整个过程中，前期决策是项目开发过程中最关键的一步，也是拥有最大的不确定性与机动性的阶段。评价项目的可行性要在城市规划条例、政策法规等约束条件下，根据房地产市场的供求现状及发展趋势，确定投资项目的用途、规模、类型，并对开发成本、需求量、售价或租金等做出预测并进行实施，但是对于这些预测开发商一般只能做出概率性的估计。进入项目实施阶段，这些基于预测基础上的数据是否按照预计实现还是未知数，所以此阶段的风险是极大的。因此，前期决策阶段对风险的估计、分析正确与否，将直接影响到项目的成功与否。

（2）前期工作阶段。前期工作阶段包括获取土地、筹措资金、规划设计、签约谈判等过程。在这期间，土地获取的方式、拆迁安置的难度等对项目开发产生极大影响，例如，一般而言，拍卖地价最高，但一般是净地，前期工作量相对较少，风险因素相对要少些；而协议地价相对较低，但获得的一般是毛地，前期拆迁等工作量大并且复杂，风险因素最多。

随着开发过程的进行，项目可以采用借贷、预售楼花等融资手段进行滚动开发，这时就要面临融资筹资风险，例如开发商的资信程度能否满足贷款要求、贷款利率是否变化等。房地产市场供求的变化、国家政策的调整、工程进度的快慢又将会对预售产生极大影响。

规划设计阶段，市场研究与项目评估分析和预测的准确性，会影响设计师的设计方案，进而影响到项目开发与市场销售，其中也包含设计质量给开发商带来的风险。

（3）工程建设阶段。主要不确定因素源自建筑成本和工期。通货膨胀、物价上涨将导致建材涨价，最终导致建筑成本增加。施工工期在一开始是难以准确估计的，对房地产公司而言，工期短则风险会减少，但要付出一定的赶工措施费。若遇到地质条件勘测不准、气候变化、施工队伍技术能力差、承包商的项目控制与管理能力不高等因素，也必然会面临工期延长和施工质量等风险。

（4）租售与物业管理阶段。在经营阶段能否选择强有力的销售团队，把握销售节奏和消费者心理，以及销售价格的控制，这是本阶段面临的较大的风险，经营阶段还面临着市场供求关系变化以及房地产政策调整的风险，本阶段决定着项目投资收益能否预期实现。

在物业管理阶段，需要一些专业的管理人员来进行管理。这也面临着一些不确定性因素，如专业管理队伍、管理构架、管理公约以及管理费用等。良好的物业管理可以使房地产增值，提高房地产投资者的信誉，反之则会带来物业贬值的风险。

以上只是从房地产开发的全过程角度出发介绍各主要阶段面临的开发风险，目的是希望阅读者能够建立全面的风险意识。事实上，房地产开发面临诸多的风险因素，我们在下一节进行介绍。

2. 房地产开发的风险因素结构框图

房地产开发过程中面临着很多的风险因素，根据完全性、非兼容性、简捷性、客观性的原则❶，可以将其归纳为系统风险和非系统风险两大类型，主要风险因素如图6-1所示。

（1）系统风险

房地产开发首先面临的是系统风险，开发商对这些风险不易判断和控制。我

---

❶参见兰峰，房地产开发的风险因素分析，西安建筑科技大学硕士论文，1988.5。

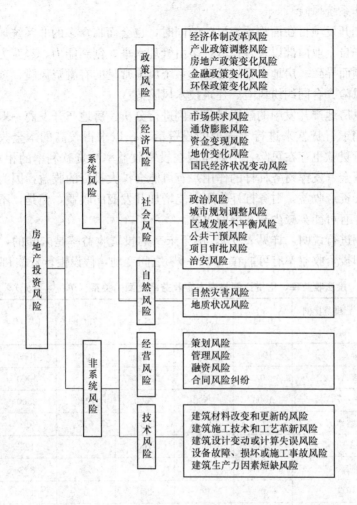

图 6-1 房地产投资风险分类图

国房地产开发活动系统风险常见的有市场供求风险、通货膨胀风险、周期风险、资金变现风险、房地产政策变化风险、金融政策变化风险和技术风险等。

下面以金融政策变化中的利率风险为例进行分析。利率调整是国家对经济活动进行宏观调控的主要手段之一，通过调整利率，政府可以调节资金的供求关系、引导资金投向，从而达到宏观调控的目的。利率调升会对房地产投资产生三个方面的影响：一是导致房地产实际价值的折损，利用升高的利率对现金流折现，会使投资项目的财务净现值减小，甚至出现负值；二是会加大投资者的债务负担，导致还贷困难。利率提高还会抑制房地产市场上的需求数量，从而导致房地产价格下降；三是消费者的购买欲望会降低，资金存在着从房地产市场流向银行的趋势。

(2) 非系统风险

房地产开发项目在面临系统风险的同时，也会面临众多的非系统风险，这些风险因素来自企业内部以及合作者，多由管理水平、创新能力、经营方式、时机把握等问题而导致。房地产开发活动非系统风险常见的有融资风险、项目策划风险、管理风险、合同纠纷风险、建筑技术风险等。

下面以房地产开发中的融资风险为例进行分析。房地产开发商一般都期望能够充分利用银行贷款来进行大规模的投资活动，以求得较高的本金收益率。但是，从银行贷款也存在风险，主要体现在投资收益率与贷款利率的相对变化上。使用借入资金（发挥财务杠杆的作用）有可能会扩大投资的收益，因为只要资金的成本小于资产收益，财务杠杆作用便能增加开发商的收益，但是，不利的杠杆作用也同样有可能会减少开发商的收益。

试举例进行说明，详见表 6-1。由于未来的投资收益率是未知的，这里假设两种情况即投资收益率有可能在 20%～5% 之间变动，假设银行贷款利率为 8%。

投资收益率、借贷比例与资本金收益率之间的关系（单位：万元） 表 6-1

投资状况 \ 借贷比例	0∶1	1.5∶1	2.5∶1	0∶1	1.5∶1	2.5∶1
本金 C	1000	1000	1000	1000	1000	1000
借款 A	0	1500	2500	0	1500	2500
总投资 $A+C$	1000	2500	3500	1000	2500	3500
投资收益率 ii	20%	20%	20%	5%	5%	5%
投资收益 $(A+C)\cdot ii$	200	500	700	50	125	175
贷款利率 i	8%	8%	8%	8%	8%	8%
贷款利息	0	120	200	0	120	200
本金收益	200	380	500	50	5	−25
本金收益率 ic	20%	38%	50%	5%	0.5%	−2.5%

从表中可以得出如下结论：

Ⅰ. 当投资收益率大于贷款利率时，借贷比例越大，本金收益越多，本金收益率也越高，这种变化是开发商期望的一种结果。这种变化的可能性也是前面所称的"上侧风险"（upside risk）。

Ⅱ. 当投资收益率小于贷款利率时，借贷比例越大，本金收益却越少，甚至出现负值，本金收益率也就越低，这种变化是开发商所不希望看到的。这种变化的可能性也即"下侧风险"（downside risk）。

Ⅲ. 借贷比例越大，本金收益率风险也越大。投资收益率可能在 20%～5% 之间变化，而对应的本金收益率却有可能在 50%～−2.5% 之间发生变化，说明本金收益率变化的幅度远远大于投资收益率的变化幅度，这也意味着开发商要获取较高的本金收益率所面临的风险越大。

6.2.2 房地产开发项目风险的规律性特征

事实上，各类房地产项目的风险呈现出一种规律性特征。一般来说，土地投资受到的影响因素比较多，包括各种经济的和非经济的因素，不确定性比较强，风险大。在住宅、写字楼、商业用房和工业厂房之间的比较中，它们之间的风险呈现一种递增趋势，即住宅房地产的风险比较低，工业厂房、写字楼和商业用房的风险依次比前面的房地产风险高。其风险从高到低的次序为：商业、办公、工业、住宅等房地产。

6.3 房地产开发项目不确定性分析

房地产开发项目的不确定性分析，就是考察建设投资、经营成本、项目售价（租金）、销售量等因素变化时，对项目经济评价指标所产生的影响。这种影响越强烈，表明所评价的项目方案对某个或某些因素越敏感，对于这些敏感因素，要求项目决策者和投资者予以充分的重视和考虑。不确定性分析是房地产开发项目经济评价的重要组成部分，对项目投资决策的成败有着重要的影响。房地产开发项目不确定性分析的方法包括盈亏平衡分析和敏感性分析。

6.3.1 盈亏平衡分析

1. 盈亏平衡分析的基本原理

盈亏平衡分析是指在项目达到设计生产能力的条件下，通过盈亏平衡点（Break Even Point，简称 BEP）分析项目成本与收益的平衡关系。盈亏平衡点是项目的盈利与亏损的转折点，即在这一点上，销售（经营）收入等于总成本费用，正好盈亏平衡，用以考察项目对产出品变化的适应能力和抗风险能力。一般而言，盈亏平衡点越低，项目盈利的可能性就越大，对不确定性因素变化带来的风险的承受能力就越强。

盈亏平衡分析分为线性盈亏平衡分析和非线性盈亏平衡分析，实际工作中，一般仅进行线性盈亏平衡分析，因此这里主要介绍线性盈亏平衡分析的方法。在纯粹竞争条件下，每一个投资项目销售量是整个产业产出中很小的部分，以致项目销售的变化不影响市场价格。项目能销售多少就卖多少，而不需要减价。这时销售收入与销售量呈线性关系。如果成本费用与产销量之间也是线性关系，在这种情况下的盈亏平衡分析称为线性盈亏平衡分析。

线性盈亏平衡分析的基本公式如下：

销售收入方程：$R = PQ$

成本费用方程：$C = VQ + F + T = VQ + F + tQ = F + Q(V + t)$

其中，R——年度总销售收入；

P——单位产品销售价格；

Q——产销量；

C——年度总成本费用；

V——单位产品可变成本；

F——总成本中的固定成本；

T——年销售税金；

t——单位产品销售税金。

当利润为 B 时，则

$$B = R - C = PQ - VQ - F - tQ$$

盈亏平衡时 $B=0$，即得盈亏平衡时的年产量 Q_0，即

$$Q_0 = \frac{F}{P - V - t}$$

可以看出，固定成本和单位变动成本越大，平衡点产量越高。以上分析，可用图 6-2 表示。

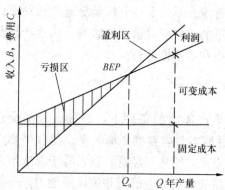

图 6-2 盈亏平衡分析图

图中销售收入线 R 与总成本线 C 的交点称为盈亏平衡点（BEP），在 BEP 的左边，总成本大于销售收入，项目亏损，在 BEP 的右边，销售收入大于总成本，项目盈利，在 BEP 点上，项目不亏不盈。

2. 房地产开发项目的盈亏平衡分析

房地产项目的盈亏平衡分析，主要是分析计算一个或多个风险因素变化而使房地产项目达到利润为零时的盈亏平衡点，以此说明项目的安全程度。对于一个房地产开发项目而言，设开发项目利润为 B：

$$B = 销售收入 R - 总成本 C \quad ①$$

其中，总成本 $C = F + VQ_开$ ②

式中 F——固定成本。固定成本是指在总成本中，不直接随产品产量变动而变动的成本费用。如土地费用等。

V——单位变动成本，如元/m^2。变动成本是指在总成本中，随产品产量（如开发量）变动而成比例变动的成本费用。如房屋开发中的建筑安装工程费。

$Q_开$——房地产商品实际开发量,如 m^2;

$$销售收入\ R = PQ_销(1-\alpha-\beta) \qquad ③$$

式中 P——单位商品平均售价,如元/m^2;

$Q_销$——开发商品实际销售量,如 m^2。假设项目开发后均可全部售出,则 $Q_开 = Q_销$;

α——销售税金率,$\alpha = \dfrac{销售税金}{销售收入} \times 100\%$,销售税金是指与销售收入有关的各项税金之和;

β——销售佣金率,$\beta = \dfrac{销售佣金}{销售收入} \times 100\%$,房地产项目在委托代理时,销售佣金按销售收入的一定比例进行计算,规定在 3% 以下。

将式②和③代入式①得

$$B = PQ_销(1-\alpha-\beta) - (F + VQ_销) \qquad ④$$

建立直角坐标系,横坐标表示销售量,纵坐标表示价格、成本,绘出销售收入线和总成本线;两线交于一点 BEP,其对应的销售量为 Q_0。当项目实际销售量大于 Q_0,项目销售收入大于总成本,项目盈利(利润大于零);当项目实际销售量小于 Q_0,项目销售收入小于总成本,项目亏损(利润小于零);当项目实际销售量等于 Q_0,项目不亏不盈,利润为零。则 BEP 称为项目的盈亏平衡点(Break Even Point,简称 BEP),其对应的销售量 Q_0 称为项目的盈亏平衡点销售量。见图 6-3 所示。

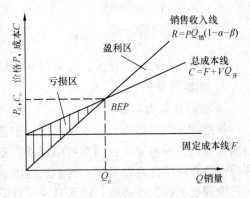

图 6-3 房地产项目盈亏平衡分析图

由式④,$B=0$ 时得:

$$Q_0 = \dfrac{F}{P(1-\alpha-\beta) - V}$$

Q_0——项目的盈亏平衡点开发量。

如果项目的设计或计划开发量为 $Q_设$,则项目风险率 r:

$$r = \dfrac{Q_0}{Q_设} \times 100\%$$

风险率 r 反映项目由于外界条件变化的风险程度。显然,风险率 r 值越大,项目的风险程度越大。通常可参考表 6-2 对房地产项目进行风险评价。

项目风险率参考值 表 6-2

r 值	<70%	70%~75%	75%~85%	85%~90%	>90%
风险状况	安 全	较安全	不很安全	要谨慎	危 险

【例 6-1】 某开发商拟在一块土地上进行住宅开发，该项目规划总建筑面积 20000m²，土地投入等固定成本为 3500 万元，建筑安装工程费为 1450 元/m²。项目销售价格为 4200 元/m²，销售税金率为 7%（税金包括营业税、城市建设维护税、教育费附加、防洪基金和土地增值税等），假设项目开发后均可全部售出，销售佣金提取率为 1.5%，试计算该项目的盈亏平衡点，并判断其风险程度。

【解】 项目计划开发量 $Q_{设} = 20000m^2$，$Q_{开} = Q_{销}$；

销售价格 $P = 4200$ 元/m²；

固定成本 $F = 3500$ 万元，单位变动成本 $V = 1450$ 元/m²；

销售税金率 $\alpha = 7\%$，销售佣金率 $\beta = 1.5\%$。

当利润 $B = 0$ 时得：

$$Q_0 = \frac{F}{Pg(1-\alpha-\beta)-V} = \frac{35000000}{4200 \times (1-7\%-1.5\%)-1450}$$
$$= 14625.99 m^2$$

则 $r = \frac{14625.99}{20000} \times 100\% = 73.13\%$

$r = 73.13\% < 75\%$，认为该项目较安全，具有较强的抗风险能力。

6.3.2 敏感性分析

1. 敏感性分析的含义

敏感性分析是房地产开发项目评价中应用十分广泛的一项技术，用以考察项目所涉及的各种不确定性因素对项目基本方案经济评价指标的影响，找出对投资项目经济效益指标有重要影响的敏感性因素，分析、测算其对项目经济效益指标的影响程度和敏感性程度，进而判断项目承受风险的能力。

2. 敏感性分析的方法

根据不确定性因素每次变动数目的多少，敏感性分析可以分为单因素敏感性分析和多因素敏感性分析。

(1) 单因素敏感性分析。这是敏感性分析的最基本方法，每次只考虑一个因素的变动，而假设其他因素保持不变，据此考察项目经济评价指标的变化情况。

(2) 多因素敏感性分析。单因素敏感性分析的方法简单，但其不足在于忽视了其他因素的变化以及因素之间的相互作用。实际上，一个因素的变动往往也伴随着其他因素的变动，多因素敏感性分析则考虑了几个因素同时变动时对项目评价指标产生的综合影响。因此，多因素敏感性分析更加贴近实际，能够全面揭示事物的本质，弥补了单因素分析的不足，具有较强的应用价值。

房地产项目开发中，只有一个敏感性因素发生变化而其他因素不变的情况基本上是不现实的，一般为几个因素同时发生变化，因此在针对房地产开发项目进行敏感性分析时，应当侧重于多因素敏感性分析。经验表明，房地产项目开发中，租售价格、项目总投资等因素的敏感性较强，为了计算的简便，房地产项目的敏感性分析工作中，常常采用双因素敏感性分析。

(3)"三项预测值"敏感性分析。多因素敏感性分析要考虑可能发生的多种因素不同变动幅度的多种组合，计算起来要比单因素敏感性分析复杂得多。当分析的不确定因素不超过三个，且指标计算比较简单时，可以采用三项预测值敏感性分析。

三项预测值的基本思路是，对房地产开发项目中所涉及的评价变量，分别给出三个预测值（估计值），即最悲观的预测值 P，最可能的预测值 M，最乐观的预测值 O。根据这三种预测值即可对开发方案进行敏感性分析并做出评价。需要注意的是：评价中所涉及的变化因素全部为最乐观或最悲观情况，在实际项目开发过程中是很少出现的。

3. 房地产开发项目敏感性分析的步骤

房地产开发项目的敏感性分析主要包括以下几个步骤：

(1) 确定不确定性因素。经验表明，租售价格、项目总投资、建筑容积率、土地费用、开发期与租售期、借贷资金比例、贷款利率等因素对房地产项目的影响较大，而以租售价格、项目总投资等因素的影响最为显著。

(2) 确定不确定性因素可能的变动范围。敏感性分析一般选择不确定因素变化的百分率为±5%、±10%、±15%、±20%等，对于不便采用百分数表示的因素，例如建设工期，可采用延长一段时间表示，如延长一年等。

(3) 确定用于敏感性分析的经济评价指标。最基本也是最常用的分析指标为内部收益率，根据项目的实际情况和分析目的，也可以选用财务净现值、投资回收期或开发商利润等其他经济评价指标。

(4) 计算不确定性因素变动时，评价指标的相应变动值，并计算相应评价指标变动的临界点。

临界点（转换值 $Switch\ Value$）是指不确定性因素的变化使项目由可行变为不可行的临界数值，当不确定因素的变化超过了临界点所表示的不确定因素的极限变化时，项目将由可行变为不可行。

临界点的高低与计算临界点的指标的初始值有关。若选取基准收益率为计算临界点的指标，对于同一个项目，随着设定基准收益率的提高，临界点就会变低（即临界点表示的不确定因素的极限变化变小）；而在一定的基准收益率下，临界点越低，说明该因素对项目评价指标影响越大，项目对该因素就越敏感。临界点计算中常采用的是试插法，也可用计算机软件的函数或图解法求得。

(5) 通过评价指标的变动情况，找出较为敏感的不确定性因素，提出控制敏感性因素的建议。

进行敏感性分析时，可以采用列表的方法表示由不确定性因素的相对变动引起的评价指标相对变动幅度，如表 6-4、表 6-5 所示；也可以采用敏感性分析图对多个不确定性因素进行比较，如图 6-4 所示。

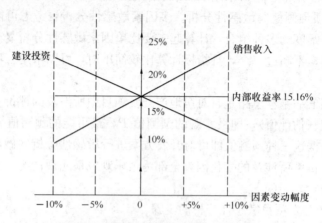

图 6-4 内部收益率的敏感性分析图

下面给出例题 6-2，对单因素敏感性分析、多因素敏感性分析（本题介绍的是双因素敏感性分析）以及"三项预测值法"进行学习。

【例 6-2】 某开发商以 4224 万元购得一块土地进行住宅开发，规划允许总建筑面积为 75760m²，项目建设期为 2 年，销售期为 2.75 年，年贷款利率为 7%，以季度为计算单位，各项费用投入情况和销售收入实现情况见表 6-3 所示，行业基准收益率为 12%，试对项目进行单因素以及双因素敏感性分析。

表 6-3

时间 项目	2007年				2008年				2009年				2010年			合计
	1	2	3	4	1	2	3	4	1	2	3	4	1	2	3	
土地费用	4224															4224
工程前期费用	520	520	520													1560
建安工程费用			1349	1349	1349	4072	2017	2005								12141
室外工程费						253	253	253								758
项目管理费	10	10	10	10	10	10	10	10	10	10	10	10	10	10	10	145
市场推广费			9	9	9	24	24	24	24	24	24	24	24	24	24	272
工程监理费			13	13	13	13	13	13								77
不可预见费	17	17	17	17	17	17	17	17	17	17	17	17	17	17	17	258
建设期利息			2	16	38	76	105	107	109	60						513
总投资	4771	547	1917	1398	1398	4388	2333	2321	51	51	51	51	51	51	51	19946
销售收入					323	1277	2619	3246	3372	3913	4891	3290	2150	1479	638	27197

注：各项数字均由计算机取整。

【解】(1) 单因素敏感性分析（假设变动幅度为±10%）

不确定性因素变化对内部收益率的影响　　　　表 6-4

变化因素	变化幅度				
	−10%	−5%	0	+5%	+10%
建设投资	25.26%	20.00%	15.16%	10.69%	6.53%
销售收入	5.64%	10.46%	15.16%	19.76%	24.27%

通过插入法可求出建设投资和销售收入变化的临界点，计算如下：

建设投资变化的临界点：

$$(15.16\% - 12.00\%) \times 5\% / (15.16\% - 10.69\%) \approx 3.53\%$$

销售收入变化的临界点：

$$-(15.16\% - 12.00\%) \times 5.00\% / (15.16\% - 10.46\%) \approx -3.36\%$$

(2) 双因素敏感性分析

下面以销售收入和建设投资为变动因素，进行双因素敏感性分析。

不确定性因素同时变化对内部收益率的影响　　　　表 6-5

投资变化	销售收入变化	变化幅度				
		−10%	−5%	0	+5%	+10%
变化幅度	−10%	15.16%	20.27%	25.26%	30.14%	34.93%
	−5%	10.21%	15.16%	20.00%	24.74%	29.38%
	0	5.64%	10.46%	15.16%	19.76%	24.27%
	+5%	1.42%	6.11%	10.69%	15.16%	19.55%
	+10%	−2.51%	2.07%	6.53%	10.89%	15.16%

通过双因素敏感性分析可以看出，当销售收入和建设投资同时变化时，上表中黑色方格内的内部收益率小于基准收益率12%，此时项目面临着较大的开发风险。

(3) "三项预测值"分析

分析人员经过对房地产市场的全面调查、研究后，分别给出了各变动因素的三项预测值，如表6-6所示。

"三项预测值"表　　　　表 6-6

变动因素	最悲观情况 P	最可能情况 M	最乐观情况 O
销售收入变动情况	减少3%	增加3%	增加5%
建设投资变动情况（每季度）	增加5%	增加2%	减少2%
贷款利率（年）	10%	8.5%	7%
土地费用	4224万元	4224万元	4224万元

将表 6-6 中 4 个因素全部分别按最乐观情况、最可能情况和最悲观情况考虑，可以得出三组计算结果，如表 6-7 所示。

"三项预测值"情况下的三组计算表　　　表 6-7

变动因素	最悲观情况	最可能情况	最乐观情况	原始值
项目内部收益率	10.69%	15.95%	19.67%	15.16%
项目财务净现值	2963 万元	4285 万元	5073 万元	3988 万元
净现值在原有评估结果基础上的变化	−32.47%	+7.45%	+27.21%	

表 6-7 中的结果表明，当因素发生变化时，项目内部收益率在 19.67%～10.69% 之间变化，最有可能的内部收益率是 15.95%，此时财务净现值为 4285 万元。

敏感性分析在一定程度上就各种不确定因素的变动对方案经济效果的影响作了定量描述，这有助于决策者了解方案的风险情况，有助于确定在决策过程中及各方案实施过程中需要重点研究与控制的敏感性因素。但是，敏感性分析没有考虑各种不确定因素在未来发生变化的概率，这可能会影响分析结论的准确性。实际上，各种不确定因素在未来发生某一幅度变动的概率一般是有所不同的。可能有这样的情况，通过敏感性分析找出的某一敏感因素未来发生不利变动的概率很小，因而实际上所带来的风险并不大，以至于可以忽略不计；而另一不太敏感的因素未来发生不利变动的概率却很大，实际上所带来的风险比那个敏感因素更大❶。这种问题是敏感性分析所无法解决的，必须借助于风险分析中的概率分析方法。

6.4　房地产开发项目风险分析

6.4.1　不确定性分析与风险分析的区别与联系

1. 不确定性分析与风险分析的联系

由于人们对未来事物认识的局限性，可获信息的有限性以及未来事物本身的不确定性，使得投资建设项目的实施结果可能偏离预期目标，这就形成了投资建设项目预期目标的不确定性，从而使项目可能得到高于或低于预期的效益，甚至遭受一定的损失，导致投资建设项目"有风险"。

通过对拟建项目具有较大影响的不确定性因素进行分析，计算基本变量的增减变化引起项目财务或经济效益指标的变化，找出最敏感的因素及其临界点，可以预测项目可能承担的风险，使项目的投资决策建立在较为稳妥的基础上，达到风险防范的目的。不确定性分析找出的敏感因素又可以作为风险因素识别和风险估计的依据。

---

❶参见刘晓君等编著，技术经济学，西北大学出版社（第二版），2002.

2. 不确定性分析与风险分析的区别

通过不确定性分析可以找出影响项目效益的敏感因素，确定敏感程度，但不知这种不确定性因素发生的可能性及影响程度，因而不能代替风险分析。通过风险分析可以得到不确定性因素发生的可能性以及给项目带来经济损失的程度。

6.4.2 房地产开发项目风险分析的方法

1. 专家调查法

对风险的识别和评价可采用专家调查法。专家调查法凭借专家的经验对项目各类风险因素及其风险程度做出定性估计。专家调查法可以通过发函、开会或其他形式向专家进行调查，对项目风险因素、风险发生的可能性及风险对项目的影响程度评定，将多位专家的经验集中起来形成分析结论。由于它比一般的经验识别法更具客观性，简单、易操作，因此应用较为广泛。专家调查法是获得主观概率的基本方法。

采用专家调查法时，专家应熟悉该行业和所评估的风险因素，并能做到客观公正。为减少主观性，聘用的专家应有一定数量，一般应在10～20位左右。具体操作上，将项目可能出现的各类风险因素、风险发生的可能性及风险对项目的影响程度采取专家调查表形式一一列出（参见表6-8），请每位专家凭借经验独立对各类风险因素的可能性和影响程度进行选择，最后将各位专家的意见归集起来，形成专家调查结果。

某房地产开发项目风险因素的专家调查表　　　　表6-8

序号	风险因素	出现的可能性				出现后对项目影响程度			
		强	较强	适度	低	强	较强	适度	低
1	市场方面								
1.1	市场需求量			√			√		
1.2	竞争对手		√				√		
1.3	价格		√				√		
2	技术方面								
2.1	可靠性			√				√	
2.2	适用性			√					√
3	工程地质方面								
4	投融资方面								
4.1	汇率			√				√	
4.2	利率			√				√	
5	建造成本		√					√	
6	工期			√				√	
7	配套条件								
7.1	水、电、气供应			√			√		
7.2	交通运输条件			√			√		
7.3	其他配套工程			√			√		

专家姓名：×××　　　　　　　　　　　　　　　　　　　专业：×××
职　称：×××　　　　　　　　　　　　　　　　　　　所在单位：×××

2. 层次分析法

层次分析法（The Analytic Hierarchy Process）是美国著名运筹学家，匹兹堡大学教授 T. L. Saaty 于 20 世纪 70 年代中期提出的一种定性与定量相结合的决策分析方法，简称 AHP 方法。层次分析法是一种多准则决策分析方法，在风险分析中它有两种用途：一是将风险因素逐层分解识别，直至最基本的风险因素，也称正向分解，如图 6-5 所示；二是两两比较同一层次风险因素的重要程度，列出该层风险因素的判断矩阵（判断矩阵可由专家调查法得出），判断矩阵的特征根就是该层次各个风险因素的权重（具体计算方法可参见介绍层次分析法的文献），利用权重与同层次风险因素概率分布的组合，求得上一层风险的概率分布，直至求出总目标的概率分布，也称反向合成。运用层次分析法解决实际问题一般包括五个步骤：

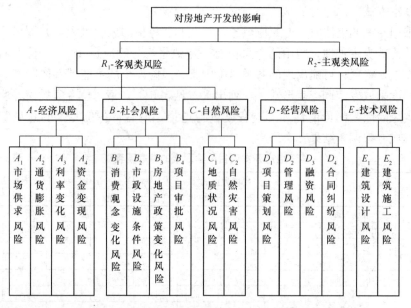

图 6-5　房地产开发项目的风险因素层次分析示意图❶

（1）建立所研究问题的递阶层次结构；
（2）构造两两比较判断矩阵；
（3）由判断矩阵计算被比较元素的相对权重；
（4）计算各层元素的组合权重；
（5）将各子项的权重与子项的风险概率分布加权叠加，即得出项目的经济风险概率分布。

---

❶参见兰峰，房地产开发的风险因素分析，西安建筑科技大学硕士论文，1998.5；兰峰，写字楼物业开发风险因素的量化研究，西北大学学报（自然科学版），总第 140 期，2002.10。

图 6-5 示意了目前我国房地产开发中常见的风险因素层次分析图。

3. 概率分析方法和蒙特卡洛分析方法

在房地产开发项目风险分析的方法中，还有概率分析方法和蒙特卡洛分析方法，为了保持阅读的方便，下面对其单独介绍。

6.4.3 概率分析

1. 概率的确定方法

（1）客观概率（估计）是根据大量的试验数据，用统计的方法计算某一风险因素发生的可能性，它是不以人的主观意志为转移的客观存在的概率，因此得出的结论是较为准确的。客观概率的计算需要足够多的试验数据作支持。

（2）主观概率（估计）是当某些事件缺乏历史统计资料时，由决策人自己或借助于咨询机构或专家凭经验进行估计得出的。实际上，主观概率也是人们在所掌握的大量信息或长期经验积累的基础上，进行合理的逻辑推理、判断、综合而形成的，并非纯主观的随意猜想。

2. 房地产项目评价的概率确定方法

在房地产项目评价中，要对开发项目的投入与产出进行从机会研究到投产运营全过程的预测，由于不可能获得足够时间与资金对某一事件发生的可能性作大量的试验，同时也常常缺乏足够的历史统计资料；又因事件是将来发生的，也不可能做出准确的分析，因此很难计算出该事件发生的客观概率。

但是，项目开发决策时需要对事件发生的概率做出估计，因此在实践中，项目开发前期的风险估计最常用的方法是由专家或决策者对事件出现的可能性做出主观估计。

3. 概率分析的步骤

概率分析的一般步骤为：

（1）列出需要考虑的各种风险因素，如投资、经营成本、销售价格等；

（2）设想各种风险因素可能发生的状态，即确定其数值发生变化个数；

（3）分别确定各种状态可能出现的概率，并使可能发生状态概率之和等于 1；

（4）分别求出各种风险因素发生变化时，方案净现金流量各状态发生的概率和相应状态下的净现值 $NPV_{(j)}$；

（5）求方案净现值的期望值（均值）$E(NPV)$；

$$E(NPV) = \sum_{j=1}^{k} NPV_{(j)} \times P_j$$

式中　P_j——第 j 种状态出现的概率；

　　　k——可能出现的状态数。

（6）求出方案净现值非负的累计概率；

(7) 对概率分析结果作说明。

下面给出案例 6-3 对概率分析方法进行介绍。

【例 6-3】 结合例 6-2 中房地产开发项目的各项数据，根据经验和预测，开发成本和销售收入是需要分析的两个主要不确定性因素，开发商对净现值的最低要求为 2000 万元，试计算项目的财务净现值的期望值、财务净现值大于等于零的概率和净现值大于 2000 万元的累积概率。

【解】 确定开发成本和销售收入为需要分析的两个不确定性因素，请十位专家学者采用德尔菲法，预测两个因素发生变化的概率如表 6-9 所示。

项目开发成本和销售收入的概率分布 表 6-9

概率　变幅　变动因素	-10%	0	+10%
销售收入	0.3	0.3	0.4
开发成本	0.3	0.4	0.3

列出本项目的净现金流序列的全部可能状态（见表 6-10）共计 9 种，然后分别计算各状态下的概率 P_j、财务净现值和加权财务净现值，从而求得项目的财务净现值的期望值 $E(NPV)$。

项目净现金流序列的全部可能状态 表 6-10

1	2	3	4	5	6	7	8
开发成本变动趋势	概率 1	销售收入变动趋势	概率 2	状态	概率 P_j (2×4)	财务净现值 $FNPV_j$	$FNPV_j \times P_j$
+10%	0.3	+10%	0.4	A	0.12	4421	531
		0	0.3	B	0.09	2742	247
		-10%	0.3	C	0.09	1064	96
0	0.4	+10%	0.4	D	0.16	5668	907
		0	0.3	E	0.12	3990	479
		-10%	0.3	F	0.12	2312	277
-10%	0.3	+10%	0.4	G	0.12	6915	830
		0	0.3	H	0.09	5237	471
		-10%	0.3	I	0.09	3559	320
合计	1				1		4158

$$P(FNPV \geqslant 0) = 1 - P(0) = 1$$
$$P(FNPV \geqslant 2000) = 1 - P(2000) = 1 - 0.09 = 0.91$$

计算结果表明：

项目的财务净现值的期望值大于零，$E(NPV)$ 为 4158 万元，项目可行。

项目财务净现值的期望值大于等于零的累计概率为 100%，大于等于 2000 万元的累计概率为 91%，项目面临的风险较小。

6.4.4 蒙特卡洛模拟法

1. 蒙特卡洛模拟法的概念

蒙特卡洛模拟法（Monte-Carlo Simulation）又称随机模拟法或统计试验法，是一种以数理统计理论为指导的模拟技术。它的实质是按一定的概率分布产生随机数的方法来模拟可能出现的随机现象。

2. 蒙特卡洛模拟法的实施步骤

蒙特卡洛模拟技术，是用随机抽样的方法抽取一组满足输入变量的概率分布特征的数值，输入这组变量计算项目评价指标，通过多次抽样计算可获得评价指标的概率分布及累计概率分布、期望值、方差、标准差，计算项目可行或不可行的概率，从而估计项目投资所承担的风险。

蒙特卡洛模拟法的一般步骤和计算过程为：

（1）确定风险随机变量。通过敏感性分析，确定风险随机变量（输入变量），如租售价格、建造成本、工期、贷款利率等。

（2）确定风险随机变量的概率分布。这是风险分析的关键一步，直接影响到模拟的结果，确定随机变量的概率分布取值的方法是建立在该变量过去长期的历史数据的基础上，运用统计方法求得，主要采用的是客观概率估计。

（3）为各随机变量抽取随机数。随机数的产生首先要有一个均匀随机数发生器，在计算机上都有专门的随机函数，用来产生 $[0,1]$ 之间的均匀随机数。

（4）将抽得的随机数转化为各输入变量的抽样值。在计算机上对上一步产生的随机数进行一定的转换（称逆转换），即可获得所要求的随机变量的抽样值。

（5）将抽样值组成一组项目评价基础数据。

（6）选取经济评价指标，如内部收益率、财务净现值等，根据得到的基础数据计算出一种随机状况下的评价指标值。

（7）重复上述过程，进行多次反复模拟，得出多组评价指标值。

（8）整理模拟结果所得评价指标的期望值、方差、标准差和它的概率分布及累计概率，绘制累计概率图，同时检验模拟次数是否满足预定的精度要求。根据上述结果，分析计算项目可行或不可行的概率。

3. 蒙特卡洛模拟法的应用现状

以上介绍可以看出，蒙特卡洛模拟法运用的基本前提是要准确估计各因素及其变化的概率分布，这样才可以多次抽样计算可获得评价指标的概率分布及累计概率分布、期望值、方差、标准差，计算项目可行或不可行的概率，从而准确估计项目投资所承担的风险。但是目前我国房地产市场尚不规范，要获取完整的市场资料难度较大，对于各风险因素及概率分布的准确估计目前还很难做到，因此，虽然蒙特卡洛模拟法在理论上较严谨、完善，但目前在房地产开发项目风险分析的实际运用中尚不普遍。

6.5 房地产开发项目投资组合策略

6.5.1 房地产开发项目的投资组合理论

1. 投资组合思想

美国经济学家马考维茨（Markowitz）于1952年首次提出投资组合理论（Portfolio Theory），并进行了系统、深入和卓有成效的研究，他因此获得了诺贝尔经济学奖。投资组合的思想发展历程主要分为：

（1）传统投资组合的思想——Native Diversification。①不要把所有的鸡蛋都放在一个篮子里面，否则"倾巢无完卵"；②组合中资产数量越多，分散风险越大。

（2）现代投资组合的思想——Optimal Portfolio。①最优投资比例：组合的风险与组合中资产的收益之间的关系有关。在一定条件下，存在使得组合风险最小的投资比例。②最优组合规模：随着组合中资产种数增加，组合的风险下降，但是组合管理的成本提高。当组合中资产的种数达到一定数量后，风险无法继续下降。

投资组合理论在证券业、保险业得到了广泛应用，例如基金经理们无一不对所选择的股票进行适当的投资组合，以求得安全回报。

2. 房地产开发中的投资组合

房地产投资组合可以分为广义的投资组合和狭义的投资组合两方面：

（1）广义的投资组合策略是指房地产与证券投资的投资组合，例如目前很多上市地产公司都持有其他公司的股票等。

（2）狭义的投资组合策略包括投资对象组合、投资地区组合、投资期限组合等具体形式。投资对象组合是指投资者将其投资额分别投入到不同的投资对象中去，例如住宅、写字楼、购物中心等不同物业类型之间的投资组合；投资地区组合是指投资者将其投资对象分散在各个不同地区或同一地区的不同位置，例如万科、保利、中海、金地、碧桂园、大连万达等公司实行的全国性投资战略；投资期限组合是指将长期、中期和短期项目投资结合起来。

房地产开发实施投资组合在降低风险的同时，也会影响到项目总体收益水平。一般来说，风险与收益成正比，如果资金分散地投入不同的项目，整体投资风险虽然会得以分散，但投资回报也相应地会有所减少。

6.5.2 房地产开发项目的投资组合案例

假设投资者有一笔资金1000万元，其投资方案有甲、乙、丙三种。甲方案为资金全部投入住宅,乙方案为资金全部投入写字楼,丙方案是一种组合投资,用一半的资金投入住宅,一半的资金投入写字楼。由于不同的投资方案会面临不同的不确定性条件,从而可能带来不同的不确定性结果。因此,三种方案的收益情况可以表示为:

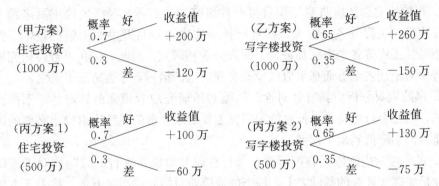

上述情况表明,投资写字楼的回报率最高,但风险最大。通过分析计算可以得到投资甲方案时,收益期望值和风险度量值分别为:

$$K_{甲} = 200 \times 0.7 - 120 \times 0.3 = 104 \text{(万元)}$$

$$R_{甲} = \sqrt{(200-104)^2 \times 0.7 + (-120-104)^2 \times 0.3} = 146.6$$

乙方案的收益期望值和风险度量值分别为:

$$K_{乙} = 260 \times 0.65 - 150 \times 0.35 = 116.5 \text{(万元)}$$

$$R_{乙} = \sqrt{(260-116.5)^2 \times 0.65 + (-150-116.5)^2 \times 0.35} = 195.6$$

丙方案是一种组合投资,其可能结果要比组合中的任何一单项投资结果要多,丙方案的结果分别可以表示为:

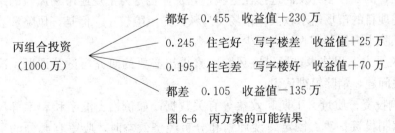

图 6-6 丙方案的可能结果

那么,该方案的收益期望值和风险度量值分别为:

$$K_{丙} = 230 \times 0.455 + 25 \times 0.245 + 70 \times 0.195 - 135 \times 0.105 = 110.25 \text{(万元)}$$

$$R_{丙} = \sqrt{(230-110.25)^2 \times 0.455 + (25-110.25)^2 \times 0.245 + (70-110.25)^2 \times 0.195 + (-135-110.25)^2 \times 0.105} = 122.2$$

从上述分析可以看出,组合投资丙方案的风险度量值相比甲、乙两个方案的风险度量值有所降低,因此达到了分散风险的目的。

6.6 房地产开发项目风险应对

6.6.1 选择风险应对的原则

1. 风险应对思想应贯穿于项目可行性研究的全过程。经济风险主要来源于技术、市场、工程等各个方面，而可行性研究中对项目开发所面临的技术、经济、市场、工程等各个方面都进行了深入分析和研究，因此，应在可行性研究的全过程中对上述各个方面都采取风险规避和防范的措施，才能防患于未然。

2. 风险应对分析应具有针对性。风险对策研究应有很强的针对性，不能泛泛而谈，应结合行业特点，针对特定项目主要的或关键的风险因素提出必要的措施，将其影响降低到最小程度。

3. 风险应对措施应具有可行性。可行性研究阶段所进行的风险应对措施研究应立足于现实客观的基础之上，提出的风险应对措施应当在财务、技术等方面是切实可行的。

4. 风险应对措施应考虑经济性。规避防范风险是要付出代价的，如果提出的风险应对所花费的费用远大于可能造成的风险损失，该对策将毫无意义。在风险应对研究中应将规避防范风险措施所付出的代价与该风险可能造成的损失进行权衡，旨在寻求以最少的费用获取最大的风险效益。

6.6.2 决策阶段的风险应对措施

在项目投资决策阶段，一般主要有下列风险应对措施：

1. 提出多个备选方案，通过多方案的技术经济比较，选择最优方案。

2. 选择风险小的房地产开发项目。房地产开发项目的类型多样，风险大小也不同。应当在决策阶段选择那些结果较有把握的投资机会，可减少投资结果本身的不确定性，例如很多开发商选择住宅项目开发，也是为了规避市场风险的结果，因为住宅项目的市场需求较大，市场交易频繁，风险较小。但是，风险和收益成正比，风险小自然预期收益也减少。

3. 对有关重大工程技术难题潜在风险因素提出必要的研究与试验课题，准确地把握有关问题，消除模糊认识；

4. 对影响投资、质量、工期和效益等有关数据，如价格、汇率和利率等风险因素，在编制投资估算、制定建设计划和分析经济效益时，应留有充分的余地，谨慎决策，并在项目执行过程中实施有效监控。

5. 做好市场研究。经验表明，相对于建筑设计和工程施工，房地产市场是最难以捕捉和把握的，而市场恰恰是房地产开发项目的主要风险源之一。房地产市场是多因素组合，居民购房心理、购房需求各异，因此应当特别加强市场研究工作，为项目开发提供支撑和保证。

6. 实行投资组合策略来降低风险。如前 6.5 节所述，实施房地产开发项目的投资组合策略可以降低风险，因此开发商应当建立起投资组合的思想，虽然收益有所降低，但风险也相应减少。

6.6.3 建设阶段的风险应对措施

房地产开发项目在建设阶段的风险应对措施可采取风险回避、风险转移、风险分担、风险自留、损失控制等方法来进行：

1. 风险回避。这是彻底规避风险的一种做法，即断绝风险的来源，这是对付风险损失最彻底的一种策略。风险回避在有效地防止投资者可能遭受的损失的同时，也放弃了获利的可能，因而这是一种消极地防范风险的措施。风险回避一般适用于以下情况：

（1）项目投资遇到的某种风险可能会造成相当大的损失，不如放弃投资即风险回避；

（2）项目投资采用的风险防范措施的代价太昂贵，得不偿失，不如放弃防范进而放弃投资即风险回避；

（3）出现其他替代方案，而风险更低，因此放弃原投资计划即风险回避。

2. 风险转移。是指将项目业主可能面临的风险转移给他人承担，以避免风险损失的一种方法。风险转移主要有合同转移和保险转移两种方式：

（1）合同转移，通过签订合同，可以将一部分或全部风险转移给一个或多个参与者。如将其中风险大的部分转给他人承包建设或经营，又如开发企业与施工单位签订的工程承包总价合同，就是将项目在施工阶段可能因材料价格上涨和其他原因引起项目建设总造价增加的风险转移给施工承包单位。

（2）保险转移，如投资者以合同的形式将各种自然灾害、意外事故等可能造成的各种损失转移给保险公司。

3. 风险分担。这是针对风险较大，投资人无法独立承担，或是为了控制项目的风险源而采用的风险应对方法，如发行房地产公司股票，或采取与其他企业合作开发等方式，共同承担风险、共享收益。

4. 风险自留。风险自留也即风险承担（风险自担），是指开发商自己独立承担项目，而将可能的风险损失留给自己。当投资者已知有风险但由于可能获利而需要冒险时，同时又不愿意将获利的机会分给别人，必须保留和承担这种风险。

5. 损失控制。当特定的风险不能避免时，可以采取行动来降低与风险有关的损失，这种处理风险的方法就是控制风险。例如分期开发就是典型的房地产开发项目的风险控制措施，通过分期开发减少了每期投资规模，缩短了每期的开发时间，市场应对性较强，利于及时调整户型、设计方案等，因而风险较小。对占地面积大、投资量大、市场变化快的项目，分期开发常常是开发商一个有效的开发策略。

需要注意的是，上述风险应对措施不是互斥的，实践中常常组合使用。可行性研究中应结合项目的实际情况，研究并选用相应的风险对策。

思考题

1. 风险的含义是什么？如何正确地理解风险？
2. 房地产开发风险的含义是什么？
3. 房地产开发风险因素可分为哪几类？
4. 房地产开发项目主要有哪些不确定性因素？
5. 简述盈亏平衡分析的基本原理？
6. 如何进行房地产开发项目的盈亏平衡分析？
7. 某开发商以4500万元购买一块占地15亩的普通住宅用地，已知建筑容积率为2.5，前期固定投入工程费为300万元，建筑安装工程费为1850元/m^2，其他可变成本为500元/m^2。项目销售价格为5500元/m^2，销售税金率为6.5%（税金包括营业税、城市建设维护税、教育费附加和土地增值税等），假设项目开发后均可全部售出，销售佣金提取率为2.0%，试计算该项目的盈亏平衡点，并判断其风险程度。
8. 什么是敏感性分析？其目的是什么？
9. 单因素敏感性分析和多因素敏感性分析是怎样进行的？
10. 某开发商拟在一块土地上进行住宅开发，已知项目现金流量如下表所示，行业基准收益率为12%，试对项目进行单因素和双因素敏感性分析。

序号	计算期	1	2	3	4	5	6	7	8	合计
1	现金流入	0	1500	2500	3500	4500	4000	4000	2500	22500
1.1	净销售收入	0	1500	2500	3500	4500	4000	4000	2500	22500
2	现金流出	4500	4000	3000	1500	1230	1045	660	380	16315
2.1	建设投资	4500	4000	3000	1500	1200	1000	600	300	16100
2.5	所得税	0	0	0	0	30	45	60	80	215
3	税前净现金流量	−4500	−2500	−500	2000	3300	3000	3400	2200	6400
4	税后净现金流量	−4500	−2500	−500	2000	3270	2955	3340	2120	6185

11. 风险分析与不确定分析的区别和联系是什么？
12. 如何进行概率分析？
13. 简述风险分析中的蒙特卡洛模拟方法的基本原理。
14. 简述房地产开发的风险防范策略。

第 7 章
房地产开发项目可行性研究

本章学习要求:

1. 掌握房地产开发项目投资与收入估算,房地产开发项目的财务评价的基本概念和指标体系,主要技术经济指标,财务评价报表的编制;

2. 熟悉房地产开发项目可行性研究的主要内容与投资决策分析;

3. 了解房地产开发项目可行性研究的含义、作用、依据、工作程序,可行性研究报告的编制单位,房地产开发项目国民经济评价,房地产开发项目社会影响分析。

7.1 房地产开发项目可行性研究概述

7.1.1 房地产开发项目可行性研究含义

从产品形成的内在规律而言,房地产开发项目要经历投资决策阶段、前期工作阶段、施工建设阶段及租售与物业管理阶段等四个主要阶段。其中,投资决策阶段是决定工程项目经济效果的关键时期,如果在项目实施中才发现工程费用过高,产品市场前景不好等问题,将会给投资者造成巨大的损失,弥补工作也难以进行。因此,投资决策阶段的可行性研究成为房地产开发商投资前期的重要工作之一。

房地产开发项目的可行性研究就是在投资决策前,运用技术、经济、管理、社会学等多学科相关知识,对拟开发项目进行技术经济分析和综合比较论证的科学。其基本任务是通过对工程、技术、经济、社会和环境等有关方面进行深入细致的调查研究,综合论证开发项目技术上是否先进适用、经济上是否合理、财务上是否盈利、建设上是否可行、是否促进社会和环境可持续发展,从而为投资决策提供科学的依据。这是房地产开发过程中一项极其重要的调查研究工作。

7.1.2 房地产开发项目可行性研究的作用和依据

1. 房地产开发项目可行性研究的主要作用

(1) 是项目投资决策的重要依据。房地产开发项目投资量大,环节复杂,受制约因素较多,特别是容易受到诸多市场因素的干扰,这一切绝不是仅凭经验或表象分析就能确定的。要通过决策前详细深入的可行性研究,明确项目的开发性质、产品类型、市场前景、建设规模、资金的投入和使用、产品经营方案等,为项目的开发建设进度安排以及现金流计划提供合理的预测和安排，从而为投资决策工作提供科学依据，减少项目决策的盲目性。

（2）是申请有关建设许可文件的依据。房地产开发活动受到政府的监管，遵循严格的项目立项与报建程序，要取得一系列政府许可文件方可进行，而可行性研究报告是向当地政府计划管理部门、规划管理部门、建设管理部门、环境保护部门等申请立项和取得有关建设许可文件的依据。

（3）是项目申请金融信贷的依据。房地产开发活动资金量大，一般都需要金融机构的信贷支持，金融机构要对开发项目的可行性研究报告进行全面、细致的分析和评估，在确认项目合法、经济效益水平和偿还能力较好，并不承担过大风险时，才能同意给予贷款。

（4）是指导规划设计工作的依据。在可行性研究报告中，对项目的市场状况、地质与气候条件、规划布局与建筑类型、结构形式、建设规模、建设进度、建筑材料与设备选型、配套设施、交通组织方式和景观规划等都进行了深入的分析论证，这些都是项目规划设计阶段时要参考的重要依据。

此外，通过房地产开发项目可行性研究中的技术设计安排，能够指导开发商与有关设计、施工、建筑材料与设备供应、供电、供水、供热、金融机构等部门签订协议或合同；还可以为项目市场推广策划等工作提供参考和支持等。

2. 房地产开发项目可行性研究的依据

（1）国家和地区的总体经济状况、房地产市场发展情况，以及有关房地产政策、金融信贷政策、税收政策、住房政策等；

（2）项目所在地的城市总体发展战略、产业布局，近远期的重点发展区域，城市总体规划、分区规划、详细规划等规划条件，以及市政建设等专项规划方案；

（3）项目所在地的社会、人文、收入水平、自然环境、地质条件、气象、交通状况等基础资料；

（4）项目建议书，以及开发商基本构想和项目规划设计方案等；

（5）有关工程技术方面的标准、规范、指标、要求等；

（6）房地产市场供给和需求调研资料，项目经济评价所需的各项成本依据、经济评价参数、指标体系等。

7.1.3　房地产开发项目可行性研究的工作程序

房地产开发项目的可行性研究从开始委托到最后提交成果文件，整个过程都有一定的、客观的规律和程序，一般都按照如下的程序开展：

1. 接受委托与建立研究组织。目前，进行房地产项目可行性研究一般都是接受开发商的委托，专业咨询机构接受委托的同时，明确可行性研究的目标和研究费用；同时成立专门的研究组织，研究组织成员一般包括房地产市场调查与分析、规划设计、施工技术、工程造价、房地产估价、技术经济、营销策划以及制作人员等组成。

2. 收集资料，进行市场调查。在本阶段，要对房地产项目的地理区位、周边环境、开发条件、市场环境以及项目开发的前景等进行调查分析，并对开发项目的基础成本数据和预计租售价格做出估计和预测。

3. 设计研究项目投资方案。应对项目投资与规划方案提出构想，并对方案进行财务评价、国民经济评价、社会效益评价；在此基础上，对不同方案进行比较与选择，制定相应的工程建设全过程的实施计划。

4. 编制可行性研究报告并提交。可行性研究报告编制中，应当本着客观公正的原则，坚持实事求是的态度，对项目进行全面的分析和论证。由于可行性研究报告的专业性较强，报告提交的同时，应当做好技术解释和说明工作，同时做好研究费用的结算工作。

7.1.4 可行性研究报告的编制单位

可行性研究报告作为房地产投资项目可行性研究结果的体现，是申请立项、贷款、与有关各部门签订协议、合同以及申请有关建设许可文件的必备资料。有相应技术能力的话，可行性研究报告可以由开发商自行编制，作为企业内部投资决策之用，但是不适用于向金融机构申请贷款的情况。通常情况下，由开发商委托具有相应资质的工程咨询机构来编制完成。资质名称为"工程咨询资格证书"，分为甲级、乙级，由中国工程咨询协会审核颁发。

7.2 房地产开发项目可行性研究与投资决策

7.2.1 房地产开发项目可行性研究的主要内容

工程建设项目的可行性研究一般按照国家发展与改革委员会的有关要求进行。对于房地产项目而言，根据项目特点的不同、可行性研究目的不同以及阅读者所关注问题的不同，研究内容也会有所不同，没有固定不变的模式，但是一般的房地产开发项目可行性研究都应包括以下几个主要部分：

1. 第一部分，项目概况

（1）项目概况。了解项目概况是可行性研究的第一步工作，只有在对项目有初步认识的基础上才能进行后续的研究工作。项目概况一般包括项目名称、开发商简介；项目的区位及周边交通、商业、社会人文环境等现状；以及项目建设的必要性等内容；在具体的报告编制中，为了阅读的方便，一般在本部分还列出可行性研究研究的主要结论以及编制依据等内容。

（2）开发项目现状调查。开发项目现状调查是可行性研究工作的重要环节之一，是获得项目一手资料的重要来源，需要调查者进行实地调查获得。主要内容包括：①项目所在地的用地性质、四至范围、权属状态等；②地形地貌、地质、气象等自然条件调查；③项目用地现状调查，如地上地下建筑物、构筑物、附着物的数量和面积，拆迁安置人口、拆迁安置面积、拆迁安置补偿费用等进行调查；④项目用地市政基础设施状况调查，如地下管网分布、供电、供水、供热、电信等状况。

2. 第二部分，市场研究

市场研究是指对房地产市场的调查分析及预测，对房地产市场的调查分析和预测是可行性研究的一项重要内容，是全部研究工作的基础，对此环节的工作应引起开发商的高度重视。此阶段主要对项目面临的宏观环境调查、区域环境以及微观环境进行深入的调查研究，详见本书3.4章节的内容。

(1) 宏观环境层面的调查中，应当对项目所处的政治法律环境、经济环境、人口环境、社会文化环境、市场营销环境、技术环境以及项目所在地的对外开放程度等进行调研。

(2) 区域环境层面的调查中，主要对项目所在地的城市规划、房地产的供给与需求情况、房地产开发企业情况、居民经济能力、购房特征和消费趋势等方面的调研，还要对区域内楼盘的总体价格水平与供求关系进行分析，有助于做好项目总体战略性定位。

(3) 项目微观环境层面的调查中，除了前面的用地现状调查外，还要对项目的周边环境进行分析，对地块周围市政交通基础设施条件，学校、医院、银行、体育健身场所、超市等生活配套情况，空气质量、污染源、自然景观和气候条件等生态环境状况以及人文环境等进行调研，同时做好竞争性楼盘的调查和分析。在项目微观环境层面调查中，应特别注意对竞争楼盘的深入调研，这是项目定价的参考依据之一。

(4) 项目定位。在项目现状调查和市场调查分析的基础上就可以对项目进行SWOT分析，进行项目的客户定位、产品定位、形象定位等工作，也可以通过市场比较法等方法来确定项目销售价格。

3. 第三部分，项目开发方案

开发建设方案也是项目开发过程的指导性方案，对项目开发建设以及后续开发商委托规划设计等工作具有积极的指导作用，主要包括以下内容：

(1) 建设条件与资源供给分析。①对项目所在的的地质、气候、气象等条件进行分析，据以分析项目建设过程中面临的不可抗力；②对施工期间采用的水、电、路等建设条件进行分析，据以分析项目施工的方便程度；③对项目建成后使用的市政与公用设施如供水、供电、燃气、热力、通信、道路交通、公用设施等条件进行分析和论证，据以分析项目建成后的市政公用资源供给的方便程度；④在规划方案的基础上，对建筑材料的获取、施工队伍的要求等进行计划和安排，为项目开发建设提前做好准备。

（2）规划方案。项目规划方案要满足当地城市规划的要求，符合消费市场的需求趋势，充分发挥土地效益，同时规划方案力求新颖。项目规划方案应该包括规划设计的思想、依据、理念；建设规模、总平面布局、户型分配、主要技术经济指标；道路、供水、供电、燃气、热力、通信、消防等专项技术方案等内容。

（3）开发进度。需要注意的是，在这里应当对项目开发的全过程进度进行计划安排。包括可行性研究、土地购置、立项审批、建筑规划设计、规划方案审批、取得开工许可证、开工前准备、施工建设、营销进度等一系列工作进度的计划和安排。其中，施工进度计划中应当对基础工程、主体工程、装修工程、室外工程以及竣工验收等主要工作进度进行安排。条件允许的话，还可以对各个单项工程的实施进度进行深入分析。在可行性研究中，开发进度计划的安排多采用横道图法绘制。

（4）市场营销策略。主要是根据项目定位，通过市场营销环境分析，以及竞争项目的对比研究等，制定开发项目的市场营销策略，包括营销渠道安排、广告媒体选择、广告预算编制、分期推广计划等工作内容，详细参见本书第10章的内容。

（5）环境影响分析。主要对建设项目周围环境条件进行调查，如水环境、大气环境、土壤环境、生态环境、噪声环境、视觉影响环境等；对项目工程建设对环境可能造成的影响进行分析预测和评估；主要环境影响因素的确定以及环境影响程度分析；提出环境保护措施、预算等方案以及环境影响评价的结论。一般来说，房地产开发项目的环境影响评价报告需专门进行，由专业环评机构负责编制。

（6）开发组织机构。可行性研究中还应当对开发组织机构进行分析，目的是为了分析项目开发的人员和制度保障。一般而言，多结合开发商现有的组织机构进行分析，除非需要单独成立新的项目公司。组织机构的研究中，包括影响到未来项目开发的机构设置、人员组成、管理机制、企业文化、开发理念以及管理费用等问题的研究等。

4. 第四部分，项目经济评价

项目经济评价。这部分工作内容较多，也是房地产开发项目可行性研究中的重要组成部分，具有相当的研究深度，也是项目投资决策分析的重要依据之一。

（1）投资与收入估算。①投资与成本估算，包括项目总投资估算，经营成本等数据的估算；②收入估算，包括租售价格的制定、估计分期发生的租售收入等。

（2）资金安排。包括资金来源渠道的安排、资金结构的确定等；应当根据项目的投资估算和投资进度安排，合理估算资金需求量，拟订筹资方案，并对筹资成本进行计算和分析。房地产项目投资额巨大，开发商务必在投资前做好对资金的安排，通过不同的方式筹措资金，保证项目的正常运行。

(3) 经济参数的确定。包括银行贷款利率、税金缴纳的范围与标准、基准折现率、目标收益率等。

(4) 财务评价。主要运用静态和动态分析方法计算项目投资回收期、净现值、内部收益率、投资利润率、借款偿还期等经济指标，考核项目的盈利能力、清偿能力等，从而确定项目财务的可行性，这部分工作主要通过编制财务评价报表来完成。

(5) 风险与不确定性分析。主要从政治法律环境、经济发展周期、房地产政策、城市发展规划、市场供求、社会因素、自然地理、项目内部经济特征等方面，了解各因素对项目投资效果的影响，对项目开发面临的风险因素进行定性分析；同时采用盈亏平衡分析、敏感性分析等手段对项目进行不确定性分析，了解不确定性因素对项目经济效果的影响程度；有必要的话，还可以采用概率分析等定量分析方法进行风险分析。

(6) 国民经济评价。一般而言，竞争性房地产开发项目主要关注的是财务评价指标，不需要特别进行国民经济评价。对于重大的、对区域社会经济发展有较大影响的房地产项目，如经济开发区项目、成片开发项目，在作出决策前应进行国民经济评价，从区域社会经济发展的角度，计算并衡量项目开发对社会经济发展战略目标的贡献程度，主要是计算项目经济净现值、经济内部收益率等指标。

5. 第五部分，社会影响分析

社会影响评价主要对项目建设带来的社会效益、环境效益等进行分析，如对区域远景规划、区域经济发展、提高人民物质文化生活及社会福利、居民就业、环境保护和生态平衡、区域科技进步以及对区域不同利益群体的影响等方面的内容。

6. 第六部分，结论及建议

在本部分中，主要根据前面对于市场、技术、经济评价等方面的研究，对项目的可行与否做出明确的结论；同时指出项目开发建设所存在的问题，并提出相应的开发建议。

可行性研究报告的制作格式，基本可以参照上述六个部分进行。但是应当注意的是，为了阅读的方便，一些财务评价报表、市场调研基础数据表、项目位置示意图、项目规划方案、公司营业执照、开发资质、法律许可文件如国有土地使用权证、建设用地规划许可证等不便附在正文中的，可以作为附件置于可行性研究报告的后面，以增强报告的层次性、整体性和美观性。

7.2.2 房地产开发项目的投资决策分析

1. 房地产开发项目投资决策的概念

投资决策就是在综合分析项目建设的可行性基础上，做出的是否可以投资的决定和安排。投资决策行为是由开发商做出的，一般参考项目的可行性研究报告，但是可行性研究报告并不能代替投资决策，只是作为投资决策分析的依据之一而起到了重要的作用。

在项目的可行性研究中，由于政策法规比较透明，建筑技术方法等比较成熟，因而市场分析和项目的财务评价是最为重要的两部分工作，这也是项目投资决策分析的基础。

2. 房地产开发项目投资决策分析的注意事项

从我国房地产开发的工作实践来看，对房地产开发项目进行财务评估的方法已经比较成熟，但人们对至关重要的市场研究却重视不够，市场研究方法也比较简单。应当注意到，市场研究对于选择投资方向、初步确定开发目标与方案、进行目标市场和开发产品定位等，均起着举足轻重的作用，它往往关系到一个项目的成败。

应当引起注意的是，虽然市场分析研究了市场区域内销售额、租金、空置率和吸纳量的数据走势，并预测了这些数值，但开发实践工作中，定性分析正变得越来越重要。诸如消费者的需求心理，什么样的设计可以吸引购房者等定性特征正在越来越多地为开发商所关注，并用调查、心理分析、聚焦群体研究和聚类分析等方法进行研究。由于房地产市场越来越细化、越来越专业化，依赖于大量数据的传统统计模型和公式往往不能对市场作出准确的解释，而定性分析显得越来越重要❶。

7.3 房地产开发项目投资与收入估算

7.3.1 房地产开发项目投资估算

根据房地产开发项目开发地点不同、项目类型不同、经营方式的不同等，其费用构成存在一定的差异，主要包括：

1. 土地费用

房地产项目土地费用是指为取得房地产项目用地而发生的费用。房地产开发项目取得土地的方式不同，所发生的费用也各不相同。

（1）划拨用地的土地费用

通过划拨形式取得的土地费用，不包含土地使用权出让金，但是土地使用者需缴纳土地征用、拆迁补偿安置等费用以及视开发程度而定的土地开发成本（城

---

❶参见房地产市场分析案例研究方法，（美）阿德里安娜施米茨、德博拉·L·布雷特著，中信出版社，2003。

市基础设施建设费）等。又分为"生地"划拨和"熟地"划拨两种主要形式：

"生地"的划拨需要支付农村土地征用拆迁安置补偿费，主要包括：土地补偿费、青苗补偿费、地上附着物补偿费、安置补助费、新菜地开发建设基金、征地管理费、耕地占用税、拆迁费、其他费用等。

"熟地"的划拨需要支付城镇土地拆迁安置补偿费以及视开发程度而定的土地开发成本，主要包括：地上建筑物、构筑物、附着物补偿费、搬家费、临时搬迁安置费、周转房摊销以及对于原用地单位停产、停业补偿费、拆迁管理费和拆迁服务费；先期投入的土地开发成本（城市基础设施建设费）等。

（2）出让用地的土地费用

主要包括向政府缴付的土地使用权出让金和根据土地原有开发状况需要支付的拆迁安置补偿费、城市基础设施建设费或征地费等。

例如：以出让方式取得城市熟地土地使用权时，土地出让地价款由土地出让金、拆迁安置补偿费和城市基础设施建设费构成；

以出让方式获得城市毛地使用权时，土地出让地价款由土地使用权出让金和城市基础设施建设费构成，该方式中，开发商需要进行后续的房屋拆迁安置补偿工作，并支付相关费用。

（3）转让用地的土地费用

土地转让费是指土地受让方向土地转让方支付土地使用权的转让费。通过转让形式取得的土地费用，主要采用市场价格，实践中常常采用市场比较法、假设开发法、收益法等方法进行土地估价。目前，通过土地转让来获得房地产开发用地的方式较为常见。

（4）合作用地的土地费用

通过土地合作开发，可以有效地解决资金不足、降低投资风险等问题。这种方式主要通过土地作价入股来合作开发，其土地费用估算也主要参考市场价格，需要对土地价格进行评估。

2. 前期工程费与城建费用

前期工程费主要包括项目策划、可行性研究、规划设计、水文地质勘查以及"三通一平"或"七通一平"等土地开发工程费用。

（1）项目策划、可行性研究、规划设计等费用

虽然项目策划已经成为房地产项目开发中经常遇到甚至是规范性的一项工作内容，但是工程实践中，其费用标准并不确定，往往是双方根据项目的建设内容、实施难度以及市场因素等进行商谈并确定，如按所策划的建筑面积乘以费用指标即××元/m² 进行计算。需要注意的是，实践操作中，也有人把项目策划和可行性研究视为等同，这是不科学、不正确的做法。

可行性研究费可按照国家发展与改革委员会颁布的《建设项目前期工作咨询

收费暂行规定》(计价格〔1999〕1283号)的规定来计算,但是实践中一般会考虑市场调节因素。

规划设计费可依据国家计委、建设部发布的《工程勘察设计收费管理规定》(计价格〔2002〕10号)的有关规定取费,但是实践中会参考市场因素。常见的是以建筑面积乘以费用指标××元/m²进行计算。例如,某市建筑设计市场中一些甲级设计院的高层框剪住宅设计费在25～32元/m²之间。

水文、地质勘探费用可根据估算工程量,参照有关计价指标或结合类似工程经验进行估算。

(2)"三通一平"等土地前期开发费用

为满足施工需要,在施工建设前,应当对项目用地进行"三通一平"等土地前期开发。费用主要包括临时道路、临时给排水、临时用电、项目用地原有建筑物及构筑物的拆除、场地平整和临时办公用房等费用。这些费用的估算,可根据估算工程量,参照有关计价指标或结合类似工程经验进行估算。

(3)城建费用

房地产开发项目均需要向当地城市缴纳城建费用,主要包括城市基础设施建设配套费、人防工程易地建设费、工程定额测定费、工程质量监督费、劳保统筹基金、新型墙体材料专项费用、散装水泥专项资金、工程勘察设计资格审查发证费等内容。

其中,城市基础设施建设配套费是城市政府对市区各类基础设施进行配套建设的财政性资金,专项用于城市规划区范围内、小区以及单体建设项目规划红线以外的城市道路、桥涵、供水、排水(排污、排洪)、公共交通、道路照明、环卫绿化、垃圾处理、消防设施及天然气、集中供热等市政公用设施建设。各地在城建费用中的项目名目和收费标准方面有一定的差异,费用交纳参照项目所在地的有关标准执行。

【阅读材料】 西安市建设项目城建费用统一征收标准[1]

收费项目	单位	收费标准	收费依据
1. 城市基础设施配套费	平方米	150元/m²	市政办发〔2005〕159号
2. 人防工程易地建设费		依照规划平面图审批的意见	陕价费调发(2000)07号
3. 工程定额测定费	建安总造价	1.3‰	陕价费调发(2001)113号
4. 工程质量监督费	平方米	1.4元(砖混结构) 1.8元(框架结构,8层以下) 2.0元(框架结构,8层及8层以上)	陕价行发(2005)208号

[1] 来源:西安市城乡建设委员会官方网站,2007年12月10日。

续表

收费项目	单位	收费标准	收费依据
	备注：1. 不宜以面积计收的建设工程按建安工作量（不含设备）的 1.4‰ 收取。 2. 单位工程的质量监督费低于 400 元的，按 400 元收取。		
5. 劳保统筹基金	建安总造价	3.55%	陕建政发（1993）483 号 陕建政发（1995）389 号
6. 新型墙体材料专项费用	平方米	6 元/m^2	陕政发（1998）60 号 陕政办发（2003）74 号
7. 散装水泥专项资金	平方米	1.5 元/m^2	市政办发（2003）6 号
8. 工程勘察设计资格审查发证费	元/次	甲乙级 300；丙丁级 250；申报费 20	国家物价局、财政部价费字[1992]641 号

3. 基础设施建设费

基础设施建设费也称室外工程费，是指建筑物 2 米以外和项目用地规划红线以内的工程管线建设费用、与市政设施的接口费用以及其他室外工程费用等，主要包括：

（1）供水、排水、排污、燃气、热力等基础设施管线的工程建设费用。可按估算工程量参照有关计价指标或结合类似工程经验进行估算。

（2）上述设施与市政管网的接口费用。市政接口费用一般要根据项目自身规模所需要的负荷以及项目所在地的具体情况，与当地供水、供热、燃气等部门进行专门的协商。

（3）道路、绿化、供电（如变压器、高压柜、低压柜、发电机、电缆等）、路灯、围墙、环卫、安防等设施的工程建设费用，上述费用一般可按估算工程量参照有关计价指标或结合类似工程经验进行估算。目前，一些城市如西安等还发生电力间隔费，作为用电户需要专线供电时从变电站（或开闭所）引接电源，占用专用间隔所缴纳的费用，而一些省市如海南省等已经将其取消。

（4）基础设施建设费中应当考虑项目建成后是否需要开闭所、换热站等投资，其与项目规模、负荷、周边相关设施情况等有关，可参考有关计价指标或结合类似工程经验进行估算。

4. 建筑安装工程费

建筑安装工程费是指建造房屋建筑物所发生的建筑工程费用、设备购置费用和安装工程（给排水、电气照明及设备安装、空调通风、弱电设备及安装、电梯及安装、其他设备及安装等）费用。在可行性研究阶段，建筑安装工程费用估算可以采用单元估算法、单位指标估算法、工程量近似匡算法、概算指标估算法、概预算定额法，也可以根据类似工程经验进行估算。具体估算方法的选择应视基础资料的可取性和费用支出的情况而定❶。

(1) 单元估算法：以基本建设单元的综合投资乘以单元数得到项目或单项工程的总投资。如宾馆的投资估算可以按每间客房的综合投资乘以总客房数量；一家医院的投资估算可以按每张病床的综合投资乘以病床数等。

(2) 单位指标估算法：以单位工程量的综合投资乘以工程量得到项目或单项（单位）工程的总投资。比如可以按照每平方米综合造价乘以总建筑面积得到住宅项目的总投资；土石方工程的单位投资乘以土方量得到土石方工程投资等。

(3) 工程量近似匡算法：类似于工程概预算的方法，先近似匡算工程量，配以相应的概预算定额单价以及取费标准，近似计算项目投资；或者近似匡算工程量清单中的工程量乘以综合单价计算建筑安装工程费。

(4) 概算指标估算法：以建筑面积或体积为基本计量单位，采取概算指标进行估算。

5. 公共配套设施建设费（附属工程费）

公共配套设施建设费是指居住小区内为居民服务配套建设的各种非营利性的公共配套设施（又称公建设施）的建设费用，主要包括：居委会、派出所、托儿所、幼儿园、公共厕所、停车场等，可根据估算工程量参照有关计价指标进行估算，或按规划指标根据类似工程经验进行估算。

6. 开发间接费用

开发间接费用是指房地产开发企业所属独立核算单位在开发现场组织管理所发生的各项费用。主要包括：工资、福利费、折旧费、修理费、办公费、水电费、劳动保护费、周转房摊销和其他费用等。可按估算工作量或按开发企业管理费的一个百分比进行估算。

当开发企业不设立现场机构，由开发企业定期或不定期派人到开发现场组织开发建设活动时，所发生的费用可直接计入开发企业的管理费用。

7. 管理费

管理费用是指房地产开发企业的管理部门为组织和管理房地产项目的开发经营活动而发生的各项费用。主要包括：人员工资、员工福利费、办公费、差旅费、折旧费、修理费、开办费摊销、业务招待费、工会经费、职工教育经费、劳动保险费、待业保险费、董事会费、法律咨询费、审计费、诉讼费、排污费、绿化费、房地产税、车船使用税、土地使用税、技术转让费、技术开发费、无形资产摊销等。

管理费一般按照项目投资的一个百分比进行估算，根据项目类型和特点不同而不同。调研统计数据表明，单独项目开发的管理费基本维持在 $2\%\sim4\%$ 之间。如果一个房地产开发企业同时开发几个房地产项目，管理费用应在各个项目间合

---

❶参见房地产开发项目经济评价方法，中华人民共和国建设部发布，中国计划出版社，2000。

理分摊，其管理费也相应有所下降。

8. 销售费用

销售费用是指房地产开发企业在销售房地产产品过程中发生的各项费用，以及专设销售机构或委托销售代理的各项费用。包括销售人员工资、福利费、广告宣传费、销售现场以及样板房装修、销售人员培训费用、差旅费，销售机构的折旧费、修理费、物料消耗费以及销售许可证申领费等。

值得注意的是，上述费用中不包含常见的开发商自行销售时的销售提成或委托代理销售时的销售代理费（也称销售佣金）。销售提成或销售代理费的产生是基于销售收入的实现，只有实现销售收入的情况下才支付该笔费用，而开发商不必为此支出筹措资金，因此不计入项目总投资，而在销售税费环节予以扣除，财务评价时在辅助报表中的销售收入与税金及附加计算表中体现。

在开发项目的销售费用估算中，应当特别关注广告宣传费、销售现场以及样板房装修等费用，上述占项目销售支出的比重较大，具体估算视项目情况而定。根据房地产开发项目统计数据表明，目前房地产公司销售费用基本维持在销售收入的3％～5％左右，视公司与项目具体情况而不同。

9. 不可预见费

不可预见费也即预备费中的基本预备费，根据房地产项目的复杂程度和前述各项费用估算的准确程度而有所不同。一般类型房地产项目的建筑设计与施工技术都比较成熟，根据近期工程实践统计数据，不可预见费可按上述各项费用之和的2％～5％进行估算。

而对于预备费中的涨价预备费可结合当地物价上涨指数进行估算，一般在建筑安装工程费用中通过合同价款予以考虑，在建设投资估算中就不再重复估算。

10. 税费

房地产项目投资估算应考虑开发过程中所必须负担的各种税金以及向其他部门规定交纳的费用。如固定资产投资方向调节税、城镇土地使用税、土地购置契税、房产税、所得税、土地增值税等。各项税费应根据国家有关规定进行估算，目前房地产项目的固定资产投资方向调节税暂按零税率计征。财务评价时，土地购置契税一般计入土地费用中。

关于土地增值税目前采取预征方式，即按销售收入乘以预征率，例如从2008年1月1日起，广州市开始实行新的土地增值税预征率标准，房地产开发项目土地增值税预征率调整为：普通住宅1％；其他商品房2％；经济适用住房（含解困房）和限价商品住宅不实行预征。因此，财务评价时土地增值税可在销售收入和销售税金及附加表中予与考虑。

11. 其他费用

其他费用主要包括施工图设计审查费、工程交易服务费、各项检测费用、施工噪声及排污费、工程监理费、工程保险费、施工执照申领费等。个别项目由于施工场地不够，还会发生临时用地费和临时建设费等。

上述费用中，一些属于规费，例如工程交易服务费、施工噪声及排污费、施工执照申领费等，其估算参照项目所在地有关部门规定执行。

而一些费用具有一定的市场特性，应当结合市场因素进行估算。如工程监理费可按所监理工程（如建安工程、室外工程、附属工程）费用之和的一个百分比估算，一般要考虑市场调节因素。工程保险费要根据项目特点和与保险公司谈判等情况而定。施工图设计审查主要由具有审查资质的设计机构承担，费用向其交纳，应结合各地有关规定并结合市场因素进行估算。检测费用主要由具有检测资质的机构承担，根据所检测项目的内容和性质，参考市场因素进行估算。

一些城市曾经单独收取的消防设施、集中供热等设施建设费用都已包含在前面所述的城市基础设施建设配套费中，不再另行计取。

12. 建设期利息

建设期利息系指筹措债务资金时在建设期内发生并计入项目总投资的利息，包括银行借款和其他债务资金的利息，以及其他融资费用。其他融资费用是指某些债务融资中发生的手续费、承诺费、管理费、信贷保险费等融资费用，一般情况下应将其单独计算并计入建设期利息❶，在 2000 年出版的《房地产开发项目经济评价方法》中上述并称为财务费用。

建设期利息等，计入项目总投资；而建设期外即经营期发生的利息等计入项目开发总成本❷。

计算建设期利息时应根据融资不同情况选择名义年利率或有效年利率，采用复利计算时参照本书 7.4.2 节利息计算方法。融资中间费用视具体项目融资情况而定。

7.3.2 招标、拍卖、挂牌方式下的土地价格测算

2007 年 11 月 1 日开始施行的《中华人民共和国城镇土地使用权出让和转让暂行条例》规定：工业、商业、旅游、娱乐和商品住宅等经营性用地以及同一宗地有两个以上意向用地者的，应当以招标、拍卖或者挂牌方式出让。前面所述的工业用地包括仓储用地，但不包括采矿用地。

在我国现行情况下，政府开展土地使用权有偿出让的地块，主要是房地产开发用地，它可能是熟地，也可能是毛地或生地，目前以熟地居多。土地价格测算有市场法、成本法、收益法、假设开发法和长期趋势法等多种方法，这里对招标、拍卖、挂牌方式下的土地价格测算中常用的假设开发法进行介绍。

---

❶ 参见建设项目经济评价方法与参数（第三版），国家发改委与建设部发布，2006。
❷ 参见建设项目经济评价方法与参数（第三版），国家发改委与建设部发布，2006。

假设开发法,也称为剩余法、预期开发法、开发法,是预测估价对象开发完成后的价值和后续开发建设的必要支出及应得利润,然后将开发完成后的价值减去后续开发建设的必要支出和应得利润来求取估价对象价值的方法。

1. 假设开发法估价的操作步骤

运用假设开发法估价一般分为以下6个步骤进行:(1)调查、了解待开发房地产的状况;(2)选择最佳的开发利用方式,确定开发完成后的房地产状况;(3)估算后续开发经营期;(4)预测开发完成后的房地产价值;(5)预测后续开发建设的必要支出和应得利润;(6)进行具体计算,求出待开发房地产的价值。

2. 假设开发法的基本公式

针对不同的土地开发深度和房地产开发的未来形态,在生地、毛地、熟地上进行房地产开发时运用到的假设开发法公式的内涵是有一定差别的,下面是假设开发法最基本的公式:

待开发房地产价值=开发完成后的房地产价值-后续开发成本-管理费用-销售费用-投资利息-销售税费-开发利润-取得待开发房地产的税费

3. 运用现金流量折现法和传统方法的区别

房地产的开发周期一般较长,其土地取得成本、开发成本、管理费用、销售费用、销售税费、开发完成后的房地产价值等发生的时间不尽相同,特别是大型的房地产开发项目。因此,运用假设开发法估价必须考虑资金的时间价值。但考虑资金的时间价值有以下两种方式:一是采取折现的方式,即现金流量折现法;二是采取计算投资利息的方式,即传统方法。

现金流量折现法和传统方法主要有以下3个方面的区别:

(1)对开发完成后的房地产价值、开发成本、管理费用、销售费用、销售税费等的测算,在传统方法中主要是根据估价时点(通常为现在)的房地产市场状况作出的,即它们基本上是静止在估价时点时的金额;而在现金流量折现法中,是模拟开发过程,预测它们在未来发生时的金额,即要进行现金流量预测。

(2)传统方法不考虑各项支出、收入发生的时间不同,即不是将它们折算到同一时间上的价值,而是直接相加减,但要计算投资利息,计息期通常到开发完成时止,即既不考虑预售,也不考虑延迟销售;而现金流量折现法要考虑各项支出、收入发生的时间不同,即首先要将它们折算到同一时间点上的价值(直接或最终是折算到估价时点上),然后再相加减。

(3)在传统方法中投资利息和开发利润都单独显现出来,在现金流量折现法中这两项都不单独显现出来,而是隐含在折现过程中。所以,现金流量折现法要求折现率既包含安全收益部分(通常的利率),又包含风险收益部分(利润率)。这样处理是为了与投资项目评估中的现金流量分析的口径一致,便于比较。

【例7-1】 某2000亩的成片荒地,适宜进行"五通一平"的土地开发后分块有偿转让；可转让土地面积的比率为75%；附近地区与之位置相当的小块"五通一平"熟地的单价为260万元/亩；项目开发期为3年；将该成片荒地开发成"五通一平"熟地的开发成本、管理费用等费用为30万元/亩；贷款年利率为8%；土地开发的年利润率为10%；当地土地转让中卖方需要缴纳的营业税等税费为转让价格的6%，买方需要缴纳的契税等税费为转让价格的4%。请采用传统方法测算该成片荒地的总价和单价。

【解】 设该成片荒地的总价为V：
开发完成后的熟地总价值＝260×2000×75%
  ＝390000（万元）
开发成本及管理费用等费用总额30×2000＝60000（万元）
投资利息总额＝(V+V×4%)×[(1+8%)³−1]＋60000×[(1+8%)^{1.5}−1]
  ＝0.27V+7342（万元）
转让开发完成后的熟地的税费总额＝390000×6%＝23400（万元）
土地开发利润总额＝(V+V×4%)×3×10%＋60000×1.5×10%
  ＝0.312V+9000（万元）
购买该成片荒地的税费总额＝V×4%＝0.04V（万元）
V＝390000−60000−(0.27V+7342)−23400−(0.312V+9000)−0.04V
V＝178951（万元）
该片荒地总价＝178951（万元）
该片荒地单价＝178951/2000＝89.48（万元/亩）

【例7-2】 某宗10亩的"七通一平"熟地，最佳开发用途为写字楼，容积率为2.5；土地使用权年限为50年，从2007年11月起计。取得该宗土地后即动工开发，预计开发期为2年。各项开发费用为：建筑安装工程费为每平米建筑面积2000元，勘察设计、前期工程费以及其他工程费按建安工程费的10%计算，管理费用为以上费用的3%。以上费用在第一年需投入45%，第二年需投入55%。在第一年末需投入广告宣传等销售费用，销售费用取售价的2%，假设各年的投入集中在年中。预计项目建成时即可全部售出，售出时的平均价格为每平方米建筑面积4500元。房地产交易中卖方应缴纳的营业税等税费为交易价格的6%，买方应缴纳的契税等税费为交易价格的4%。请采用现金流量折现法测算该宗地土地在2007年11月的总价及单价（折现率为12%）。

【解】 该写字楼的总建筑面积＝10×666.67×2.5＝16666.75（m²）
开发完成后的总价值＝4500×16666.75/(1+12%)²＝5978.98（万元）

建筑安装工程费、勘察设计费、前期工程费、其他工程费和管理费：
$2000 \times 16666.75 \times (1+10\%) \times (1+3\%) \times [45\%/(1+12\%)^{0.5} + 55\%/(1+12\%)^{1.5}]$
$= 3358.33$（万元）

销售费用总额 $= (4500 \times 16666.75 \times 2\%) / (1+12\%)^{1.5} = 126.55$（万元）

销售税费总额 $= 5978.98 \times 6\% = 358.74$（万元）

设该宗土地的总价为 V，则：

购买该宗土地的税费总额 $= V \times 4\% = 0.04V$（万元）

$V = 5978.98 - 3358.33 - 126.55 - 358.74 - 0.04V$

$V = 2053.23$（万元）

所以该宗土地在 2007 年 11 月的价格为：

土地总价 $= 2053.23$（万元）

土地单价 $= 2053.23/10 = 205.32$（万元/亩）

7.3.3 房地产开发项目租售方案的制定

市场分析与预测的目的除了明确项目的市场前景外，还有一个重要的目的就是研究项目的租售方案、租金价格水平和租售收入计划，这些都是关系到项目财务可行性的重要基础数据。

租售方案的制定中，一般应包括以下几个方面的内容：

1. 确定租售方式

开发商首先需要对出租、出售还是租售并举作出选择，包括出售面积、出租面积数量及其在建筑物中的具体位置。对于住宅项目，开发商大多选择出售方式；对商用房地产项目，开发商可选择出租或租售并举。

2. 确定可租售面积及可分摊建筑面积

租售方式确定下来后，就要计算可出售面积数量、占总建筑面积比例；或可出租面积数量、占总建筑面积的比例；确定分摊面积数量及其占总建筑面积比例。

3. 安排租售进度

租售进度包括安排出售（出租）的时间进度，确定各时间段内出售（出租）面积的数量与比例。

租售进度的安排，要考虑与工程建设进度、资金投入进度、市场推广策略以及预测的市场吸纳速度等因素相协调。为此，开发商应当准备一个租售进度计划控制表，以利于租售工作按预定的计划进行。租售进度计划，应该根据市场租售实际状况，进行定期调整。

4. 确定售价（租金）水平

房地产价格的影响因素很多，因此价格是市场营销组合中十分敏感而又难以控制的因素。对开发商而言，价格直接关系到市场对房地产产品的接受程度，影响着市场需求和利润水平，涉及到开发商、购买者及代理商等各方面的利益。

  房地产项目价格的制定，可以采用市场比较法、成本法、收益法等方法进行估价，实践中多采用市场比较法进行，根据竞争楼盘的价格特征，结合所开发项目的特点进行相关因素修正得来。

5. 编制租售计划表

  租售计划表的主要内容包括销售（出租）面积实现计划与销售（出租）收入实现计划。租售计划表的编制没有一个固定的格式，可以根据实际情况进行调整。对于出售型的房地产项目收入估算内容较为简便，如表7-1所示。但是，出租型房地产项目的收入估算中涉及到的因素较多，如表7-2所示。

  上表中：潜在毛租金收入－空置和收租损失＋其他收入＝有效毛收入；

$$有效毛收入－经营费用＝净经营收入$$

  经营费用一般考虑人员费用、物业共用部位共用设施设备日常运行和维护费用、绿化养护费用、清洁卫生费用、秩序维护费用、物业共用部位共用设施设备及公众责任的保险费用、办公费用以及房产税和法律费用等。

房地产开发项目销售面积实现计划及销售收入实现计划表 表 7-1

序号	年度 项目	计算期					合计
		1	2	3	…	$n-1$	n
1	销售比例						
2	可售面积（m^2）						
3	售价（元/m^2）						
4	销售收入（万元）						

注：期间可结合项目具体情况，按年、半年、季度或月份划分。

房地产开发项目出租面积实现计划及出租收入实现计划表 表 7-2

序号	年度 项目	计算期					合计
		1	2	3	…	$n-1$	n
1	可出租建筑面积（m^2）						
2	单位租金（元/m^2）						
3	潜在毛租金收入（万元）						
4	空置及收租损失（%）						
5	其他收入（万元）						
6	有效毛租金收入（万元）						
7	经营费用（万元）						
8	净经营收入						

注：期间可结合项目具体情况，按年、半年、季度或月份划分。

7.3.4 房地产开发项目的资金筹措

1. 资金来源渠道

房地产开发项目的资金筹措是解决项目建设资金的重要工作内容,在房地产开发中占有重要的地位。目前,房地产开发项目建设资金的来源渠道常见的有资本金、预租售收入及借贷资金(较多的情况下为银行贷款)等。关于房地产开发项目的资金来源详见本书 8.2 章节。

2. 资金投放次序

一般情况下,开发项目的资金使用会按照如下次序进行:

(1) 先使用资本金,如在购买土地时一般都是使用项目资本金;

(2) 之后考虑使用预租售收入的再投入,如资本金使用完后,可以通过预售收入的再投入来安排工程建设;

(3) 如果预售收入的再投入安排之后仍然有资金缺口时,可安排使用借贷资金。

可以看出,如果预售收入实现的时间比较迟的话,就会给开发商带来较大的资金压力,而银行也往往通过预售收入实现的时间来判断项目所面临的风险程度。

3. 资金筹措计划表的编制

房地产项目应根据可能的建设进度和将会发生的实际付款时间和金额编制资金使用计划表。在房地产项目可行性研究阶段,计算期可取年、半年、季甚至月为单位,资金使用计划应按期编制。

编制资金使用计划应考虑各种投资款项的付款特点,要考虑预收款、欠付款、预付定金以及按工程进度中间结算付款等方式对编制资金使用计划的影响。可以资金使用计划和销售收入计划为基础,确定资金投入及销售收入的时点和数量,通过编制资金筹措计划表来合理安排资金。

7.4 房地产开发项目财务评价

7.4.1 财务评价的基本概念和指标体系

财务评价是根据国家现行财税制度和价格体系,分析、计算项目直接发生的财务效益和费用,编制财务报表,计算评价指标,考察项目的盈利能力、清偿能力以及外汇平衡等财务状况,据以判别项目的财务可行性。

房地产开发项目的财务状况是通过一系列财务评价指标反映出来的。财务评价指标有不同的分类方式,如可分为价值型指标(如财务净现值 $FNPV$ 等)、比率型指标(如财务内部收益率 $FIRR$ 等)、时间型指标(如投资回收期等);又可以分为盈利能力指标、清偿能力指标等。但是最常用的分类方式是静态评价指标

(不考虑资金的时间价值）和动态评价指标（考虑资金的时间价值)。

7.4.2 财务评价的主要技术经济指标

1. 静态经济评价指标

（1）静态投资回收期

静态投资回收期（P_t）是指当不考虑现金流折现时，用项目各年的净收入抵偿全部投资所需的时间。

偿还投资的来源包括净收益和折旧之和。静态投资回收期一般以年表示，如有小数可以折算到月。对房地产投资项目来说，静态投资回收期自投资起始点算起。计算公式为：

$$\sum_{t=0}^{P_t}(CI-CO)_t = 0$$

静态投资回收期可以根据财务现金流量表中累计净现金流量求得，详细计算公式为：

$$P_t = [累计净现金流量开始出现正值期数-1] + \frac{上期累计净现金流量的绝对值}{当期净现金流量}$$

判别准则：设基准投资回收期为P_c，$P_t \leqslant P_c$时，项目可以考虑接受，反之则应拒绝。

【例 7-3】 某房地产公司投资一写字楼，总投资为1000万元，投资建设期2年，假设投资为均匀投入，项目经营期为8年，每年的净利润为200万元，项目折旧为每年125万元，试确定该项目的投资回收期。如果该类型项目的投资回收期一般为8年，试对该项目的投资效果进行评价。

【解】 首先确定该项目建设期和经营期内的净现金流量：

净现金流量＝净利润＋折旧＝200＋125＝325万元

该投资项目的净现金流量以及累计净现金流量如下表所示：

项目净现金流量表 单位：万元

投资阶段	投资建设期		项目经营期							
时间	1	2	3	4	5	6	7	8	9	10
净现金流量	-500	-500	325	325	325	325	325	325	325	325
累计净现金流量	-500	-1000	-675	-350	-25	300	625	950	1275	1600

$$P_t = 6 - 1 + \frac{|-25|}{325} = 5.077（年）$$

该项目的的静态投资回收期为5.077年，小于基准投资回收期，因此，该项目的投资效果比较好。

（2）成本利润率

成本利润率（RPC），指开发利润占总开发成本的比率，是初步判断房地产开发项目财务可行性的一个经济评价指标。成本利润率的计算公式为：

$$RPC = \frac{GDV - TDC}{TDC} \times 100\% = \frac{DP}{TDC} \times 100\%$$

式中　RPC——成本利润率；
　　　GDV——项目总开发价值；
　　　TDC——项目总开发成本；
　　　DP——开发商利润。

在计算项目总开发价值时，如果项目全部销售，则等于扣除销售税金后的净销售收入；当项目用于出租时，为项目在整个持有期内所有净经营收入的现值累计之和；项目总开发成本，是房地产开发项目在开发经营期内实际支出的成本，一般包括项目总投资与建设期之外的财务费用，项目总投资的计算可以参考本书7.3.1节内容。

判别准则：成本利润率超过目标利润率时，认为项目在经济上是可以接受的。

【例 7-4】　某房地产开发商以 330 万元/亩的价格获得了一宗占地面积为 4.5 亩的土地，拟建一栋商住混合楼，容积率为 3.5，建筑覆盖率为 55%，楼高 16 层，1 至 3 层为商铺（建筑面积均相等），4 至 16 层为住宅（均为标准层），建造成本为 2000 元/m²，专业人员费用为建造成本的 5.0%，行政性收费等其他费用为 300 万元，管理费按土地成本、建造成本、专业人员费用和其他费用之和的 3.0% 计取，市场推广费、销售代理费和销售税费分别为销售收入的 1.0%、2.0% 和 6.5%，预计建成后销售均价 6800 元/m²。项目开发期为 3 年，其中，准备期一年，建造期为 2 年，地价于开始时一次性投入，建造成本、专业人员费用、其他费用和管理费用在建造期内均匀投入；年贷款率为 8%，按季度计息，融资费用为贷款利息的 10%。试计算项目的总建筑面积、标准层每层建筑面积和开发商成本利润率分别是多少？

【解】　1. 项目总开发价值
（1）项目总建筑面积：$4.5 \times 666.67 \times 3.5 = 10500.05$（m²）
（2）标准层每层建筑面积：
　　　$(10500.05 - 4.5 \times 666.67 \times 55\% \times 3)/13 = 426.96$（m²）
（3）项目总销售收入：$10500.05 \times 6800 = 7140.04$（万元）
（4）销售税费：$7140.04 \times 6.5\% = 464.10$（万元）
（5）项目总开发价值：$7140.04 - 464.10 = 6675.93$（万元）

2. 项目总开发成本
（1）土地成本：$330 \times 4.5 = 1485.00$ 万元
（2）建造成本：$10500.04 \times 2000 = 2100.01$（万元）

(3) 专业人员费用（建筑师，结构，造价，机电，监理工程师等费用）：

$$2100.01 \times 5.0\% = 105.00（万元）$$

(4) 其他费用：300.00 万元

(5) 管理费：

$$(1485.00 + 2100.01 + 105.00 + 300.00) \times 3.0\% = 119.70（万元）$$

(6) 财务费用

①土地费用利息：$1485.00 \times [(1+8\%/4)^{3 \times 4} - 1] = 398.34$（万元）

②建造费用、专业人员费用、其他费用、管理费用利息：

$$(2100.01 + 105.00 + 300.00 + 119.70) \times [(1+8\%/4)^{(2/2) \times 4} - 1]$$
$$= 216.36（万元）$$

③融资费用：$(398.34 + 216.36) \times 10\% = 61.47$（万元）

财务费用总计：$398.34 + 216.36 + 61.47 = 676.17$（万元）

(7) 市场推广及销售代理费用：

$$7140.04 \times (1.0\% + 2.0\%) = 214.20（万元）$$

(8) 项目开发成本总计：

$$1485.00 + 2100.01 + 105.00 + 300.00 + 119.70 + 676.17 + 214.20$$
$$= 5000.08（万元）$$

3. 开发商利润：$6675.93 - 5000.08 = 1675.85$（万元）

4. 开发商成本利润率：$(1675.85/5000.08) \times 100\% = 33.52\%$

(3) 投资利润率

投资利润率又称为投资收益率或投资效果系数，是指项目经营期内一个正常年份的年利润总额与项目总投资的比率，它是考察项目单位投资盈利能力的静态指标。对于出租经营性房地产项目的评价，特别是对经营期内各年的利润变化幅度较大的项目，应计算经营期内年平均利润总额与项目总投资的比率，计算公式为：

$$投资利润率 = \frac{年利润总额或年平均利润总额}{项目总投资} \times 100\%$$

年利润总额＝经营收入（含销售、出租、自营）－经营成本－运营费用－销售税金，销售税金＝营业税＋城市维护建设费＋教育费附加。

判别准则：投资利润率≥行业平均投资利润率时，认为项目在经济上是可以接受的。

投资利润率易于理解，使用简单、方便，并且考虑了投资寿命期内所有年份内的收益。但其没有考虑时间价值，不能真实反映投资报酬的高低。

在房地产开发的具体实践中，往往对开发销售型的项目也计算投资利润率，采用投资利润率＝利润总额/项目总投资，实践中常常这样计算。但是严格上讲，这样的理解是不正确的。该指标适用于开发后用于经营的项目，例如酒店等。

【例 7-5】 某房地产公司投资一写字楼，总投资为 1000 万元，投资建设期 2 年，项目经营期为 15 年，每年的净利润为 200 万元，试确定该项目的投资利润率。

【解】 投资利润率＝200÷1000×100％＝20％

即，该项目的投资利润率为 20％。

2. 动态经济评价指标

（1）财务内部收益率

财务内部收益率（FIRR）是指项目在整个计算期内，各年净现金流量现值累计之和等于零时的折现率。FIRR 是评价项目盈利性的基本指标。这里的计算期，对房地产开发项目而言是指从购买土地使用权开始到项目全部售出为止的时间。FIRR 的计算公式为：

$$\sum_{t=0}^{n}(CI-CO)_t(1+FIRR)^{-t}=0$$

式中　　CI——现金流入量；

　　　　CO——现金流出量；

$(CI-CO)_t$——项目在第 t 年的净现金流量；

　　$t=0$——项目开始进行的时间点；

　　　n——计算期，即项目的开发和经营周期（年、半年、季度或月）。

在一般情形下，求解上述公式需要解高阶的方程，求解过程比较复杂，并且，当项目的现金流量的符号出现变化时，内部收益率可能不止一个。在实际工作中，求解内部收益率可以通过一些简化方法来进行。具体计算中，财务内部收益率可以通过内插法求得，内插法公式为：

$$FIRR=i_1+\frac{|NPV_1|(i_2-i_1)}{|NPV_1|+|NPV_2|}$$

式中　i_1——当净现值为接近零的正值时的折现率；

　　　i_2——当净现值为接近零的负值时的折现率；

　NPV_1——采用低折现率时的净现值的正值；

　NPV_2——采用高折现率时的净现值的负值。

为了使 i_1 所对应的 NPV_1、i_2 所对应的 NPV_2 之间的连线接近于线性关系，避免求得的内部收益率失真，一般要求上式中 i_1 与 i_2 之差不超过 2％，如图所示。内部收益率表明了项目投资所能支付的最高贷款利率，如果贷款利率高于内部收益率，项目投资就会面临亏损。

判别准则：将所求出的内部收益率与行业基准收益率或目标收益率 i_c 比较，当 $FIRR\geq i_c$ 时，则认为项目在财务上是可以接受的。如 $FIRR<i_c$，则

项目不可以接受。

内部收益率指标考虑了资金的时间价值，并且内部收益率不需要首先确定所要求的报酬率，该指标还可以表示投资项目的内在收益率，从而反映投资效率高低。但是，内部收益率不能直观地显示项目投资获利数额的大小，相对计算较为复杂，并且当现金流量不是常规模式时，一个投资项目可能有多个内部收益率。

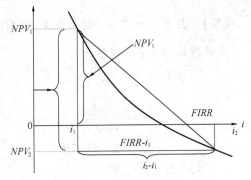

图　计算 IRR 的试算内插法图示

(2) 财务净现值

财务净现值（NPV）是指按设定的折现率（行业的基准收益率或设定的目标收益率 i_c），将项目寿命期内每年发生的现金流量折现到建设期初的现值之和，这是房地产开发项目进行动态经济评价的重要指标之一。

基准折现率是经济评价中最重要的参数之一，是投资者对资金时间价值的最低期望值。它不仅取决于资金来源的构成，而且还取决于项目未来风险的大小和通货膨胀率的高低。

财务净现值的计算公式为：

$$FNPV = \sum_{t=0}^{n} (CI - CO)_t (1 + i_c)^{-t}$$

式中　$FNPV$——项目在起始时间点的财务净现值；
　　　i_c——基准收益率或设定的目标收益率。

判别准则：如果 $FNPV \geq 0$，说明项目的获利能力超过或达到基准收益率的要求，财务上是可以接受的；如果 $FNPV < 0$，则项目不可接受。

在对不同的项目进行比较时，对于初始投资相等的不同投资项目，选择 $FNPV$ 最大的为最优，当不同方案的初始投资不同时，$FNPV$ 最大不能成为决策选优的依据。

【例 7-6】　已知某投资项目的净现金流量如下表所示。如果投资者目标收益率为 12%，求该投资项目的财务净现值。

单位：万元

年　份	0	1	2	3	4	5
现金流入量		500	500	500	500	500
现金流出量	1500					
净现金流量	-1500	500	500	500	500	500

【解】因为 $i_c = 12\%$,利用公式 $FNPV = \sum_{t=0}^{n}(CI-CO)_t(1+i_c)^{-t}$

则该项目的财务净现值为:

$$FNPV = -1500 + \frac{500}{(1+12\%)^1} + \frac{500}{(1+12\%)^2} + \frac{500}{(1+12\%)^3}$$
$$+ \frac{500}{(1+12\%)^4} + \frac{500}{(1+12\%)^5}$$
$$= 302.39(万元)$$

(3) 动态投资回收期

动态投资回收期(P'_t),是指当考虑资金的时间价值即现金流折现时,项目以净收益抵偿全部投资所需的时间。对房地产投资项目来说,动态投资回收期自投资起始点算起,累计净现值等于零或出现正值的年份即为投资回收终止年份,其计算公式为:

$$\sum_{t=0}^{P'_t}(CI-CO)_t(1+i_c)^{-t} = 0$$

动态投资回收期更为实用的计算公式为:

$$P'_t = (累计贴现值开始出现正值的年数 - 1)$$
$$+ \left(\frac{上期累计净现金流量现值的绝对值}{当期净现金流量现值}\right)$$

判别准则:在项目财务评价中,动态投资回收期 P'_t 与基准回收期 P_c 相比较,如果 $P'_t \leq P_c$,则开发项目在财务上是可以接受的。

动态投资回收期指标一般用于评价开发完结后用来出租或自营的房地产开发项目,也可用来评价置业投资项目。

【例 7-7】已知某投资项目的净现金流量如下表所示。求该投资项目的财务内部收益率;如果投资者目标收益率为 12%,求该投资项目的动态投资回收期。

单位:万元

年 份	0	1	2	3	4	5
现金流入量		400	400	500	350	300
现金流出量	1100					
净现金流量	−1100	400	400	500	350	300

【解】:

年 份	0	1	2	3	4	5
现金流入量		400.00	400.00	500.00	350.00	300.00
现金流出量	1100.00					
净现金流量	−1100.00	400.00	400.00	500.00	350.00	300.00

续表

年 份		0	1	2	3	4	5
NPV_1 ($i_1=23\%$)	折现值	−1100.00	325.20	264.39	268.69	152.91	106.56
	累计折现值	−1100.00	−774.80	−510.40	−241.71	−88.80	17.76
NPV_2 ($i_2=24\%$)	折现值	−1100.00	322.58	260.15	262.24	148.04	102.33
	累计折现值	−1100.00	−777.42	−517.27	−255.03	−106.99	−4.66
NPV ($i_c=12\%$)	折现值	−1100.00	357.14	318.88	355.89	222.43	170.23
	累计折现值	−1100.00	−742.86	−423.98	−68.09	154.34	324.57

(1) 当 $i_1=23\%$ 时，$NPV_1=17.76$ 万元

(2) 当 $i_2=24\%$ 时，$NPV_2=-4.66$ 万元

(3) 所以，$FIRR = i_1 + \dfrac{|NPV_1| \times (i_2-i_1)}{|NPV_1+|NPV_2||}$

$= 23\% + [17.76 / (17.76+4.66)] \times 1\%$

$= 23.79\%$

(4) 因为项目在第 4 年累计净现金流量现值出现正值，所以：

$P'_t = $ [累计净现金流量现值开始出现正值期数−1]

× [上期累计净现金流量现值的绝对值/当期净现金流量现值]

$= (4-1) + 68.09 / 222.43$

$= 3.31$ 年

3. 清偿能力分析

清偿能力分析主要考虑计算期内各年财务状况及偿还能力。

(1) 利息计算

按年计算时，为简化计算，假定借款发生当年均在年中支用，按半年计息，其后年份按全年计息；还款当年按年末偿还，按全年计息。每年应计利息的近似计算公式为：

$$\text{每年应计利息} = \left(\text{年初借款本息累计} + \frac{\text{本年借款额}}{2}\right) \times \text{贷款利率}$$

在房地产开发融资实践中，常采用的还本付息的方式有：

①利息照付，余额还本：分期归还应计累计利息，本金视付息后的还本付息资金余额而归还；

②等额还本利息照付：规定期限内分期归还等额本金和各期应计利息；

③等额还本付息：在规定期限内分期等额摊还本金和利息。

此外，还可以采用其他一些计算方法，如一次还本利息照付法：借款期间每期仅支付当期利息而不归还本金，最后一期归还全部本金并支付当期利息；期末一次性偿付法：借款期末一次偿付全部本金和利息；任意法：借款期内任意偿还

本息，到期末全部还清。

【例 7-8】 某房地产项目，建设期为 3 年，在建设期第一年贷款 3000 万元，第二年贷款 4000 万元，第三年贷款 3000 万元，年利率为 7%，计算该项目建设期贷款利息。

【解】 建设期各年利息计算如下：

第一年借款额：3000 万元

第一年贷款利息：$\dfrac{3000}{2} \times 7\% = 105.00$ 万元

第二年贷款利息：$(3105 + \dfrac{4000}{2}) \times 7\% = 357.35$ 万元

第三年贷款利息：$(7462.35 + \dfrac{3000}{2}) \times 7\% = 627.36$ 万元

建设期末累计贷款利息为 1089.71 万元。

(2) 借款偿还期

固定资产投资国内借款偿还期（简称为借款偿还期），是指在国家财政规定及项目具体财务条件下，以项目可用于还款的资金来偿还固定资产投资国内借款本金和建设期利息所需用时间。其中可用于还款的资金来源包括项目经营期内可用于还款的利润、折旧、摊销及其他还款资金等。

借款偿还期指标适用于那些不预先给定借款偿还期限，且按最大偿还能力计算还本付息的项目，它不适用于那些预先给定借款偿还期的项目，因此本指标适用于开发后用于出租经营的项目评价。

借款偿还期 = 借款偿还后开始出现盈余年份数 − 开始借款年份
　　　　　　+ 当年偿还借款额 / 当年可用于还款金额

当借款偿还期满足借款机构的要求期限时，即认为项目具有清偿能力。

【例 7-9】 某房地产开发项目在第 2 年投资时开始运用银行贷款，第 8 年时开始出现借款偿还盈余，贷款利率为 8%，各年还款情况如下表所示，假设银行要求的还款期限为 8 年，试计算项目的借款偿还期并判断其清偿能力。

单位：万元

序号	年度 / 项目	计算期							
		1	2	3	4	5	6	7	8
1	借款还本付息								
1.1	年初本息余额		0	520	1186	1904	2889	2320	1506
1.2	本年借款		500	600	600	800	0	0	0
1.3	本年应付利息		20	66	119	184	231	186	120
1.4	本年还本利息						800	1000	1626

续表

序号	年度 项目	计算期							
		1	2	3	4	5	6	7	8
1.4.1	本年本金偿还						180	814	1506
1.4.2	本年利息支付						620	186	120
2	还本资金来源						800	1000	2000
2.1	利润						800	1000	2000
3	偿还本金后余额								374

【解】借款偿还期＝借款偿还后开始出现盈余年份数－开始借款年份

＋当年偿还借款额/当年可用还款金额

＝8－2＋1626/2000

＝6.81（年）

因为 6.81＜8 年，故就该指标来看，项目清偿能力满足要求。

7.4.3 房地产开发项目财务评价报表的编制

1. 财务评价基本程序

房地产开发项目财务评价是在市场调查和项目开发方案的基础上，通过测算财务基础数据，编制财务基本报表，计算财务评价指标，考察和分析项目的盈利能力和清偿能力，据此判断项目的财务可行性，为投资决策、融资决策以及银行审贷提供依据。财务评价报表分为辅助财务报表和基本财务报表，其基本程序如下：

（1）测算财务基础数据，编制辅助财务报表。根据项目市场调查和分析、当地房地产价格体系及财税制度，并结合项目开发方案，估算项目总投资额、租售收入及税金等一系列基础数据，并将得到的基础数据编制成辅助财务报表，如总投资估算表、资金筹措与使用计划表、销售收入与税金及附加估算表、借款还本付息计算表等。在财务评价中，辅助报表是编制基本报表的基础。

（2）编制基本财务报表。根据基本财务报表和辅助财务报表之间存在着的内在对应关系，可通过辅助财务报表编制基本财务报表，如资金来源与运用表、损益表、项目现金流量表和资本金现金流量表等。

（3）财务评价指标的计算与评价。根据基本财务报表，计算项目的盈利和清偿能力评价指标，并分别与对应的经济评价参数进行比较，对各项财务指标作出评价并得出结论。

（4）不确定性与风险分析。项目经济评价所采用的数据大部分来自预测和估算，具有一定程度的不确定性，为分析不确定性因素变化对经济评价指标的影响，估计项目可能承担的风险，应进行风险与不确定性分析，提出项目风险的预警、预报和相应的对策，为投资决策服务。不确定性分析主要包括盈亏平衡分析和敏感性分析，风险分析主要运用概率分析法等进行分析，以此计算项目的盈亏平衡点、敏感性因素以及项目影响因素发生风险的可能性。

2. 财务评价辅助报表的编制

财务评价报表是进行开发项目动态和静态计算、分析和评价的必要报表。下面以开发销售型的房地产项目为例，对辅助财务报表的编制进行介绍。

（1）总投资估算表

项目总投资包括开发建设投资、建设期利息、流动资金❶，其中开发建设投资主要包括土地费用、前期工程费与城建费用、小区基础设施建设费、建筑安装工程费、公共设施配套费用、开发间接费用、管理费、销售费用、其他费用、开发税费、不可预见费用等；建设期利息系指筹措债务资金时在建设期内发生并计入项目总投资的利息；流动资金是指运营期内长期占用并周转使用的营运资金。对于开发销售模式下的房地产开发项目，所投入的开发建设资金本质上属于流动资金性质，不用再另行估算流动资金。而开发后用于出租或自营的项目，其流动资金与一般的工业项目概念相同。

开发销售型的房地产开发项目总投资估算如表 7-3 所示。

总 投 资 估 算 表　　　　单位：万元　表 7-3

序号	项目	金额	序号	项目	金额
1	土地费用		8	销售费用	
2	前期工程费与城建费用		9	其他费用	
3	基础设施建设费		10	开发税费	
4	建筑安装工程费		11	不可预见费用	
5	公共设施配套费用		12	建设期利息	
6	开发间接费用		13	总投资	
7	管理费				

（2）销售收入和销售税金及附加表

销售收入和销售税金及附加表反映了项目实现销售收入的状况。在该表中，销售收入减去各种税金后即可得到净销售收入，各种税金包括销售税金及附加（包括营业税、城市维护建设税、教育费附加）、土地增值税等税金。

如本书 7.3.1 节所述，财务评价中，对于自行销售中的销售提成或委托代理时的销售代理费（以下统称销售佣金）的处置原则：上述费用的产生是基于销售收入的实现，只有实现销售收入的情况下才支付该笔费用，开发商不必为此支出筹措资金，因此不将其计入项目总投资，而在销售税费环节予以扣除，计算时可以在下表中体现。

---

❶ 参见建设项目评价方法与参数（第三版），国家发改委和建设部发布，中国计划出版社，2006。

销售收入和销售税金及附加表　　　单位：万元　　表 7-4

序号	年度 项目	计算期					合计
		1	2	3	…	$n-1$	n	
1	销售收入							
2	销售税金及附加							
2.1	营业税							
2.2	城市维护建设税							
2.3	教育费附加							
3	土地增值税等							
4	销售佣金							
5	净销售收入							

(3) 投资计划与资金筹措表

在总投资估算表的基础上，根据项目的实施进度、各期需要的投资额、资金筹措方案和资金使用计划，可编制投资计划与资金筹措表，该表反映了项目的动态投资过程和各期的融资状况。表中有两大项，分别为总投资和资金筹措，其中资金筹措渠道一般为资本金、银行借款和净销售收入再投入。净销售收入再投入是项目预售收入扣除各种税金后，作为开发商自有资金，投入到开发建设中，是项目融资的一个重要途径。编制该表时应注意各期资金筹措数额应等于各期投资额。

投资计划与资金筹措表　　　单位：万元　　表 7-5

序号	年度 项目	计算期					合计
		1	2	3	…	$n-1$	n	
1	总投资							
1.1	建设投资							
1.2	建设期利息							
2	资金筹措							
2.1	资本金							
2.2	净销售收入再投入							
2.3	银行借款							
2.4	建设期利息							

(4) 借款还本付息计算表

项目融资若使用有银行借款，就应编制借款还本付息计算表。该表综合反映了项目在各期的借款额、各期的借款利息以及各期还款资金来源与方式，通过该表可计算项目的借款偿还期等指标，是判断项目偿债能力的依据之一。

借款还本付息计算表　　　　　单位：万元　　表 7-6

序号	年度　　项目	计算期						合计
		1	2	3	…	$n-1$	n	
1	借款还本付息							
1.1	年初本息余额							
1.2	本年借款							
1.3	本年应付利息							
1.4	本年还本利息							
1.4.1	本年本金偿还							
1.4.2	本年利息支付							
2	还本付息资金来源							
2.1	未分配利润							
3	偿还本金后余额							

按照现行财务制度规定，还本付息资金来源主要有：未分配利润、折旧和摊销等。在开发销售型房地产项目计算中，采用的是未分配利润；而对于开发后用于出租或自营的项目，投资形成固定资产，还款资金来源中还包含折旧和摊销等。

3. 财务评价基本报表的编制

通过财务评价基本报表，可以计算反映项目盈利能力的主要财务评价指标，如财务净现值（$FNPV$）、财务内部收益率（$FIRR$）等。下面以开发销售型的房地产项目为例，对辅助财务报表的编制进行介绍。

(1) 现金流量表

现金流量表是根据项目在计算期内各年的现金流入和现金流出，计算各年净现金流量的财务报表，通过现金流量表可以计算财务内部收益率、财务净现值以及投资回收期等指标，分析项目财务盈利能力。现金流量表分为项目投资现金流量表和项目资本金现金流量表。

①项目投资现金流量表

项目投资现金流量表是从项目自身角度出发,不分资金来源,以项目的全部设定全部投资均为自有资金,以此计算全部投资所得税前及所得税后财务内部收益率($FIRR$)、财务净现值($FNPV$)及投资回收期(P_t)等指标,评价项目全部投资的盈利能力。如表7-7所示。

为了方便读者理解,保持表内信息传递的完整性,在本表及以下计算表中将销售收入与税金及附加计算表所包含的内容也体现出来。

房地产项目运用金融机构贷款,所产生的利息和每年的偿还贷款金额在项目现金流量表中被视为项目自有资金,并不被当成现金流出,因此,项目的现金流出为建设投资(不含建设期利息)、销售税金及附加、土地增值税、销售代理佣金和所得税等,现金流入为销售收入等,每年的现金流入减去现金流出即可得到相应的净现金流量。

项目投资现金流量表　　　　单位:万元　　表7-7

序号	年度　　项目	计算期					合计
		1	2	3	…	$n-1$	n	
1	现金流入							
1.1	销售收入							
2	现金流出							
2.1	建设投资							
2.2	销售税金及附加							
2.3	土地增值税等							
2.4	销售佣金							
2.5	所得税							
3	所得税前净现金流量							
4	所得税前累计净现金流量							

②项目资本金现金流量表

该表从投资者角度出发,以投资者的出资额作为计算基础,把借款本金偿还和利息支付视为现金流出,用以计算项目资本金财务内部收益率、财务净现值等评价指标,考察项目自有资金的盈利能力。如表7-8所示。

项目资本金现金流量表　　　　　单位：万元　表7-8

序号	项目＼年度	计算期						合计
		1	2	3	…	n−1	n	
1	现金流入							
1.1	销售收入							
2	现金流出							
2.1	资本金							
2.2	销售收入再投入							
2.3	销售税金及附加							
2.4	土地增值税等							
2.5	销售佣金							
2.6	借款本金偿还							
2.7	建设期利息							
2.8	所得税							
3	净现金流量							

站在投资者的角度时，投资者关心的是将资本金投入项目后所能获得的收益多少，因此，在资本金现金流量表中，把资本金、销售收入再投入、借款本金偿还和利息支付都作为现金流出，除此之外还有销售税金及附加、销售代理佣金、所得税等，现金流入为销售收入，每年的现金流入减去现金流出即可得到相应的净现金流量。

(2) 损益表

损益表用来反映项目计算期内各年的利润总额、所得税及税后利润的分配情况，以此计算投资利润率、投资利税率和资本金利润率等指标。损益表应结合资金筹措与使用计划表、借款还本付息表等进行编制。损益表中包括销售收入、总投资、销售税金及附加、销售佣金、利润总额、所得税、税后利润、盈余公积、应付利润和未分配利润等项目。如表7-9所示，

①利润总额的计算

净销售收入＝销售收入－销售税金及附加－土地增值税等－销售佣金

其中：销售税金及附加＝营业税＋城市维护建设税＋教育费附加

销售佣金＝销售收入×佣金比率

利润总额＝净销售收入－总投资

损 益 表　　　　　　　　单位：万元　表7-9

序号	年度 项目	计算期						合计
		1	2	3	…	n−1	n	
1	销售收入							
2	建设投资							
3	建设期利息							
4	销售税金及附加							
5	土地增值税等							
6	销售佣金							
7	利润总额							
8	累计利润							
9	所得税							
10	税后利润							
11	累计税后利润							
12	可供分配利润							
12.1	盈余公积							
12.2	应付利润							
12.3	未分配利润							
13	累计未分配利润							

②弥补亏损

房地产开发企业发生的年度亏损，可以用下一年度的所得税前利润弥补，下一年度税前利润不足弥补的，可以在五年内延续弥补；五年内不足弥补的，用税后利润弥补。

③利润分配

税后利润等于利润总额减所得税，亦即可供分配利润，可供分配利润用于盈余公积、应付利润和未分配利润。

关于盈余公积的提取：法定盈余公积金，按照税后利润扣除前项后的10%提取，法定公积金已达到注册资本的50%时可不再提取；任意盈余公积金的提取比例按公司章程或股东大会确定的比例计算；提取法定公益金，按税后利润的5%至10%提取，专门用于企业职工的集体福利设施，如兴建职工住房、理发室、浴池、托儿所等。

应付利润即为按规定应付给投资者的利润，包括对国家投资分配利润、对其他单位投资分配利润、对个人投资分配利润等。

未分配利润即为可供分配利润减盈余公积和应付利润后的余额。

(3) 资金来源与运用表

资金来源与运用表根据项目的资金来源与资金运用情况以及国家有关财税规定，反映项目计算期内各年的资金盈余或短缺情况，可以用于选择资金筹措方案，判定适宜的借款及偿还计划，还可用于计算借款偿还期。资金来源与运用表分为三大项，即资金来源、资金运用和盈余资金，它们之间的关系式为：盈余资金＝资金来源—资金运用，如表 7-10 所示。

资金来源与运用表　　　　单位：万元　　表 7-10

序号	项目＼年度	计算期						合计
		1	2	3	…	$n-1$	n	
1	资金来源							
1.1	销售收入							
1.2	资本金							
1.3	借款本金							
1.4	建设期利息							
2	资金运用							
2.1	建设投资							
2.2	建设期利息							
2.3	销售税金及附加							
2.4	销售佣金							
2.5	所得税							
2.6	借款本金偿还							
2.7	借款利息支付							
2.8	盈余公积金							
3	盈余资金							
4	累计盈余资金							

4. 财务分析及评价指标的对应关系

开发项目财务评价指标是判断项目在财务上是否具有可行性的重要依据，是衡量项目财务经济效果的尺度。根据是否考虑资金时间价值分类，可分为静态评价指标和动态评价指标。根据财务评价指标和财务基本报表，可以看出它们之间存在着一定的对应关系，如下表 7-11 所示。

财务评价指标和财务基本报表之间的对应关系表　　　表 7-11

财务分析	基本报表	财务评价指标	
		静态指标	动态指标
财务盈利能力分析	项目投资现金流量表	投资回收期	投资回收期 财务净现值 财务内部收益率
	项目资本金现金流量表		投资回收期 财务净现值 财务内部收益率
	损益表	投资利润率 投资利税率 资本金利润率	
清偿能力分析	资金来源与运用表	借款偿还期	

7.5 房地产开发项目国民经济评价

7.5.1 房地产开发项目国民经济评价概述

1. 房地产开发项目国民经济评价的概念

房地产开发项目国民经济评价，是指根据国民经济长远发展目标和社会需要，采用影子价格、影子汇率、社会折现率等国民经济评价参数，从国家整体角度考察项目的效益和费用，计算并衡量房地产开发项目对社会经济发展战略目标的实际贡献。它是从整个国民经济发展的角度来分析评价房地产开发项目需要国家付出的代价和对国家做出的贡献，是从国家宏观经济角度分析项目的微观经济效益。

2. 房地产开发项目国民经济评价与财务评价的主要区别

房地产开发项目的财务评价是其国民经济评价的基础。房地产开发项目的国民经济评价与财务评价在评价方法和评价指标形式等方面有相似之处，但这两种评价也有许多不同的地方，主要有以下几个方面：

（1）评价角度不同

财务评价是从企业角度，考察项目的微观获利，追求的经济目标是企业的盈利。国民经济评价是从国家整体角度进行宏观分析与评价，不仅考虑房地产开发项目的微观获利状况，还要考虑项目对整个国民经济的贡献。

（2）评价对象不同

财务评价只考察项目的直接效益和费用；而国民经济评价不仅要考察直接效益和费用，还要考察项目的间接效益和费用，即项目的外部效果。

(3) 评价采用的价格不同

财务评价中所采取的价格是现行价格；国民经济评价则是采用比较能反映房地产开发项目的投入物和产出物真实价格的影子价格。

(4) 评价的标准和参数不同

财务评价采用各自的评价指标（如各自的行业基准收益率），汇率采用市场汇率；国民经济评价采用社会折现率和影子汇率。

为便于比较，将国民经济评价和财务评价的主要区别列于表7-12中：

国民经济评价与财务评价的主要区别　　　　　表7-12

项目	国民经济评价	财务评价
目标	国民经济效益最大化	企业盈利最大化
出发点	国民经济	经营项目的企业
价格	影子价格	现行价格
折现率	全国统一使用的社会折现率	各部门、各行业的基准收益率或综合平均利率加风险系数
外部费用和外部效益	计入	不计入
计算指标	经济内部收益率、经济净现值	财务内部收益率、财务净现值和投资回收期等

由于存在上述区别，房地产开发项目的国民经济评价与财务评价的结果不可能完全一致，有时甚至是相互矛盾的。在处理其评价结果时可遵循以下原则：国民经济评价认为可行而财务评价认为不可行，应对项目进行优化设计或向国家提出采取相应的经济优惠措施，力争使项目的财务评价也可行；国民经济评价认为不可行而财务评价认为可行，在原则上项目是不可行的，应予以否定。

7.5.2 房地产开发项目国民经济评价的基本步骤

房地产开发项目国民经济评价采用费用—效益分析法，可以在财务评价基础上进行。

1. 第一步，进行效益和费用范围的识别。在考虑项目内部效益和费用的基础上，识别项目的外部效益和费用，对能够定量计算的进行定量计算，不能定量计算的进行定性描述，扣除已计入财务效益和费用的转移支付。

(1) 效益的识别

国民经济评价中项目的效益是指房地产项目对区域经济的贡献，分为直接效益和间接效益。

①直接效益。直接效益是指在房地产项目范围内政府能够得到的收益，一般包括下列方面：

出让国有土地使用权所得的收益；

因土地使用权转让而得到的收益税等，如土地增值税；

项目范围内的工商企业缴纳的税费，如房产税、土地使用税、车船使用税、印花税、进口关税和增值税、营业税、城市维护建设税及教育费附加、消费税、资源税、所得税等；

项目范围内城市基础设施的收益，如电费、水费、电信费等。

②间接效益。间接效益是指由房地产项目引起的、在项目直接效益中未得到反映的那部分效益。主要有增加地区就业人口、繁荣地区商贸服务、促进地区旅游业发展等带来的收益。

(2) 费用的识别

国民经济评价中项目的费用是指区域经济为项目付出的代价，分为直接费用和间接费用。

①直接费用。直接费用是指在项目范围内政府所花费的投资和经营管理费用，一般包括下列方面：征地费用、土地开发和基础设施投资费用、建筑工程和城市配套设施费用、经营管理费用等。

②间接费用。间接费用是指由项目引起的、在直接费用中未得到反映的那部分费用。主要有在项目范围外为项目配套的基础设施投资，为满足项目需要而引起的基础服务供应缺口而使区域经济产生的损失等。当基础服务（如电力）供不应求时，为满足项目需求而使区域经济产生的损失，可用该项服务的当地最高价格计算。

(3) 转移支付

转移支付是指那些既不需要消耗国民经济资源，又不增加国民经济收入，只是一种归属权转让的款项，如国内借款利息，它是由项目拿出一部分款项转付给国家的金融机构。此外，房地产开发项目的转移支付还包括税金、政府补贴等。

2. 第二步，效益和费用数值的调整。通过影子价格、影子工资、影子汇率、影子运费、影子利率等调整建设投资成本、前期费用、流动资金、销售（租赁）收入及经营费用等。

(1) 影子价格

影子价格是指在完善的市场经济条件下，资源的分配和利用达到最优状态，即供求均衡时的均衡价格。影子价格在我国也称为修正价格或经济价格。

确定房地产开发项目中的影子价格时，把项目投入物和产出物分为外贸货物和非外贸货物以及特殊投入物三种类型。不同的类型使用不同的方法。

①外贸货物。外贸货物是指房地产项目建设及投入使用过程中直接或间接影响国家进出口的货物，如某些房地产开发项目建设中需要从国外进口的钢材、石材、设备、家具等货物。

②非外贸货物。非外贸货物是指房地产项目建设或投入使用后将不影响国家进出口，只影响国内供求关系的货物。除一些"自然型"非贸易货物如建筑物、国内运输等基础设施外，还有一些是由于运输费用过高或受国内外贸易政策和其他条件限制而不能进行外贸的货物。

③特殊投入物。特殊投入物是指劳动力和土地。特殊投入物的影子价格的确定方法如下：

劳动力的影子价格。在国民经济评价中，劳动力的影子价格是用影子工资来反映的。影子工资是指社会为项目建设使用了劳动力而支付的代价，或者说，是劳动力投入于该项目而使社会为此放弃劳动力原有的效益，以及国家和社会为此而增加的资源消耗。在国民经济评价中，影子工资作为费用计入经营费用。影子工资可通过财务评价时所用的工资和福利费之和以影子工资换算系数求得，影子工资换算系数由国家统一测定发布。

土地的影子价格。土地的影子价格是指由于房地产开发项目的占用而使土地减少的收益（农业年收益、工业年收益、商业年收益等）为基础，按国际市场价格作适当调整，制定出的土地价格。在房地产开发的过程中，应根据征地情况，从实际征地费用中具体区分出以下部分费用后，再计算土地的影子价格：区分属于机会成本性质的费用，如土地补偿费、青苗补偿费等；区分新增资源消耗费用，如拆迁费、剩余劳动力安置费等；区分转移支付，如粮食开发基金、耕地占用税等。

（2）影子汇率

影子汇率是外汇的影子价格，实际上是外汇的机会成本，反映了项目的投入或产出所导致的危害减少或增加而给国民经济带来的损失或收益。在房地产开发项目国民经济评价中，凡涉及到外贸货物、外币与人民币之间的价格换算时，应采用影子汇率，并将外汇换算成人民币。影子汇率是由政府统一制定和定期调整的。

（3）社会折现率

社会折现率是资金的影子利率，是社会对资金时间价值的估值，是国民经济评价中经济内部收益率的基准值。它由国家根据在一定时期内的开发效益水平、资金机会成本、资金供求情况、合理开发规模等因素统一测定发布。适当的折现率有利于合理分配建设资金，指导资金投向对国民经济贡献大的项目，调节资金供需关系，促进资金在短期和长期建设项目之间的合理调配。

3. 第三步，编制表格并计算评价指标

将项目的全部投资（包括自有资金和借入资金）作为投资额，即编制全部投资的国民经济效益费用流量表（见表 7-13），并据此计算全部投资的经济内部收益率（$EIRR$）和经济净现值（$ENPV$）指标。

国民经济评价效益费用表　　　　　　　　表 7-13

序号	年份＼项目	建设期		销售期（经营期）					合计
		1	2	3	4	…	$n-1$	n	
1	效益流量								
1.1	销售（租赁）收入								
1.2	回收固定资产余值								
1.3	回收流动资产余值								
1.4	项目间接效益								
2	费用流量								
2.1	建设投资（全部投资）								
2.2	流动资金								
2.3	经营费用								
2.4	项目间接费用								
3	净效益流量								

计算指标：$ENPV=$
　　　　　$EIRR=$

7.6　房地产开发项目社会影响分析

7.6.1　社会影响分析的主要内容

1. 项目对区域远景规划的影响。分析项目开发是否会影响区域远景规划和对城市面貌的影响程度，以及对区域基础设施和城市化进程的影响等。

2. 项目对区域经济发展的影响。主要分析项目的开发是否能有利于整合区域市场资源、发展第三产业、加大商业繁荣程度，促进旅游业的发展，从而促进区域经济的提升。

3. 对提高人民物质文化生活及社会福利的影响。主要分析项目开发对区域居民收入、居民生活水平和生活质量的影响，以及对区域文化、教育、卫生的影响。

4. 项目对区域居民就业的影响。分析项目的开发对区域居民就业结构和就业机会的影响。以就业成本和就业密度两项指标来进行描述，并可与当地的相应指标进行比较。

　　　　就业成本＝项目开发总投资/项目范围内总就业人数
　　　　就业密度＝项目范围内总就业人数/项目占地面积

5. 项目对区域不同利益群体的影响。分析项目的开发可能使哪些群体受损，以及对受损群体的补偿措施和途径。如城中村改造项目中，容易出现大量的非自愿移民等问题，如果开发商不能提前采取措施妥善处理，就会引起社会问题发生。

6. 对环境保护和生态平衡的影响。主要针对项目开发建设给自然和生态环境带来的影响，分析项目开发是否能够为城市环境综合改善带来效益，如对美化生产生活环境、改善居住条件、美化城市面貌等方面所做的贡献。

7. 对区域科技进步的影响。主要分析项目建设能否为新技术、新材料提供应用的市场环境等，例如科技园区项目建设可以吸引大量高技术企业的入驻，从而对区域科技进步产生积极的影响；以及项目建设自身是否采用新技术、新材料，是否具有推广价值等。

8. 项目对区域少数民族风俗习惯和宗教的影响。分析项目的开发是否符合国家的民族和宗教政策，是否充分考虑了区域民族的风俗习惯、生活方式和宗教信仰，是否会引发民族矛盾、宗教纠纷，影响区域社会安定。

7.6.2 社会影响分析的步骤

对房地产项目的社会影响分析一般分为社会调查、识别社会因素和论证比选方案三个步骤。

1. 社会调查

调查了解项目所在地区的社会环境等方面的情况。调查的内容包括区域的基本情况和受影响社区的基本社会经济状况，以及在项目影响时限内可能的变化状况，如人口情况、基础设施与服务设施条件；当地的风俗习惯、人际关系；各利益群体对项目的反应、要求与接受程度等情况的变化。

2. 识别社会因素

分析社会调查获得的资料，对项目涉及的各种社会因素进行分类。一般分成三类：

（1）影响人类生活和行为的因素。如就业、收入、城市建设等；

（2）影响社会环境变迁的因素。如自然生态环境、资源综合开发利用状况、节约能源等；

（3）影响社会稳定与发展的因素。如居民的风俗习惯、宗教信仰、社区组织机构和地方管理机构等。

从这些因素中，识别与选择影响项目开发的主要社会因素，作为社会评价的重点和论证比选方案的内容之一。

3. 论证比选方案

对项目开发过程中涉及的主要社会因素进行定性、定量分析，比选出社会正面影响大、负面影响小的方案。主要步骤如下：

（1）确定评价目标与评价范围。根据项目建设的目的、功能以及国家和地区的社会发展战略，对与项目相关的各社会因素进行分析研究，确定项目评价的目标。

评价的范围，包括项目影响的空间和时间范围。空间范围是指项目所在的区域和城市；时间范围是指项目的寿命期或预测可能影响的年限。

（2）选择评价指标。根据评价的目标，选择适当的定性和定量指标。

（3）确定评价标准。在调查研究的基础上，收集项目本身及评价空间范围内社会、经济、环境等各方面的信息，并预测在评价阶段和项目建设阶段有无可能发生变化，然后确定评价的标准。

（4）进行项目评价。对能够定量计算的指标，依据调查和预测资料进行测算，并根据一定标准评价其优劣。

对不能定量计算的社会因素进行定性分析，判断各种定性指标对项目的影响程度，揭示项目可能存在的社会风险。

对若干重要的指标，特别是不利影响的指标进行深入的分析研究，制定减轻不利影响的措施，研究存在的社会风险的性质与重要程度，提出规避风险的措施，作为项目决策者的决策依据之一。

思考题

1. 可行性研究的含义、目的及作用是什么？
2. 编制可行性研究需要有哪些依据？
3. 进行可行性研究一般遵循怎样的工作程序？
4. 房地产开发项目可行性研究主要包含哪些内容？
5. 房地产开发项目投资估算一般包括哪几部分内容？
6. 如何运用假设开发法对土地价格进行测算？
7. 财务评价的基本含义是什么？
8. 财务评价中有哪些主要技术经济指标？
9. 某房地产开发商以地价1000元/平方米购入一块普通住宅用地50年的使用权。已知建筑容积率1.6，规划建筑用地面积为50000平方米，建造成本为1200元/平方米，专业人员费用为建造成本的8%，管理费用为土地成本、建造成本和专业人员费用之和的5%，年贷款利率为12%，按季计息，开发建设周期为3年（其中准备期6个月，建设期为24个月，销售期为6个月），土地成本在项目开始时一次投入，建造成本、专业人员费用和管理费用在建设期内均匀投入。如果该项目建成后市场销售价为4000元/平方米，出售过程中的税费和销售费用分别为5.5%和3%，问开发商的成本利润率是多少？
10. 某开发项目初始投资为1.2亿元，预计此后每年净现金流量为3500万元，若$i=10\%$，则其动态投资回收期为多少年？假如项目的寿命期为10年，则该项目的财务净现值为多少？

11. 已知某投资项目的净现金流量如下表所示。求该投资项目的财务内部收益率。如果投资者目标收益率为12%，求该投资项目的财务净现值。

年 份	1	2	3	4	5	6
现金流入		500	600	550	450	300
现金流出	1500					
净现金流量	−1500	500	600	550	450	300

12. 某开发商购得一宗商业用地的使用权，期限为40年，拟建一商场出租经营，据估算项目的开发建设期为2年。第3年即可出租，经过分析得出的数据：

1) 项目建成投资1800万元，第1年投资1000万元，其中资本金400万元，第2年投资800万元，其中资本金230万元，全年资金缺口由银行借款解决，贷款利率为10%，建设期只计息不还款，第3年开始采用等额还本并支付利息方式还本付息，分3年还清。

2) 第3年租金收入、经营税费、经营成本分别为2000万元、130万元、600万元，从第4年起为每年的租金收入、经营税费、经营成本分别为2500万元、150万元、650万元。

3) 计算期（开发经营期）取20年。

请根据以上资料，完成下列工作：

（1）编制资本金现金流量表（不考虑所得税）。

（2）若开发商要求的目标收益率为15%，计算该投资项目的净现值（所有的投资收入均发生在年末）。

13. 房地产开发项目财务评价的报表有哪些？分别是如何编制的？

14. 房地产开发项目国民经济评价的含义和基本步骤？

15. 房地产开发项目社会影响分析的内容与基本步骤？

第8章

房地产开发项目资金筹集

本章学习要求：

1. 掌握房地产开发项目资金筹集的主要方式；

2. 熟悉房地产开发贷款的风险管理；

3. 了解房地产开发项目资金筹集的概念、房地产开发项目资金使用的特性、资金筹集的基本原则、资金筹集的分类。

8.1 房地产开发项目资金筹集概述

8.1.1 房地产开发项目资金筹集的概念

房地产开发企业的成功与否，不仅取决于土地资源的获取、房地产项目运作，很大程度上还取决于房地产企业筹集资金的能力和利用资金的能力。

房地产开发项目资金筹集的实质，是充分发挥房地产的财产功能，为房地产投资筹措资金，以达到尽快开发、提高投资效益的目的。房地产开发项目资金筹集主要是指资本金、预租售收入和债务资金三部分资金的筹集。

8.1.2 房地产开发项目资金使用的特性

1. 资金占用量大

由于房地产开发需要耗用大量的土地资源、人力资源以及各种材料设备等工业产品，使房地产开发需占用大量的资金。这种大规模的资金运用，仅仅依赖于自有资金是难以实现的。因此，房地产开发往往需要银行等金融机构的支持。

2. 资金占用时间长

房地产开发建设周期长，过程复杂，手续繁多，市场交易难度较高，投资回收期较长，资金占用的时间也较长。

3. 资金使用的地域性

房地产区位的固定性，加上房地产的流通和消费有较强的地域性，从而使其资金流动受区域范围的影响显著，往往局限于某一城市或某一区域内。

4. 资金缺乏流动性

房地产由于价值大，位置固定，交易手续繁杂，所以不易在短时间内变现。相对于股票、基金、债券等流动性较好的资产，房地产项目很难在短时间内处置。正是由于房地产投资具有融资规模大、投资回收期长等特点，房地产资金在投入项目建设后，相应也具备了缺乏流动性的特点。

5．资金增值性较强

随着经济的不断发展，城市化进程的不断加快，对房地产的需求势必增加，加上土地资源的稀缺性所带来的供求矛盾将导致房地产的价格从长期的角度看是不断上升的。所以相比较其他资产，如银行存款、股票、债券等，房地产投资是一种固定的，既能保值又能增值的稳健资产，它能为持有者带来可观的收益。

6．资金的高风险高收益性

房地产业属于高风险行业。但房地产投资一旦成功运作并销售，其利润率相当高，具有明显的高风险、高收益特点。

8.1.3 房地产开发项目资金筹集的基本原则

房地产开发项目资金使用的特性决定了筹措房地产开发项目资金必须遵循以下基本原则，这些原则将成为资金筹集的重要依据。

1．安全性原则

企业在债务资金的筹集中，应当全面、客观地认识企业以及项目的收益和偿债能力，本着安全性的原则，保持一个适当的负债比例，使企业的负债率和还债率控制在一个合理范围之内，从而降低企业的财务风险。企业负债率，指企业负债占全部资产的比率。企业还债率，指企业还债数额占全部收入的比率。企业的负债率和还债率过高，会造成企业信用危机、支付利息过多，造成企业财务困难。

2．经济性原则

由于房地产开发资金需求量大，资金占用时间长，所以筹资成本直接影响到房地产开发项目的效益水平。因此，应当本着经济性原则，筹资成本应当尽可能低。

3．可靠性原则

在房地产项目开发过程中资金是陆续投入的，在不同的时点均有不同数量的资金投入。应当本着可靠性的原则，在资金需要的不同时间，按时、按量保证资金到位，要求资金筹集的渠道、方式、时间、数量等方面必须是切实可靠的。

4．盈利性原则

在筹集资金过程中，应当本着盈利性的原则，充分发挥财务杠杆作用，提高自有资金收益水平，提高企业的经营能力和项目总体收益能力。

8.1.4 房地产开发项目资金筹集的分类

房地产开发项目资金筹集的分类方式很多，主要有以下几种。

1．从融资主体看，分为房地产企业融资和房地产项目融资

（1）房地产企业融资

房地产开发企业融资，是指利用企业自身的经济实力进行的融资，它与其他

生产经营性企业融资一样，具有一般性特点。资金募集的方式很多，诸如股票融资、债券融资、信贷融资、信托融资等方式。外部资金拥有者决定是否进行投资或是否贷款时，主要是将房地产企业作为一个整体，全盘审核资产负债及利润情况，并结合房地产企业的项目综合考虑，但并不限定资金用于哪些具体的房地产开发项目。

(2) 房地产项目融资

房地产项目融资主要是针对具体房地产开发项目的融资方式，根据项目自身的现金流，是否可以覆盖融资需要通过选择房地产项目、测算房地产项目的现金流融资成本、设计合理的融资结构，以达到满足房地产开发商具体项目的融资需求。目前中小房地产公司常常采用项目融资模式。

2. 从融资渠道上看，分为直接筹资和间接筹资

(1) 直接筹资。所谓直接筹资，就是指不通过金融中介机构，而由投资者直接面向社会进行的筹资。房地产公司直接筹资所采用的方式主要是发行股票和债券。发行股票和债券可以有两种方式：一是委托有关证券公司办理相关发行手续，在资本市场上发行股票和（或）债券；另一种是企业在内部筹集资金。一般情况下，当企业的资金需求量较小时，多采用内部直接筹资方式。

(2) 间接筹资。所谓间接筹资，是指由金融机构直接参与的筹资活动。在间接筹资方式下，金融机构不仅仅是"代办者"，而更主要是"参与者"。金融机构参与项目的筹资活动，其目的是为了自身盈利的需要。它一般是由证券公司、信托投资公司（以上两类公司主要从事投资银行业务）、银行和保险公司等广泛地向社会各界融通资金，然后有选择地贷放给或投资于项目，以满足工程项目的资金需要。

(3) 直接筹资与间接筹资的比较。直接筹资与间接筹资的比较见表8-1所示。

直接筹资与间接筹资方式的比较 表8-1

筹资中涉及到的主体	直接筹资	间接筹资
项目筹资者	手续简便，筹资范围和金额直接受到项目筹资者信誉影响	手续复杂，可不受筹资金额大小的影响
金融中介机构	不承担任何风险，收益很小	收益较高，但风险较大
社会投资者或储蓄者	收益较高，但风险较大	收益稳定，收益和风险相对较小

3. 从资金偿还特性上看，分为权益筹资和债务筹资

(1) 权益筹资。权益筹资是指项目为了获取可供长期或永久使用的资金而采取的资金融通方式。这种方式所筹集的资金直接构成了项目的资本金，其性质是项目的自有资金。权益筹资通常采用直接筹资的方式，如投资者通过对外发行股票、直接吸引投资者参与项目的合资与合作以及企业内部的资金积累等方式筹集资金。

(2) 债务筹资。债务筹资是指项目投资者通过信用方式取得资金，并按预先

规定的利率支付报酬的一种资金融通方式。就其性质而言,债务筹资是不发生所有权变化的单方面资金使用权的临时让渡,筹资者必须在规定的期限内使用资金,同时要按期支付利息。从理论上讲,债务筹资形式一般不受时间、地点、范围的限制,甚至不受资本的限制。只要筹资者有足够的资信水平,就可以获得超过资本金数倍的资金。债务筹资往往采用间接与直接筹资相结合的方式,如银行贷款、发行企业债券、利用商业信用等。

(3)权益筹资和债务筹资的比较。权益筹资和债务筹资的比较见表8-2所示。

权益筹资和债务筹资方式的比较　　　　　　表8-2

筹资中涉及到的主体	权益筹资	债务筹资
项目投资者	筹资风险小,筹资成本高。权益筹资比例过大会影响自有资金的投资回报率。可降低负债比率	要求项目的投资报酬率大于贷款利率,因而筹资风险较大。可减少项目筹资成本,控制股权,提高产权资本收益率

4. 其他分类方式

还有很多融资分类方式,例如从融资来源国别的不同可以划分为国内融资和国际融资;从融资币种不同,可以划分为本币融资和外汇融资;从期限长短可以划分为长期融资、中期融资以及短期融资;从融资来源是否具有政策性,可以划分为政策性融资和商业性融资等。

8.2 房地产开发项目资金筹集的主要方式

由于房地产开发资金需求量特别大,房地产开发商的自有资金一般不可能完全满足需要,通过合理的渠道落实资金就成为房地产开发商必须解决的一个重要问题。随着我国房地产市场的逐步完善,房地产金融业的逐步发展,房地产开发资金的筹集渠道也越来越多。目前,房地产开发商的资金筹集渠道主要有自有资金、预收房款以及银行贷款等方式。

8.2.1 自有资金筹集

1. 资本金筹集

资本金作为项目投资中由投资者提供的资金,是获得债务资金的基础。为了保障和促进房地产业的持续健康发展,防止房地产开发项目盲目投资和低水平重复建设现象的出现,根据国务院《关于调整部分行业固定资产投资项目资本金比例的通知》(国发〔2004〕3号文)精神,房地产开发项目(不含经济适用房项目)资本金比例由20%及以上提高到35%及以上。

自美国次贷危机引起的全球性金融危机后,2009年5月27日国务院公布了固定资产投资项目资本金比例的调整结果,其中普通商品住房项目投资的最低资本金比例从35%调低至20%。

这里所说的资本金是包含所有者权益在内的自有资金,包括注册资本金、资本公积、盈余公积和未分配利润 4 个部分。

资本金出资形态可以是现金,也可以是实物、土地使用权等,实物出资必须经过有资格的资产评估机构评估作价,并在资本金中不能超过一定比例。投资者投入的自有资金,可能全部作为资本金,也可能部分作为资本金。一般情况下,投资者投入的自有资金全部作为资本金。如果资金充裕,投资者投入的资金可以大于资本金。

2. 股票筹资

发行股票,是房地产公司有效筹资的重要渠道之一。其发行主体限于房地产股份有限公司,包括已经成立的房地产股份有限公司和经批准拟成立的房地产股份有限公司。所谓的股票是指股份公司发给股东作为已投资入股的证书和索取股息的凭证。它是可作为买卖对象或抵押品的有价证券。

房地产股份有限公司可以通过增发新股,为特定的房地产开发投资项目筹措资本金。例如 2007 年 7 月,金地集团定向增发 1.73 亿 A 股,成功募资 45 亿元。2007 年 8 月,万科 A 股增发募集资金 100 亿元,创下我国股市增发史上单次募资的最高纪录。资本市场上地产股表现良好,给上市房地产公司通过资本市场融资创造了机会,据不完全统计,2007 年以来上市房地产公司通过增发、配股等方式,已合计融资超过 1000 亿元。

8.2.2 商品房预售

商品房预售就是指在商品房未建成前就将其预售出去,用获得的预售资金建设该房地产。通过预售商品房,可以获得后续开发建设所需要的资金,是开发商筹集资金的重要途径。我国对房地产预售有严格的规定:

1. 已交付全部土地使用权出让金,取得土地使用权证书;
2. 持有建设工程规划许可证和施工许可证;
3. 按提供预售的商品房计算,投入开发建设的资金达到工程建设总投资的 25% 以上,并已经确定施工进度和竣工交付日期;
4. 开发商向城市、县人民政府房产管理部门办理预售登记,取得《商品房预售许可证》。

2001 年 6 月 19 日,中国人民银行发出了《关于规范住房金融业务的通知》,规定银行发放贷款时,多层建筑要求主体结构封顶、高层主体达到 2/3 时,才可以发放个人住房抵押贷款(俗称按揭),这对房地产公司的资金筹集有着较大的影响。这是因为,在项目预售阶段,购房者申请的个人住房抵押贷款是项目预售收入的重要组成部分,上述规定实质上推迟了开发商获得商品房全部预售收入的时间,在降低购房者风险的同时,也加大了开发商通过预售筹集资金的难度。

8.2.3 债务资金筹集

1. 债券筹资

(1) 企业债券

企业债券是指从事生产、贸易、运输等经济活动的企业发行的债券。在西方国家，由于只有股份公司才能发行企业债券，所以在西方国家，企业债券即公司债券。在中国，企业债券泛指各种所有制企业发行的债券。

企业债券是企业依照法定程序发行，约定在一定期限内还本付息的债券。企业债券代表着发债企业和投资者之间的一种债权债务关系。债券持有人是企业的债权人，不是所有者，无权参与或干涉企业经营管理，但债券持有人有权按期收回本息。企业债券和股票一样，同属有价证券，可以自由转让。由于企业主要以本身的经营利润作为还本付息的保证，因此企业债券风险与企业本身的经营情况直接相关，是一种风险较大的债券。所以，在企业发行债券时，一般要对发债企业进行严格的资格审查或要求发行企业有财产抵押，以保护投资者利益，也正是由于企业债券具有较大的风险，利率通常也高于国债和地方政府债券。

房地产开发商一直试图通过各种形式的直接融资方式解决资金问题，但是目前我国发行企业债券的限制条件多、审批程序严格，所以一般的房地产公司较难做到发行企业债券。目前，公司债在我国已经启动，下面单独对其进行介绍。

(2) 公司债

尽管公司债在美国等国家已成为成熟的融资工具，但在国内资本市场尚属新鲜事物。2007年8月14日，中国证监会正式颁布实施《公司债券发行试点办法》（以下简称《试点办法》）。公司债券发行试点将从上市公司入手，初期，试点公司范围仅限于沪深证券交易所上市的公司及发行境外上市外资股的境内股份有限公司，这为我国的上市房地产公司提供了很好的融资渠道。

根据《试点办法》，申请发行债券的公司最近3个会计年度实现的年均可分配利润不少于公司债券一年的利息，且本次发行后累计公司债券余额不超过最近一期末净资产额的40%。《试点办法》还确立了若干市场化改革内容：不强制要求提供担保；募集资金用途不再与固定资产投资项目挂钩，包括可以用于偿还银行贷款、改善财务结构等股东大会核准的用途；公司债券发行价格由发行人与保荐人通过市场询价确定；允许上市公司一次核准，分次发行等。

公司债券的推出对上市房地产公司来说开辟了从资本市场筹措资金的新渠道，可以大大降低企业的融资成本。上市地产公司，尤其是大型地产公司的资金成本将下降。同时，企业的资产负债结构也更容易调整，从而形成更优的资产负债比率。目前，一些上市地产公司开始发行公司债进行融资，例如，2007年9月30日，万科集团发布公告，将在中国境内发行本金总额不超过59亿元的公司债券，万科也成为证监会2007年8月14日发布《公司债发行试点办法》以来第二家公告发债的房地产开发企业，而一周前金地集团刚刚获准发行公司债。万科证券事务部有关人士认为"发行公司债程序简单，发行门槛低，降低了上市公司的融资成本和经营成本，可以很好地推动公司业绩发展"。

2. 信贷资金筹集

银行贷款是我国房地产企业主要的资金来源之一，贷款银行主要集中在商业银行和股份制银行。目前，国家开发银行也开始对具有社会保障性质的经济适用房和廉租房进行贷款，但是贷款对象集中在政府性项目。使用信贷资金进行房地产开发时，金融机构为了防范风险，一般都会要求开发商提供抵押物，据此作为风险一旦发生时弥补损失的手段。

（1）房地产抵押贷款

房地产抵押贷款，是指借款人（抵押人）以其合法拥有的房地产，在不转移占有方式的前提下，向贷款人（抵押权人）提供债务履行担保，从而获得贷款的行为。债务人不履行债务时，债权人有权依法以抵押的房地产拍卖所得的价款优先受偿。目前不允许针对单纯的土地购置发放贷款，土地开发贷款也很难实现，因此，房地产抵押贷款主要集中在商用房地产抵押贷款和在建工程抵押贷款上。

商用房地产抵押贷款，是指购买商用房地产的机构或个人，以所购买房地产作为抵押担保，向金融机构申请贷款的行为。在建工程抵押，是指抵押人为取得在建工程后续建造资金的贷款，以其合法方式取得的土地使用权连同在建工程的投入资产，以不转移占有的方式抵押给贷款银行作为偿还贷款履行担保的行为。

（2）房地产信用贷款

信用贷款是与抵押贷款平行存在的两种贷款形式。信用贷款是借款人单凭自身信誉，无需提供物质保证而从银行取得的贷款。这种贷款方式对放款人（银行）而言风险较大，往往只对一些实力很强、信誉很好的大型房地产公司提供。目前，一些大型房地产公司特别是绩优上市公司，例如万科、保利地产等公司被银行授信就是这种融资方式。

8.2.4 房地产金融创新

随着房地产开发投资的不断扩大，房地产企业对于资金的需求也越来越多，目前国内房地产开发业的资金来源主要还是以银行贷款为主，较少涉及到金融产品的创新。而在西方发达国家，住房抵押贷款证券化、投资信托基金等方式早已直接或间接成为房地产开发资金的重要来源，很好地化解了金融风险。对于我国房地产开发过度依赖银行贷款的情况，急需通过住房抵押贷款证券化、房地产投资信托等金融创新工具，拓宽房地产融资渠道。

1. 住房抵押贷款证券化

（1）住房抵押贷款证券化的含义

住房抵押贷款证券化，就是把金融机构发放的住房抵押贷款转化为抵押贷款证券（主要是债券），然后通过在资本市场上出售这些证券给市场投资者，以融通资金，并使住房贷款风险分散为由众多投资者承担。

从本质上讲，发行住房抵押贷款证券是发放住房抵押贷款机构的一种债权转让行为，即贷款发放人把对住房贷款借款人的所有权利转让给证券投资者。住房抵押贷款证券是一种抵押担保证券（Mortgage-backed Security，简称 MBS），借款人每月的还款现金流，是该证券的收益来源。

(2) 住房抵押贷款证券化与房地产项目资金筹集之间的关系

住房抵押贷款证券化分散了金融机构发放住房抵押贷款的风险，扩大了金融机构向购房者发放住房抵押贷款的资金来源，也扩大了金融机构向房地产开发商发放抵押贷款的资金来源，间接为房地产开发项目的资金筹集提供了更为广阔的渠道。

2. 房地产投资信托

(1) 房地产投资信托的概念

房地产投资信托（Real Estate Investment Trusts，REITs）应当被视为一种特殊的房地产产业投资基金，是指信托公司与投资者（委托人）签订信托投资合同，通过发行信托受益凭证或股票等方式受托投资者的资金，用于房地产投资或房地产抵押贷款投资，委托或聘请专业机构和专业人员实施经营管理，并按照信托计划支付投资者收益的一种资金信托投资方式。

REITs 主要投资于房地产存量市场，可以投资于不同的项目类型如酒店、商业中心、写字楼、零售中心、工业物业以及抵押房地产资产等。可以细分为权益型REITs、抵押型 REITs 和混合型 REITs，目前市场中占主导地位的是权益型 REITs，权益型 PEITs 直接投资并拥有房地产，靠经营房地产项目来获得收入[1]。

(2) 房地产投资信托与房地产项目资金筹集之间的关系

在房地产投资信托中，投资者通过专家理财获得投资收益，同时信托机构集合大众资金对房地产项目进行投资，间接拓宽了房地产开发项目的融资渠道。

8.2.5 其他方式

在房地产开发活动中，也出现了一些其他的融资方式，例如承包商垫资或入股、内部认购行为等，这些方式在一定程度上解决了开发建设中的资金短缺问题。

1. 内部认购

目前，很多开发商通过内部认购方式来筹集建设资金，通过内部认购往往可以获得部分预售收入，但是内部认购时一般没有申领到商品房预售许可证，其行为不受法律保护。

2. 承包商垫资

在建筑市场竞争比较激烈的情况下，房地产企业作为发包方，在招投标时

---

[1] 参见吴璟、张红，房地产投资信托的概念辨析及发展，北京税务律师网，2007年1月16日。

有时会要求施工单位垫付部分或全部工程款,再按照工程进度付款,变相向建筑施工企业融资。

8.3 房地产开发贷款的风险管理

如前所述,房地产开发项目贷款一般数额大、期限长、风险高,同时我国房地产市场发展还尚不健全,个别开发商还存在违约风险和道德风险等,因此,银行等金融机构对项目贷款的审查比较严格。

在进行项目贷款管理时,银行一般从企业评价、项目评价、担保评价、贷款综合评价等四个方面开展贷前管理;从资金监管的角度进行贷后管理。另外开发商在贷款的使用上也存在一些不规范行为,需要加强资金运用的风险管理。本节主要从银行和开发商这两个角度介绍房地产开发贷款的风险管理。

8.3.1 银行对房地产开发贷款的风险管理

1. 贷前管理

(1) 企业评价

①企业资信等级。银行等金融机构在向申请贷款的项目贷款前,首先要审查企业的资信等级。通常情况下,银行主要根据企业素质、资金实力、企业偿债能力、企业经营管理能力、企业获利能力、企业信誉、企业在贷款银行的资金流量和其他辅助指标,确定房地产开发企业的资信等级。企业资信等级评划分为AAA、AA、A、BBB、BB和B级。通常情况下,BBB及以上资信等级的企业才能获得银行贷款。

②房地产开发资质及开发经验。国家对房地产开发企业实行资质管理,房地产开发企业资质分为一、二、三、四级资质和暂定资质。一些资质等级高、具有丰富开发经验或其股东、母公司具有丰富开发经验,自有资金充裕,实力较强的开发商容易获得银行贷款的支持;另外一些背景较好,特别是具有央企背景如石油、电力、石化等国有大型集团公司下属的房地产项目公司也较容易获得银行的青睐。

(2) 项目评价

金融机构对项目的审查主要包括四个大的方面,即:政策法律许可条件、项目基本情况、市场分析结果和财务评价指标。各方面的具体指标如表8-3所示。

在项目的审查中,银行也关注开发项目是否符合城市规划的总体发展方向以及执行国家有关房地产政策的情况。例如"国六条"、《关于调整住房供应结构稳定住房价格意见的通知》颁布之后,对住宅项目的信贷要积极核实90平方米以下中小套型住房比重是否达到开发建设总面积的70%以上;严格控制对别墅类房地产开发项目的信贷支持等。银行还关注项目自身的债权债务关系,不支持债权债务关系不清、有法律纠纷的项目。

房地产开发项目贷款评价的指标体系　　　　　　　　　表 8-3

序号	指标名称	内容及计算公式
一		政策法律许可条件
1	符合城市总体发展布局	符合城市规划总体发展方向，有效满足当地房地产市场的需求
2	执行国家有关房地产政策情况	例如"国六条"、"十五条意见"等房地产政策
3	债权债务关系	债权债务关系清晰，无法律纠纷
二		项目基本情况指标
1	四证落实情况	四证指国有土地使用权证、建设用地规划许可证、建设工程规划许可证和建筑工程施工许可证
2	自有资金占总投资比例	自有资金（所有者权益）占总投资的比例达到 35% 以上
3	资金落实情况	自有资金和其他资金落实情况
4	地理与交通位置	项目所处位置的区域条件和交通条件
5	基础设施落实情况	指项目的上下水、电力、煤气、热力、通讯、交通等配套条件的落实情况
6	项目品质	指项目自身的产品品质，包括规划和设计风格、容积率、小区环境、户型设计等是否合理，新材料、新技术、新设计、新理念的应用以及这些应用所带来的效益和风险
三		市场分析指标
1	市场定位	项目是否有明确的市场定位，是否面向明确的细分市场及这种定位的合理性
2	供需形势分析	项目所在细分市场的供应量与有效需求量之间的关系、市场吸纳率、市场交易的活跃程度等
3	竞争形势分析	项目所在地区人口聚集度、项目所处细分市场的饱和程度、项目与竞争楼盘的优势和比较次序等
4	市场营销能力	项目的营销推广计划是否合理有效、销售策划人员能力、是否有中介顾问公司的配合等
5	认购或预售/预租能力	项目是否已有认购或已经开始预售、预租及认购或预售/预租的比例如何
四		财务评价指标
1	财务内部收益率	使项目在计算期内各年净现金流量现值累计之和等于零时的折现率
2	销售利润率	利润总额/销售收入
3	贷款偿还期	项目用规定的还款资金（利润及其他还款来源）偿还贷款本息所需要的时间
4	敏感性分析	分析和预测主要指标（如收益率、净现值、贷款偿还期等）对由于通货膨胀、市场竞争等客观原因所引起的成本、利润率等因素变化而发生变动的敏感程度

(3) 担保方式

为提高贷款偿还的可能性，降低银行资金损失的风险，银行在发放贷款时要求借款人或第三方对贷款本息的偿还提供担保，并对担保的落实程度作出评价。房地产贷款担保通常有保证、抵押、质押三种形式，其中最常见的是抵押方式。

①保证。即由贷款银行、借款人与第三方签订一个保证协议，当借款人违约或无力归还贷款时，由第三方保证人按照约定履行债务或承担相应的责任。

②抵押。是指借款人或第三人在不转移财产占有权的情况下，将财产作为贷款的担保。当借款人不履行合同时，银行有权以该财产折价或以拍卖、变卖该财产的价款优先受偿。在房地产贷款中以土地房屋等设定贷款抵押，是最常见的担保形式。

③质押。贷款质押是指借款人或第三人以其动产或权利（包括商标权、专利权等）移交银行占有，将该动产或权利作为债权的担保。当借款人不履行债务时，银行有权将该动产或权力折价出售收回贷款，或者以拍卖、变卖该动产或权力的价款优先受偿。

(4) 贷款综合评价

银行等金融机构考察并落实开发企业的资信状况、开发资质与开发经验、项目的政策法律条件、项目基本面貌以及担保方式后，还要综合企业信用等级、项目风险等级、贷款担保方式、贷款期限等因素，对项目贷款进行综合评价。贷款综合评价的主要工作是计算贷款综合风险度。

2. 贷后管理

贷后管理的主要工作是对该笔贷款进行资金监管。项目贷款中，银行一般根据项目的工程进度，分期发放贷款，并对该笔贷款的资金使用情况进行监控，以防止开发商将贷款挪用于其他项目开发或作其他用途；同时银行也对房地产开发企业的销售回款进行监控，确保贷款的及时偿还，一般是要求开发商在贷款银行设立专户，以方便资金监管。

8.3.2 房地产开发商对项目贷款的风险管理

开发商在获得金融机构贷款后，一方面应认真安排资金的使用计划，加强工程建设阶段的成本管理，降低开发项目成本，减少财务风险的发生，从而合理利用金融机构贷款，充分发挥贷款资金效益；另一方面，开发商获得的金融机构贷款，是根据开发项目估算的资金需求量和开发计划筹集的，只能用于指定的所贷款项目，不能挪用于其他项目或做其他用途，开发商在项目开发过程中，要加强贷款资金运用的严格监控和管理，保证开发项目的顺利实施。

思考题

1. 房地产开发项目资金筹集的实质是什么？

2. 房地产开发项目资金流动性的特性有哪些?
3. 房地产开发项目直接筹资和间接筹资方式的主要区别是什么?
4. 房地产开发项目权益筹资和债务筹资方式的区别是什么?
5. 房地产开发项目融资的资金来源通常包括哪些方面?
6. 房地产开发项目资本金的概念?出资形态以及比例要求?
7. 房地产开发项目自有资金筹集的主要渠道有哪些?
8. 试述房地产开发项目债务资金的主要来源。
9. 何谓房地产抵押贷款?主要有哪些类型?
10. 房地产开发项目信贷资金的来源渠道有哪些?
11. 房地产抵押贷款证券化的含义是什么?
12. 房地产投资信托的含义是什么?有哪些种类和投资领域?
13. 银行对房地产开发项目贷款的风险管理体现在哪些方面?
14. 银行在对贷款进行项目评价时的指标体系中考虑哪些主要因素?
15. 房地产开发项目贷款的担保方式有哪几种?各种方式的含义是什么?
16. 房地产开发商对项目贷款是如何进行风险管理的?

第 9 章
房地产开发项目工程建设管理

本章学习要求：

1. 掌握房地产开发项目质量管理的主要途径和方法，成本管理的主要方法，进度控制方法及关注因素，房地产开发项目的主要合同与分类；

2. 熟悉房地产开发项目质量管理的主要内容、质量监督控制手段，项目开发不同阶段成本管理的主要内容，进度管理的主要任务，合同管理的主要内容，监理单位的主要工作内容，竣工验收的工作程序；

3. 了解房地产开发项目质量管理的特点，成本管理的参加者，进度管理系统，房地产开发项目合同的特点与作用，监理单位的其他工作，竣工验收的要求、范围及依据。

房地产开发项目在工程建设阶段的投资支出最大，所占时间最长。因此，加强项目工程建设阶段的管理，对实现预期的开发效益是非常重要的。

房地产开发项目建设中，工程质量管理、成本管理和进度管理等工作具有同等重要的地位，它们之间相互依赖、相互制约。例如加快进度需要增加投资，开发项目提前完工有可能提高投资效益，但进度加快有可能影响工程质量，质量管理严格又有可能影响工程进度。房地产开发项目工程建设管理的主要工作就是对工程质量管理、成本管理、进度管理等工作全面系统地加以考虑，正确处理好质量、成本与进度等工作之间的关系，同时做好监理协调与竣工验收等工作，提高项目开发建设的综合效益。

9.1 质量管理

工程项目质量是国家现行的法律、法规、技术标准、设计文件及工程合同中对工程的安全、使用、经济、美观等特性的综合要求。质量管理则是指确定质量方针、目标和职责并在质量体系中通过诸如质量策划、质量控制、质量保证和质量改进使其实施全部管理职能的所有活动。

房地产开发项目的质量管理，是房地产开发企业在工程项目实施过程中最重要的管理工作之一。管理人员必须是相关专业技术人员，熟悉掌握施工图纸、各类技术标准、各种施工及验收的规范及程序，参加施工图纸的会审、施工组织设计和主要的施工技术措施的讨论与审定，并在施工现场对施工全过程的技术质量进行严格的检查和监督。

由于工程项目是一个渐进的过程，在图 9-1 所示的项目质量管理过程中，任何一个方面出现问题，必然会影响后期的质量控制，进而影响工程的质量目标。

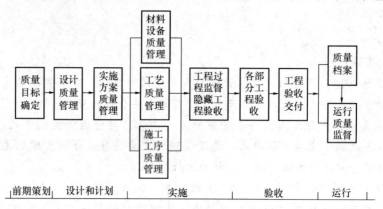

图 9-1　工程项目质量管理过程

9.1.1　房地产开发项目质量管理的特点

房地产开发项目质量管理的特点是由房地产开发项目的特点所决定的，主要有以下几点内容：

1. 影响因素多。在开发项目的实际施工建设过程中，决策、设计、材料、机械、环境、施工工艺、施工方案、操作方法、技术措施、管理制度、施工人员素质等均直接或间接地影响工程项目的质量。

2. 质量波动大。工程建设因其具有复杂性、单一性，不像一般工业产品，有固定的生产流水线，有规范化的生产工艺和完善的检测技术，有成套的生产设备和稳定的生产环境，所以工程质量容易产生波动且波动大。

3. 质量隐蔽性。项目在施工过程中，由于工序交接多，中间产品多，隐藏工程多，若不及时检查并发现其存在的质量问题，容易产生判断错误，因此，质量存在隐蔽性。

4. 终检局限性。项目建成后，不可能像某些工业产品那样，通过拆卸或解体来检查内在质量。所以房地产开发项目终检验收时难以发现工程内在的、隐蔽的质量缺陷。

5. 评价方法的特殊性。工程质量的检查评价及验收是按检验批、分项工程、分部工程、单项工程进行的。工程质量是在施工单位按合格质量标准自行检查评定的基础上，组织有关单位、人员确认验收。这种评价方法体现了"验评分离、强化验收、完善手段、过程控制"的思想。

9.1.2　房地产开发项目质量管理的主要内容

1. 施工前的质量管理

房地产开发项目在施工准备阶段的质量管理的主要内容有：

（1）审查承包单位的技术资质。

（2）组织设计交底和图纸会审。

（3）对工程所需原材料、构配件的质量进行检查和控制。凡进场材料均应有产品合格证或技术说明书。

（4）对永久性生产设备或装置，应按审批同意的设计图纸组织采购或订货。

（5）审查施工单位提交的施工组织方案和施工组织设计，对于工程质量应具有可靠的技术措施来保证。

（6）对工程中拟采用的新材料、新结构、新工艺、新技术，均应审核其技术鉴定书。对工程质量有重大影响的施工机械、设备，应审核承包单位提供的技术性能报告，凡不符合质量要求的不得使用。

（7）检查施工现场的测量标准、建筑物的定位放线以及高程水准点，重要工程还应亲自复核。

（8）协助承包单位完善质量保证体系，包括完善计量及质量检测技术和手段等。

（9）协助总承包单位完善现场质量管理制度，包括现场会议制度、现场质量检验制度、质量报表制度和质量事故报告及处理制度等。

（10）把好开工关。只有对现场各项施工准备检查认为合格后，才发布开工令。对于停工的工程，没有签发复工令，工程不得复工。

2. 施工过程中的质量管理

房地产开发项目在施工阶段的质量管理的主要内容包括：

（1）协调承包单位完善工序控制。把影响工序质量的因素都纳入管理状态。建立质量管理点，及时检查和审核承包单位提交的质量统计分析资料和质量控制图表。

（2）严格工序间交接检查。主要工序作业需按有关验收规定，经现场检查、签署验收。

（3）重要的工程部位或专业工程应亲自进行试验或技术复核。对于重要材料、半成品，可自行组织材料试验工作。

（4）对已完成的分项、分部工程，按相应的质量评定标准和办法进行自检、验收。

（5）审核设计变更和图纸修改。

（6）按合同于必要时可下达停工令。

（7）组织定期或不定期的现场会议，及时分析、通报工程质量状况，并协调有关单位间的业务活动等。

3. 工程项目竣工质量管理

指在完成施工过程形成产品后的质量控制。其具体工作内容有：

（1）按规定的质量评定标准和办法，对完成的分项、分部工程、单位工程进行检查验收。

（2）组织试用。

（3）审核承包单位提供的质量检验报告及有关技术性文件。

（4）审核承包单位提交的竣工图。

（5）整理有关工程项目质量的技术文件，并编目、建档。

9.1.3 房地产开发项目质量管理的主要途径和方法

房地产开发项目施工过程中，为了保证工程施工质量，应对工程建设对象的施工生产进行全过程、全面的质量监督、检查与控制，包括事前的各项施工准备工作质量控制，施工过程中的控制，以及各单项工程及整个工程项目完成后，对建筑施工及安装产品质量的事后控制。

对房地产开发项目在施工阶段进行质量监控主要是通过审核有关文件、报表，以及进行现场检查及试验这两方面的途径和相应的方法来实现的。

1. 审核有关技术文件、报告或报表

这是对工程质量进行全面监督、检查与控制的重要途径。其具体内容包括以下几方面：对分包单位的资质证明文件的审查；对施工单位的开工申请书、施工方案、施工计划等的审查；审查有关材料和构配件质量证明文件，反映工序施工质量的动态统计资料或管理图表，有关工序产品质量的证明文件、工序交接检查报告、隐蔽工程检查报告、分部分项工程质量检查报告，有关设计变更、修改设计图纸，有关应用新技术、新工艺、新材料、新结构等的技术鉴定书，有关工程质量缺陷或质量事故的处理报告等。

2. 现场质量监督与检查

（1）现场监督检查。主要内容有：开工前的检查；工序施工中的质量跟踪控制；工序产品、交接检查及隐蔽工程检查；复工前的检查；分项、分部工程检查和对施工难度大的工程结构或容易产生质量通病的施工对象的个别检查。

（2）现场质量检验。质量检验就是根据一定的质量标准，借助一定的检测手段来估测工程产品、材料或设备等的性能特征或质量状况的工作。一般包括以下工作：明确某种质量特性的标准，量度工程产品或材料的质量特征数值或状况，记录与整理有关的检验数据，将量度的结果与标准进行比较，对质量进行判断与估价，对符合质量要求的做出安排，对不符合质量要求的进行处理。对于现场所用原材料、半成品、工序过程或工程产品质量进行检验的方法，一般可分为三类，即目测法、检测工具量测法以及试验法。

目测法是用感官进行检查，也可以叫做感觉性检验。

量测法是利用量测工具或计量仪表，通过实际量测结果与规定的质量标准或规范的要求相对照，从而判断质量是否符合要求。

试验法是通过现场试验或试验室试验等理化试验及无损测试或检验手段，取得数据，分析判断质量情况。

9.1.4 施工阶段质量监督控制手段

进行施工质量监督，一般可采用以下几种手段进行监督控制。

1. 旁站监督。旁站监督是房地产开发商经常采用的一种现场检查形式，即在施工过程中派工程技术人员到现场观察、监督与检查施工过程，注意并及时发现质量事故的苗头、影响质量的不利因素、潜在的质量隐患以及出现的质量问题等，以便及时进行控制。对于隐蔽工程的施工，旁站监督尤为重要。

2. 测量。施工前甲方技术人员应对施工放线及高程控制进行检查控制，不合格者不得施工，发现偏差及时纠正，中间验收时，对于几何尺寸等不合要求者，应指令施工单位处理。

3. 试验。试验数据是判断和确认各种材料和工程部位内在品质的主要依据。如材料性能、拌和料配合比、成品强度等物理力学性能以及打桩的承载能力等，通常需通过试验手段取得试验数据来判断质量优劣。

4. 指令文件。指令文件是运用甲方指令控制权的具体形式，是表达开发商对施工承包单位提出指示和要求的书面文件，用以向施工单位指出施工中存在的问题，提请施工单位注意，以及向施工单位提出要求或指示其做什么或不做什么等。开发商的各项指令都应是书面的或有文件记载的方为有效。如因时间紧迫，来不及做出正式书面指令，也可以通过口头指令方式下达给施工单位，但随即应按合同规定，及时补充书面文件对口头指令予以确认。

5. 规定质量监控工作程序。规定双方必须遵守的质量监控工作程序，并按该程序进行工作，是进行质量监控的必要手段和依据。如对未提交开工申请单，未经审查、批准的工程，不得开工；未经签署质量验收单予以质量确认，不得进行下道工序等。

6. 利用支付控制手段。这是国际上通用的一种重要的控制手段，是开发商的支付控制权。支付控制权就是对施工承包单位支付任何工程款项，均需由开发商批准。工程款支付的条件之一就是工程质量要达到规定的要求和标准，如果施工单位的工程质量达不到要求的标准，而又不能承担处理质量缺陷的责任，不能处理并使之达到要求的标准，开发商有权停止对施工单位支付部分或全部工程款，由此造成的损失由施工单位负责。在房地产开发施工过程中，这是十分有效的控制和约束手段。

9.2 成本管理

房地产开发项目建设过程是一个周期长、投资大的生产消费过程，建设者的开发经验、知识水平是有限的，再加上科学、技术条件的限制，不可能在开发项目开始阶段就能设置一个科学的、一成不变的成本管理目标，而只能设置一个大致的成本管理目标，这就是项目投资估算。随着项目建设的反复实践，成本管理目标逐渐清晰、准确，即设计概算、设计预算、承包合同价等。可见，开发项目成本管理目标的设置是随着项目建设实践的不断深入而分阶段设置的。

9.2.1 成本管理的参加者

项目的各个阶段有不同的参加者。每个参加者的成本管理仅仅是针对其项目管理对象所进行的。一般来说，业主对整个工程项目的成本负责，它们是针对工程项目实施成本管理（许多书本中称之为投资控制）。承包商则是针对合同任务对象根据合同价实施成本管理，其目的是尽可能多地获取利润。此外，成本管理的参加者中还有监理、设计单位，他们主要是协助业主进行成本管理。

9.2.2 项目开发不同阶段成本管理的主要内容

开发项目成本管理不仅仅体现在工程建设阶段上，事实上，项目成本管理贯穿于房地产项目开发建设的全过程，包括策划、设计、施工、销售等诸阶段。房地产开发项目投资成本管理的重点是设计阶段的成本管理。

目前国内一些房地产开发企业忽视开发项目前期工作阶段的投资控制，而把控制开发项目的重点放在施工阶段——审核施工图预算、合理结算建安工程价款上，尽管这对项目的成本管理也有一定效果，但没有抓住管理重点。从国内外建设工程实践可以看出，影响项目投资最大的阶段是技术设计结束前的工作阶段：在初步设计阶段，影响开发项目投资的可能性为75%～95%；在技术设计阶段，影响项目投资的可能性为35%～75%；在施工图设计阶段，影响项目投资的可能性为5%～35%。可见，做出投资决策后，成本管理的关键是设计阶段。

1. 项目策划阶段

房地产开发商在项目策划阶段着重研究的是：市场环境、产品类型与产品规模、产品的市场价值、工程技术经济指标、交通条件、市政配套情况、建材与设备的供应情况等。产品类型、档次、产品规模、拟用建材和设备等技术经济指标与项目成本有着直接的关系，策划阶段的产品方向对项目成本管理起到关键的作用。

2. 设计阶段

设计阶段的投资成本管理工作是项目开发全过程成本管理的重点。开发商可通过招标方式选择设计单位，在委托设计单位之前要对项目投资进行详细分析，在此基础上一般采用限额设计的方式，保证有效的成本管理，并着重考虑以下工作。

（1）做好设计前的投资估算控制。通过对社会同类开发项目价格、材料、设备、人工费用、税收、管理费用、利润等的调查，对项目进行详细深入的投资估算分析，作为初步设计控制的依据。

（2）初步设计要重视方案的选择。设计阶段存在多方案比选的可能，不同的设计方案导致的项目成本是不一样的，因此，应当运用技术经济的观点对设计方案进行优选，达到成本控制的目的。

（3）限额设计。所谓限额设计，就是按照批准的设计任务书及投资估算控制初步设计，按照批准的初步设计总概算控制施工图设计，同时各专业在保证达到使用功能的前提下，按分配的投资限额控制专业设计，严格控制技术设计和施工图设计中的不合理变更，保证总投资限额不被突破。限额设计的控制对象是影响工程设计静态投资（或基础价）的项目。限额设计分为纵向控制与横向控制。

纵向控制，就是随着不同设计阶段的深入，即从可行性研究、初步勘察、技术设计直到施工图设计，限额设计都必须贯穿到各个阶段，而在每一个阶段还必须贯穿于各专业的每道工序。

横向控制的主要工作就是健全和加强设计单位对业主以及设计单位内部的经济责任制，而经济责任制的核心是正确处理好责、权、利三者之间的关系。

3. 施工阶段的成本管理

施工阶段进行成本管理的基本原理是把计划投资额作为项目成本管理的目标值，在工程施工过程中将实际值与目标值进行比较，找出其偏差并分析其原因，采取有效措施进行控制，确保项目成本管理目标的实现。

（1）工程开工后，督促、检查承包商严格执行工程合同。审核承包商提交的申请支付报表，综合评价承包商当月的工程完成情况，如工程量及进度完成情况。特别应注意保留金的扣除及应退还的预付款，以及每月的索赔款。

（2）定期制订最终成本估价报告书，反映施工中存在的问题及投资的支付情况。

（3）严格控制设计变更以及由于业主、项目组织者或工程师工作不当而引起的工程变更，控制变更申请程序。变更是造成承包商索赔的主要人为因素，控制好变更，就能减少承包商的索赔，使工程实际支付尽量控制在承包合同价的范围内。

（4）严格按照合同文件的规定及合同与索赔管理的程序，审核、评估承包商提出的索赔，对承包商不合理的索赔要求进行反击，有时甚至因承包商不能正确履行承包合同而对承包商提出索赔。

（5）审核承包商工程竣工报告，根据对竣工工程量的核算和对承包商其他支付要求的审核，确定工程竣工报表的支付金额。

（6）做好项目投资控制执行情况的总结。

4. 项目销售阶段的成本管理

房地产开发项目销售阶段的成本管理主要是管理销售费用支出,销售费用支出的主要部分包括房地产销售广告推广、活动推广、销售现场及样板房装修支出等费用。在竞争日益激烈的房地产市场中,房地产开发的销售费用支出呈现整体上升趋势,一般费用数额大,对房地产开发利润的高低有直接影响。目前房地产市场中,销售费用一般为销售收入的2‰~5‰。

控制销售成本的关键取决于如何进行销售策划,深入理解项目内涵,使广告表现等更好地与项目定位衔接;应当结合项目规模、档次以及所在地的社会经济人文等因素,深入研究广告费用投放的内容、时间、投入量等。所采取的广告以及活动推广手段等应当是最具有针对性的,这样才能够充分发挥推广费用的作用,避免事倍功半,从根本上达到销售费用成本控制的目的。

9.2.3 房地产开发项目成本管理方法

1. 编制成本管理规划。房地产开发项目的成本管理规划是根据项目的工程建设进度和项目的投资目标来确定的。投资目标是开发项目预计的最高投资限额,是进行投资控制的最基本的依据,在项目投资建设的不同阶段,成本管理的目标和依据不同,如图9-2所示。

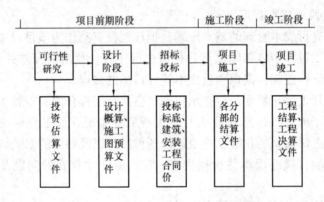

图9-2 项目建设阶段与投资成本依据

2. 确定成本管理的对象。工程成本中有些费用所占比例大,是主要费用,有些所占比例小,是次要费用。有些费用是变动费用,有些则是固定费用。在制订成本管理计划之前,要详细分析成本组成,分清主要费用与次要费用、变动费用与固定费用。成本管理的主要对象是主要费用中的变动费用。当然,工程成本中的主要费用与次要费用、固定费用与变动费用都是相对而言的,其划分标准视工程规模和项目性质而定。

3. 费用比较与投资偏差分析。在项目实施过程中,将实际发生的投资额与编制好的投资成本计划指标进行比较,在比较过程中,区分实际投资和合同价格、实际支付费用之间的区别,在项目投资实施过程中,可能会出现一些原来合同中没有出现的费用项目,在比较中应注意加以区分。

费用比较的结果总会显示出投资计划值与实际值之间存在差异，称之为投资偏差。因此，应对产生偏差的原因及纠偏措施进行分析研究，同时应考虑实际进度与计划进度所产生的偏差对投资偏差分析的结果有无重要影响。在进行投资偏差分析时，要同时对局部偏差和累积偏差进行分析。所谓局部偏差，一是相对于总项目的投资而言，指各单项工程、单位工程和分部工程的偏差；二是相对项目实施的时间而言，指每一项目控制周期产生的偏差。累计偏差就是局部偏差的累加，最终的累计偏差就是项目投资的偏差。

4. 有效利用工程价款结算方法。工程价款结算方法的不同对开发商成本支出的数额有较大的影响，有效地利用工程价款结算方法可以帮助开发商做好成本控制工作。一般对开发商而言，工程款的支付越向后拖越有利，但是承包商也有可能因为自身垫资或融资能力有限而影响工程质量和进度。

（1）工程预付款。工程预付款又称为备料款，是工程项目建设单位按照合同的规定，拨付给承包单位的备料周转金。

（2）工程进度款。工程进度款的支付是一种中间结算。建设部《建筑工程发包与承包计价管理办法》中明确指出："建筑工程发承包双方应当合同约定定期或者按照工程进度分段进行工程款结算。"

（3）工程价款结算的分类。目前我国常用的结算方式有按月结算、分阶段结算、竣工后一次结算和结算双方约定的其他结算方式等几种。

《基本建设财务管理规定》规定，在工程建设期间，建设单位与施工单位进行工程价款结算，建设单位必须按工程价款结算总额的 5％预留工程质量保证金，待工程竣工验收一年后再清算。

（4）工程价款的动态结算。结算双方还可以根据合同的约定，实行工程价款的动态结算。即，考虑到货币的时间价值，在结算中考虑通货膨胀的影响，对合同价格进行适当的调整，以便反映工程项目建设的实际消耗水平，动态结算方法一般有按实际价格结算方法、按调价文件结算方法或者按给定的结算公式进行结算。

5. 重视工程变更工作。在开发项目的实施过程中，由于多方面的原因，经常出现工程量变化、施工进度变化，以及开发商与承包商在执行合同中的争执等问题。工程变更所引起的工程量的变化和承包商的索赔等，都有可能使项目建设成本支出超出原来的预算成本。因此，应当重视并尽可能减少和控制工程变更的数量。

6. 认真做好成本核实与总结工作。开发商应当在工程竣工结算与竣工决算时，认真核实工程建造成本以及项目总成本的实际支出，做好事后的成本核实，比照计划目标认真开展检查与总结工作，为下一个项目开发做好经验总结。

工程竣工结算是指施工企业按照合同规定的内容全部完成所承包的工程，经验收质量合格，并符合合同要求之后，向发包单位进行的最终工程价款结算。施工承包单位通过竣工结算，最终取得进行工程项目施工建设所应该获得的应收价款。

竣工决算是以实物数量和货币指标为计量单位，综合反映竣工项目从筹建开始到项目竣工交付使用时的全部建设费用、建设成果和财务情况的总结性文件，是竣工验收报告的重要组成部分。竣工决算是正确核定新增固定资产价值，考核分析投资效果，建立健全经济责任制的依据，是反映建设项目实际造价和投资效果的文件。

9.3 进度管理

房地产开发项目的进度管理是指对开发项目各建设阶段的工作内容、工作程序、持续时间和衔接关系编制计划，并将该计划付诸实施，且在实施过程中经常检查实际进度是否按计划要求进行，对出现的偏差分析原因，采取补救措施或调整、修改原计划，直至工程竣工、交付使用。项目进度管理的最终目的是确保项目进度目标的实现，进度管理的主要内容是建设工期。

9.3.1 进度管理的主要任务

房地产开发项目实施阶段进度管理的主要任务有：设计前准备阶段的进度管理、设计阶段的进度管理以及施工阶段的进度管理等。

1. 设计前准备阶段的进度管理

设计前准备阶段的进度管理的主要任务包括：（1）确定工期总目标；（2）编制项目总进度计划；（3）编制准备阶段详细工作计划，并控制该计划的执行；（4）施工现场条件调研和分析等。

2. 设计阶段进度管理的主要任务包括：（1）编制设计阶段工作进度计划，并控制其执行；（2）编制详细的出图计划，并控制其执行。

3. 施工阶段进度管理的主要任务包括：（1）编制施工总进度计划，并控制其执行；（2）编制施工年、季、月实施计划，并控制其执行。

9.3.2 进度管理及计划

房地产开发项目进度计划一般采用实际进度与计划进度图形比较法。项目进度计划表示方法有横道图法、网络计划法、里程碑法和进度曲线法等。

1. 横道图法

横道图具有形象、直观、易懂、绘制简便等特点，被广泛应用于工程项目的进度管理工作中。用横道图表示的某项目进度计划如图9-3所示。

横道图的左侧是工作划分和基本数据部分，右侧是横道线部分。图上面用横栏表示时间，用水平线段在时间坐标下标出项目的进度线，水平线段的位置和长

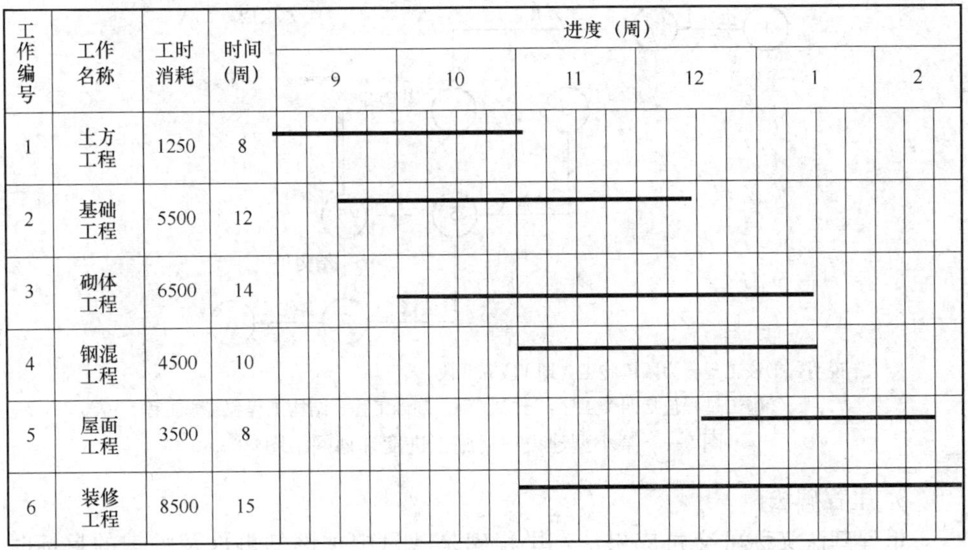

工作编号	工作名称	工时消耗	时间（周）	进度（周）					
				9	10	11	12	1	2
1	土方工程	1250	8						
2	基础工程	5500	12						
3	砌体工程	6500	14						
4	钢混工程	4500	10						
5	屋面工程	3500	8						
6	装修工程	8500	15						

图 9-3　用横道图表示的进度计划图

短反映该项目从开始到完工的时间。

在对进度进行控制时，横道图比较法是一种反映进度实施状况的方法，把项目实施过程中收集到的实际进度用横道线直接绘于计划横道图上，将实际进度与计划进度进行直观比较，可以反映项目的实际进度和计划进度之间的关系。这种方法简单明了，易于掌握，便于检查和计算资源需求情况。缺点是不能全面反映各项工作之间的逻辑关系和整个工程的主次工作，难以对计划做出准确的评价。

2. 网络计划法

网络计划是以网络图的形式来表达工程的进度计划，在网络图中可确切地表明各项工作的相互联系和制约关系；其次是可以计算出工程各项工作的最早和最晚开始时间，从而可以找出关键工作和关键线路。所谓关键线路是指在该工程中，直接影响工程总工期的那一部分连贯的工作。通过不断改善网络计划，就可以求得各种优化方案。例如工期最短；各种资源最均衡；在某种有限制的资源条件下，编出最优的网络计划；在各种不同工期下，选择工程成本最低的网络计划等。

此外，在工程实施过程中，根据工程实际情况和客观条件的变化，可随时调整网络计划，使得计划永远处于最切合实际的最佳状态，保证该项工程以最小的消耗，取得最大的经济效益。网络图有单代号网络、双代号网络和时标网络三种表现形式。图 9-4 是以双代号网络计划图表示的某市小型建设项目的施工进度计划。

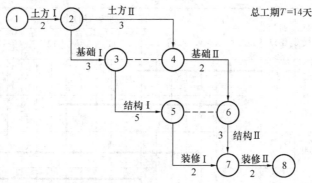

说明：①该工程分为两段施工，即Ⅰ段和Ⅱ段。
②施工过程包括四个工序：土方工程、基础工程、结构工程和装修工程。

图 9-4 某小型建设项目施工进度计划网络图❶

3. 里程碑法

里程碑法又称可交付成果法，里程碑是项目中关键的事件及关键的目标时间，是项目成功的重要因素。该方法是在横道图或者网络图上标示出一些关键事项，这些事项能够被明显地确认，是反映进度计划执行中各个阶段的目标，一般是处于关键线路上的一些关键项目，这些事项对项目进度计划能否顺利实现具有重大的影响。通过这些关键事项在一定时间内的完成情况可反映项目进度计划的进展情况，这些关键事项被称为"里程碑"。

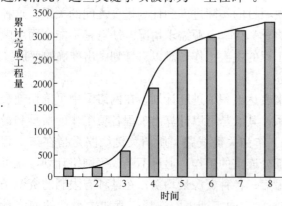

图 9-5 S 形曲线图

4. S 形曲线比较法

在 S 形曲线中，横坐标表示时间，纵坐标表示累计完成工作量。因为一般工程的图形式中间陡而两头平缓的形如"S"的曲线，故得此名，如图 9-5 所示。

如同横道图，S 形曲线也能直观反映工程项目的实际进展情况。首先根据进度计划安排画出计划的 S 形曲线，在项目实施过程中，每隔一定时间再将实际进展情况按同样方法绘制在原计划的 S 形曲线上进行直观比较，通过比较，可以获得以下信息：

（1）工程项目实际进展状况。如果工程实际进展点落在计划 S 曲线左侧，表

---

❶ 参见刘洪玉主编，房地产开发经营与管理，中国建筑工业出版社，2007。

明此时实际进度比计划进度超前,如图 9-6 中的 a 点;如果工程实际进展点落在 S 曲线右侧,表明此时实际进度拖后,如图 9-6 中的 b 点;如果工程实际进展点正好落在计划 S 曲线上,则表示此时实际进度与计划进度一致。

(2) 实际进度超前或拖后的时间。如图 9-6 所示,ΔT_a 表示 T_a 时刻实际进度超前的时间;ΔT_b 表示 T_b 时刻实际进度拖后的时间。

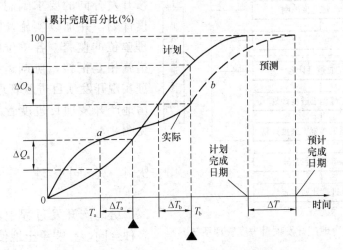

图 9-6 S 形曲线表示的工程进度比较图

(3) 实际进度比计划进度超额或拖欠的任务量。如图 9-6 所示,ΔQ_a 表示 T_a 时刻超额完成的任务量,ΔO_b 表示 T_b 时刻拖欠的任务量。

(4) 后期工程进度预测。如果后期工程按原计划速度进行,则可做出后期工程计划 S 曲线,如图 9-5 中虚线所示,从而可以确定工期拖延预测值 ΔT。

另外,工程项目的进度管理中,还有香蕉曲线比较法、前锋线比较法、列表比较法等多种方法。

9.3.3 进度控制中关注的因素

影响工程进度的因素很多,需要特别重视的有以下几方面:

1. 材料、设备的供应情况。包括各项设备是否完成,计划运送日期;各种材料的供货厂商是否落实、何时交货、检验及验收办法等。

2. 设计变更。设计的修改往往会增加工作量,延缓工程进度。

3. 劳动力的安排情况。工人过少会完不成进度计划中规定的任务,而工人过多则会由于现场工作面不够而造成窝工,因而也完不成任务。所以要适当安排劳动力数量。

4. 气象条件。应时刻注意气象条件,天气不好(如下雨、下雪),则安排室内施工(如室内装修);天气晴朗时,加快室外施工进度。

9.3.4 房地产开发项目进度管理系统

现代房地产开发建设过程中，房地产开发商一般不直接对项目实施进度进行控制和管理，而是委托建设监理单位进行进度控制，监理单位根据建设监理合同分别对开发商、设计单位、施工单位的进度管理实施监督。各单位都按开发合同的要求编制本单位的进度计划，并加以实施，同时接受监理单位的监督。各单位的进度管理措施相互衔接，协调运行，从而保证实现开发项目进度管理的总目标。房地产开发项目进度管理系统可参见图 9-7。

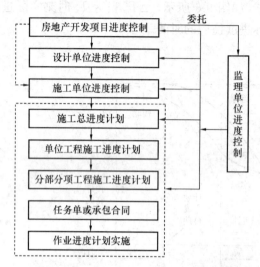

图 9-7 房地产开发项目进度管理系统图

9.4 合同管理

房地产开发过程中，需要签订多种合同，有购买土地使用权合同、征地合同、拆迁安置合同、委托设计合同、项目施工发包合同、购买建材及设备合同、房屋销售合同等。开发商与签约方需要利用合同这一法律形式，明确双方的权利和义务。合同管理是房地产开发项目管理中不可缺少的重要内容，已经成为与质量管理、进度管理、成本管理等并列的重要管理职能之一。下面着重介绍房地产项目施工阶段的合同管理。

9.4.1 房地产开发项目合同的特点

房地产开发项目合同，是指房地产开发商与项目承包人为完成确定的房地产开发项目所规定的内容，明确双方权利义务关系而达成的协议。项目合同除具有一般合同的特征外，还具有以下特点。

1. 合同标的物的特殊性

合同标的物——房地产开发项目具有固定性的特点，建筑产品投资大，同时受自然条件的影响大，不确定因素多。

2. 合同执行周期长

项目合同执行周期长是由项目施工周期决定的。在长时间内，如何保证及时实现合同约定的权利，履行合同约定的义务是工程项目合同管理中始终应注意的问题，要求开发商加强项目合同全过程管理。

3. 合同内容多，涉及范围广

由于开发项目涉及经济法律关系的复杂性及每个开发项目的特殊性，开发项目受到多方面的制约和影响，这些都要相应地反映在项目合同中。范围广主要表现在项目合同的签订和实施过程中会涉及多方面的关系，如监理单位、承包方、分包方、材料供应单位、构配件生产和设备加工厂家、银行及保险公司等。

4. 合同风险大

由于项目合同的上述特点以及金额大、竞争激烈等因素，构成和加剧了项目合同的风险性。

9.4.2 房地产开发项目合同的作用

1. 明确开发商和承包方在项目实施中的权利和义务

项目合同是承发包双方行为的准则，项目合同对承发包双方起制约作用，明确了承发包双方的权利和义务关系。

2. 项目实施阶段实行社会监理的依据

对建设工程实行社会监理，项目合同是依据，没有项目合同，监理就没有衡量标准。

3. 项目实施的法律依据

项目合同在法律上有很大作用，它是依法保护承发包双方权益，追究违反项目合同的行为的法律依据，也是调解、仲裁和审理项目合同纠纷的依据。

9.4.3 房地产开发项目的主要合同与分类

1. 房地产开发项目的主要合同关系

（1）开发商的主要合同关系：开发商为了顺利地组织实施其所承担的开发项目，需要在开发过程中签署一系列的合同，这些合同通常包括：土地使用权出让或转让合同、勘察设计合同、贷款合同、咨询合同、工程施工合同、采购合同、销售合同、联合开发或房地产转让合同等。

（2）承包商的主要合同关系：承包商是工程施工的具体实施者，是工程承包（或施工）合同的执行者。由于承包商不可能、也不需要必须履行工程承包合同的所有工作，因此其通常将许多专业工作委托出去，从而形成了以承包商为核心的复杂合同关系。承包商的主要合同关系包括：工程承包合同、分包合同、供应（采购）合同、运输合同、加工合同、租赁合同、劳务供应合同、保险合同、融资合同、联合承包合同等。

2. 房地产开发项目合同的分类

合同的类型可以按不同的方法分类。如按签约各方的关系可以分为工程总承包合同、工程分包合同、转包合同、劳务分包合同与联合承包合同等。按计价方式分类又可以分为固定总价合同、计量估价合同、单价合同、成本加酬金合同等形式，在这里主要对此分类方式进行介绍。

（1）固定价格合同

工程价格在实施期间不因材料、人工等要素价格以及费用的变化而调整合同价格，在工程价格中应考虑价格风险因素并在合同中明确固定价格包括的范围。即，合同总价或者单价在合同约定的风险范围内不可调整。

（2）可调价格合同

工程价格在实施期间可随生产要素以及费用的变化而进行调整，但是对价格调整的范围和方法应在合同条款中约定。即，可调价格合同中的合同总价或者单价在合同实施期内，可以根据合同约定的方法进行适当的调整。

（3）成本加酬金合同

成本加酬金合同，按照酬金确定方法的不同，可以分为成本加固定酬金合同和成本加固定费率合同。

成本加固定酬金合同，是指工程成本按现行计价依据以合同约定的办法计算，而酬金的数额大小往往根据市场竞争确定的数额计入合同。此时，成本可以根据工程量的变化而变化，但是酬金的数额是固定不变的，与成本的大小无关。

成本加固定酬金率合同，是指工程成本按现行计价依据以合同约定的办法计算，而酬金数额的大小是以工程成本乘以通过竞争确定的费率计算，此时的成本和酬金之间存在正相关的关系，成本越大，酬金也就越高。

房地产开发项目的开发建设合同确定了签约双方在开发建设过程中的权利和义务，不同价格类型的合同不仅反映了合同当事人对将来可能出现的风险的一种分担，同时，不同价格形式的合同也会对当事人在控制成本、提高质量，缩短工期方面产生不同的激励作用。因此，房地产开发企业需要根据项目的特点和要求，权衡合同的风险和激励因素来合理地设计工程价格合同，以便更好的实现企业的目标。

9.4.4 房地产开发项目合同管理的主要内容

房地产开发项目，通过招标投标方式确定工程施工单位以后，必须在招标文件的标底基础上与中标单位谈判签约，就工程承包中涉及的有关经济、技术、材料等问题，订立详细的工程承包合同。开发商在工程施工过程中，需要经常检查合同的执行情况，督促施工企业执行合同条款，根据工程实际进度与施工单位商议合同中的某些条款需要更改或取消等等。这些内容构成了开发商在工程项目管理中合同管理的主要内容。

同时，由于不对称信息和不完全信息的影响，合同不可能对双方在将来履约过程中出现的所有情形进行合理约定，因而合同必然是不完备的。在合同招标和履约过程中，可能会出现各种道德风险和逆向选择行为，这些行为因素的出现可能导致合同履行的低效率或者不能履行。因此，对开发项目开发建设合同的管理还包括对合同的设计管理，通过合理的合同设计保证合同事先可以选择最有效率的承包商或者供应商。

9.5 建设监理

根据我国现行建设管理体制的要求，建设工程项目要实行监理制，即委托专业化、社会化的监理公司对项目的建设进行监理。当前，我国建设监理的重点在工程施工阶段，并积累了一些经验。在房地产开发项目的开发建设过程中，一般由房地产开发公司委托专业建设监理的专业机构，根据工程承包合同对工程项目施工进行监理。

监理单位在房地产开发项目工程施工阶段的主要工作是对工程质量、进度、成本的管理以及合同管理和信息管理等工作。

9.5.1 监理单位的主要工作内容

1. 协助业主与承包单位编写开工申请报告；
2. 查看建设场地，办理向承包单位的移交；
3. 确认总承包单位选择的分包单位；
4. 制定施工总体规划，审查承包单位的施工组织设计（包括进度计划）和施工技术方案，提出改进意见，下达单位工程施工开工令；
5. 审查承包单位的材料和设备的采购清单；
6. 检查工程使用的材料、构件和设备的规格及质量；
7. 检查施工技术措施和安全防护措施；
8. 主持协商业主、设计、承包和监理单位提出的工程设计变更；
9. 监督承包合同的履行，主持协商承包合同的条款的变更，调解合同双方的争议，处理索赔事项；
10. 检查工程进度和施工质量，审查工程计量，验收分部分项工程，签署工程付款凭证；
11. 督促整理承包合同文件和技术档案资料；
12. 组织工程竣工初步验收，编写竣工验收报告；
13. 核查工程结算。

监理公司在规定保修期内，负责检查工程质量状况，组织鉴定质量问题的责任，督促责任单位及时进行修理。

9.5.2 监理单位的其他工作

此外，监理公司还可以在工程建设的不同阶段提供一些专门的咨询服务，比如：在工程项目建设前期，在决策阶段，提供项目建议书的编制和可行性研究与技术经济论证咨询服务；协助业主编制工程建设各种估算；在工程设计阶段，协助业主组织工程设计方案竞赛或工程设计招标、审查与组织评选工程设计方案、核查工程设计和概预算、验收工程的设计文件；在招投标阶段，编制工程施工的招标标底等。以上专业性工作也是房地产开发建设监理的发展方向。

9.6 竣工验收

工程项目的竣工验收是指承建单位将竣工项目及与该项目有关的资料移交给建设单位，并接受建设单位（监理单位）组织的对项目质量和技术资料进行的一系列审查验收工作的总称。工程项目的竣工验收是检查工程项目是否符合设计要求和质量要求的重要环节，是建设周期的最后一个程序。如果工程项目已达到竣工验收标准，就可以进行竣工验收交接。

9.6.1 竣工验收的要求

当开发项目完工并且具备竣工验收条件后，由承包商按国家工程竣工验收有关规定，向开发商提供完整竣工资料及竣工验收报告，并提出竣工验收申请。之后，开发商负责组织有关单位进行验收，并在验收后给予认可或提出修改意见。承包商按要求修改，并承担由自身原因所造成的修改费用。

1. 竣工验收的基本要求。房地产开发项目进行竣工验收应做到：

（1）完成工程设计和合同约定的各项内容。

（2）施工单位在工程完工后对工程质量进行了检查，确认工程质量符合有关法律、法规和工程建设强制性标准，符合设计文件及合同要求，并提出工程竣工报告。工程竣工报告应经项目经理和施工单位有关负责人审核签字。

（3）对于委托监理的工程项目，监理单位对工程进行了质量评估，具有完整的监理资料，并提出工程质量评估报告。工程质量评估报告应经总监理工程师和监理单位有关负责人审核签字。

（4）勘察、设计单位对勘察、设计文件及施工过程中由设计单位签署的设计变更通知书进行了检查，并提出质量检查报告。质量检查报告应经该项目勘察、设计负责人和勘察、设计单位有关负责人审核签字。

（5）有完整的技术档案和施工管理资料。

（6）有工程使用的主要建筑材料、建筑构配件和设备的进场试验报告。

（7）建设单位已按合同约定支付工程款。

（8）有施工单位签署的工程质量保修书。

（9）城乡规划行政主管部门对工程是否符合规划设计要求进行检查，并出具认可文件。

（10）有公安消防、环保等部门出具的认可文件或者准许使用文件。

（11）建设行政主管部门及其委托的工程质量监督机构等有关部门责令整改的问题全部整改完毕。

2. 竣工验收中遗留问题处理。在工程项目建设过程中，由于各方面原因，仍有一些零星项目不能按时完成,开发商与建筑承包商应进行协商并妥善处理。

9.6.2 竣工验收的范围及依据

1. 验收范围。凡房地产开发项目必须按批准的设计文件和合同规定的内容建成,还应验收土地使用情况,以及单项工程、市政、绿化及公用设施等配套设施项目等。

2. 验收依据。项目竣工验收的依据是批准的设计任务书、初步设计、技术设计文件、施工图、设备技术说明书、有关开发建设的文件,以及现行的施工技术验收规范、施工承包合同等。

9.6.3 竣工验收的工作程序

开发项目竣工验收的工作程序一般分为以下阶段。

1. 工程完工后,施工单位向开发商提交工程竣工报告,申请工程竣工验收。实行监理的工程,工程竣工报告须经总监理工程师签署意见。

2. 开发商收到工程竣工报告后,对符合竣工验收要求的工程,组织勘察、设计、施工、监理等单位和其他有关方面的专家组成验收组,制定验收方案。在开发小区总体建设项目中,一个单项工程完工后,根据承包商的竣工报告,可先办理单项工程竣工验收。

3. 开发商应当在工程竣工验收7个工作日前将验收的时间、地点及验收组名单书面通知负责监督该工程的工程质量监督机构。

4. 开发商组织工程竣工验收。

(1) 建设、勘察、设计、施工、监理单位分别汇报工程合同履约情况和在工程建设各个环节执行法律、法规和工程建设强制性标准的情况;

(2) 审阅建设、勘察、设计、施工、监理单位的工程档案资料;

(3) 实地查验工程质量;

(4) 对工程勘察、设计、施工、设备安装质量和各管理环节等方面作出全面评价,形成经验收组人员签署的工程竣工验收意见。

参与工程竣工验收的建设、勘察、设计、施工、监理等各方不能形成一致意见时,应当协商提出解决的方法,待意见一致后,重新组织工程竣工验收。

5. 工程竣工验收合格后,开发商应当及时提出工程竣工验收报告。工程竣工验收报告主要包括工程概况,开发商执行基本建设程序情况,对工程勘察、设计、施工、监理等方面的评价,工程竣工验收时间、程序、内容和组织形式,工程竣工验收意见等内容。

6. 竣工验收备案。开发商应当自工程竣工验收合格之日起15日内,依照《房屋建筑工程和市政基础设施工程竣工验收备案管理暂行办法》的规定,向工程所在地的县级以上地方人民政府建设行政主管部门备案。

办理工程竣工验收备案应提交的文件包括:工程竣工验收备案表;工程竣工

验收报告；法律、行政法规规定应当由规划、公安消防、环保等部门出具的认可文件或者准许使用文件；施工单位签署的工程质量保修书；法规、规章规定、必须提供的其他文件。商品住宅竣工验收还应当提交《住宅质量保证书》和《住宅使用说明书》。

思考题

1. 房地产开发质量管理的特点是什么？
2. 房地产开发项目质量管理主要有哪些工作内容？
3. 房地产开发项目质量管理的主要途径和方法有哪些？
4. 房地产开发项目施工阶段的成本管理主要有哪些工作内容？
5. 房地产开发项目成本管理的主要方法是什么？
6. 房地产开发项目进度管理主要有哪些工作内容？
7. 房地产开发项目进度控制中关注的主要因素有哪些？
8. 房地产开发项目主要涉及到哪些合同？
9. 房地产开发项目合同管理的主要内容是什么？
10. 房地产开发项目建设监理的主要工作有哪些？
11. 房地产开发项目竣工验收有哪些要求？
12. 房地产开发项目竣工验收的主要程序是什么？

第10章
房地产开发项目市场推广

本章学习要求：

1. 掌握房地产开发项目市场推广的主要渠道；
2. 熟悉广告推广、活动推广及房地产客户关系管理，房地产开发项目定价方法、定价策略，房地产开发项目销售管理的主要工作内容；
3. 了解房地产开发项目市场推广渠道的分类方式，挖掘卖点、提炼市场推广主题，房地产开发项目的价格调整。

10.1 房地产开发项目市场推广渠道

10.1.1 房地产市场推广渠道的分类

房地产市场推广渠道是将房地产产品交给最终消费者手里的途径，可以有以下的分类方式：

1. 长度结构

按照中间环节的多少，可以将营销渠道分为零级渠道、一级渠道、二级渠道和三级渠道。

（1）零级渠道。零级渠道又称直接渠道，是指没有中间商的参与，由房地产开发商自己直接将房地产销售或租赁给消费者的渠道类型。此适合于房地产开发商的直接营销方式，主要是房地产开发商自设销售部。

（2）一级渠道。一级渠道包括一级中间商。在房地产市场，这个中间商通常是房地产开发商委托销售代理的房地产经纪公司。

（3）二级渠道和三级渠道。二级渠道包括两级中间商。消费品二级渠道的典型模式经由批发商和零售商两级转手经销。在工业品市场则是由代理商和批发商组成。三级渠道包括三级中间商。一般消费面比较宽的日用品经常采用三级渠道，如副食品、啤酒等。二级渠道和三级渠道通常不适合于房地产项目。

2. 直接渠道和间接渠道、长渠道和短渠道

根据分销渠道的层级结构，可以分为直接渠道和间接渠道、长渠道和短渠道。

直接渠道是指没有中间商参与，由房地产开发商自己直接将房地产销售或租赁给消费者的渠道类型，即零级渠道。间接渠道是指通过一级或多级中间商参

与，将房地产销售或租赁给消费者的渠道类型。一级、二级和三级渠道都是间接渠道。

3. 宽渠道和窄渠道

根据每一层级渠道使用同一种类型中间商的多少，可以划分渠道的宽度。其中，选择中间商较多的渠道被称为宽渠道，选择中间商较少的渠道被称为窄渠道。例如，房地产独家代理可以称为窄渠道，而联合代理的数量较多时，可以认为是宽渠道。

10.1.2 房地产开发项目市场推广的主要渠道

1. 开发商自行销售

房地产开发商自行销售的特点是通过与消费者的直接接触，有利于搜集消费者对产品的意见、改进企业的工作、建立企业良好形象从而提高企业的市场竞争力。一般在下述情况下，开发企业愿意自行租售。

（1）大型房地产开发公司。大型房地产开发公司内部一般设有专门的销售部门或销售公司，往往有自己成熟的销售网络和较高的业务水平，提供的自我服务有时比代理中间商更为有效，此时开发商愿意自行销售。这种方式要求房地产开发商拥有一个既懂房地产营销又懂相关专业知识的高素质营销队伍。

（2）处于卖方市场。当市场为卖方市场时，楼盘供不应求，开发商往往不需要聘请代理机构就可以获得丰厚的利润，特别是对于那些品质优良、市场反应良好的项目。

（3）定向开发。有些项目在投资决策或前期工作阶段就已经确定了销售对象，定向为某些业主开发，这种情况下一般就无需委托代理了。

（4）节约成本。委托租售代理要支付相当与售价1%~3%的佣金，所以从节约成本的角度考虑，有时开发商更愿意自行销售。

2. 委托代理

房地产开发的市场推广活动中，很多开发商借助于租售代理机构的帮助，利用代理机构所拥有的优势，这也是未来的发展趋势，是社会分工更加精细化的结果。这是因为优秀的房地产代理机构往往有熟悉市场情况、具备丰富的租售知识和经验的专业人员，对其所擅长的市场领域有充分的认识，对市场当前和未来的供求关系非常熟悉，或就某类房地产的销售有专门的知识和经验。

对于那些专业的房地产代理公司，并不是简单的销售介入，而是在项目的前期就已经介入，帮助房地产开发商进行项目策划和市场定位等，因为房地产代理公司和房地产经纪人的丰富的经验是开发商所必需的。物业代理的营销形式是通过代理合同确定的。传统的代理形式主要有如下几类。

（1）联合代理与独家代理

联合代理是指开发商委托两家或两家以上的物业代理商从事同一项目的营销

业务。通过联合代理合约，规定各代理商的职责范围和佣金分配；独家代理是指开发商仅委托一家代理商从事某一项目的营销业务。

(2) 买方代理、卖方代理和双重代理

买方代理是指买方委托收购物业的营销代理；卖方代理是指受卖方委托，销售物业的营销活动；双重代理是指同时受买卖双方委托的营销代理活动。一般而言，代理佣金向委托方收取。

(3) 首席代理和分代理

对于大型项目，开发商也可能会委托一家代理商作为项目营销首席代理，全面负责该项目的代理业务。再由首席代理商去委托分代理，分工负责某些部位或某些地域的代理业务。

10.2 房地产开发项目市场推广

10.2.1 挖掘卖点

市场营销组合是产品、价格、渠道和促销四个要素的有机组合。在房地产市场营销概念中，将房地产的促销定义为市场推广，因此房地产市场推广就是房地产促销。房地产市场推广的目的是与客户沟通，与客户沟通的目标是将所推广的房地产的卖点告知潜在购买者，让他们对该房地产有一个具体和清晰的了解。在进行具体的推广工作之前，要做好一定的准备工作，包括在对区域市场、竞争楼盘及消费者进行调研的基础上，对该房地产项目的强势、弱势进行分析，进一步挖掘楼盘的卖点，并对所需的费用、组织模式、阶段安排等进行统筹计划，从而为房地产项目的推广实施打下坚实的基础。

1. 挖掘卖点

卖点是产品所特有、不易被竞争对手抄袭的，同时又是可以展示和能够得到目标客户认同的特点。一个房地产项目要成功地推向市场，就应充分将其美好的、独特的、吸引人的卖点表现出来。

2. 卖点具备的条件

从上述定义可以看出，卖点必须具备3个条件：①卖点是楼盘自身具有的优势，不易被竞争对手抄袭的个性化特点；②卖点必须具有能够展示，能够表现出来的特点；③卖点必须是能够得到目标客户认同的特点。

需要强调的是，卖点的建立并非静止不变。例如：由于项目定位与项目销售之间有一定的时间间隔，在这段时间里，市场情况往往会发生某些变化，在定位阶段确定的个性化特点有时到了销售阶段已无法发挥，必须重新挖掘；再如，一些项目到了销售后期，前期建立的卖点已经无法发挥原有的效应，那么销售后期应当重新挖掘卖点，因此卖点的挖掘应当坚持动态的观点。

10.2.2 提炼推广主题

在项目卖点挖掘完成之后，企业还应将其加以提炼，形成具体的宣传重点，以便在随后进行的广告推广中加以运用。

将项目的卖点精炼为一二句话就形成项目的推广主题。主要解决"是什么样的物业？""卖给什么人？""能达到什么效果或有什么好处？"三个问题。具体可以从产品定位、客户定位和形象定位三个方面来寻找。

1. 从产品定位中寻找物业主题

首先要让消费者明确该项目是什么物业，要熟悉物业的基本构成，如交通状况、绿化、建筑设计特点、装修标准等。

（1）产品定位的意义

以房地产开发商或土地使用者的立场为出发点，满足其利益为目的；以目标市场潜在的客户需要为导向，满足其产品期望；以土地特性及环境条件为基础，创造产品附加值；以同时满足规划、市场、财务三者的可行性为原则，设计供求有效的产品。

（2）产品定位的内容

产品定位包含小区规划、建筑风格、小区环境、户型设计、功能定位、物业名称、物业管理等内容。将这些内容提炼为具体的主题，即形成物业主题，见表10-1。

产品定位内容与推广主题内容　　　　　　　　　　表 10-1

序号	产品定位内容		推广主题内容
1	位置及规模	具体化为	交通条件、周边配套、总占地、总建筑面积、总套数
2	建筑风格		描述该种风格的独立面特点
3	小区环境		楼间距、绿化率、容积率、绿化面积、各项配套
4	户型设计		户型种类、面积、室内布局、使用率及细部介绍
5	功能定位		社区智能化程度介绍及装修标准
6	物业名称		诠释楼盘名称的内涵、外延
7	物业管理		物业管理公司名称、服务内容、收费标准、配套设施

2. 从客户定位中寻找市场主题

准确的项目定位可以锁定项目的目标市场和目标消费者，在项目有了明确的市场定位之后，该项目所面向的消费者一般来说就很明确了；这类消费群体是怎样的一些人，他们的职业、收入、年龄、性别、文化层次、喜好及未来需要是怎样的、以及由此而引起的消费倾向等。

市场主题即从客户定位中找出符合其需要及能力的要素，并对这些要素加以描述，突出"卖给什么人、供什么人享用"。

3. 从形象定位中寻找广告主题

广告主题是广告所要表达的重点和中心思想,是通过一二句精炼的广告语来体现的,提高消费者对该项目的期望值,使其产生许多美好的联想和希望。例如,深圳招商地产海月花园的主打广告语"海风一路吹回家",让人不仅明白交通的便捷,更体验到了海边生活的幸福和温馨。

广告主题作为信息的焦点,在一个广告中不能有太多的诉求主题,而应根据不同的情况进行筛选。

10.2.3 市场推广的主要方式

1. 广告推广

在现代信息传播条件下,广告被认为是一种信息传播的有效途径。从目前的实际操作情况来看,房地产项目推广以广告宣传为主,广告效果的好坏直接影响到整个推广过程的成败。

(1) 房地产广告目标

根据企业的营销策略和目标消费者的情况,房地产广告目标主要分为通知、说服、提醒三类。

通知性广告是通过广告活动向目标消费者提供种种信息,主要用于楼盘的市场开拓阶段,促发初级需求。比如为了让消费者购买即将推出的楼盘,企业首先要向目标消费者介绍新楼盘的有关信息,比如楼盘何时开盘,有哪些特点,开盘优惠价是多少等。房地产领域通知性广告一般在新楼盘推出时或在楼盘状况(如建设进度)、营销方式等方面发生变化时经常使用。

说服性广告在竞争阶段十分重要,主要是为了加深消费者对物业的认知深度,提高本企业房地产项目的竞争力,诱导说服消费者购买本企业房地产商品,所以又叫诱导性广告。这种广告的目的是使目标消费者的偏好从竞争对手的楼盘转到本企业的楼盘或者增加潜在消费者对本企业楼盘的偏好性。企业为了达到说服消费者的目的,需要在广告中将本企业产品的优势予以突出,增强消费者的认知深度。

提醒性广告较常用于房地产销售的中后期,或用于新旧楼盘开发的间隙期,以提醒消费者对该楼盘的记忆,加深消费者的印象。

(2) 房地产广告媒体

房地产广告推广渠道分为传统媒体和网络两种形式。传统媒体包括报纸、电台、电视台、杂志、信函、车身、户外广告、路牌等。对于房地产广告来说,根据楼盘不同的特征,在运用广告媒体上各有侧重。

①报纸。目前,报纸是房地产广告最常用的主流媒体。中国市场与媒体研究2000(简称CMMS2000)调查的20个城市居民总体中,通过报纸获取房地产信息的人占60.2%,并且49.9%的人经常阅读报纸及杂志中的广告。报纸由于覆盖面广、时效性强、信息量大、制作灵活,费用相对较低,符合房地产广告信息

传递的特点要求，因而成为房地产信息发布的主要载体。但其缺点是时效短。

②杂志。杂志作为视觉媒体，也是房地产广告采用的方式之一。杂志的目标针对性强，特别是专业性杂志；杂志印刷精致，图文并茂，对读者较有吸引力。其缺点是广告周期长、时效性差、缺乏灵活性。

③广播。广播是传播信息迅速、及时，不受时空限制，费用低廉，所以也是房地产广告的载体之一。其局限性主要是信息保留性较差，缺乏视觉冲击力。

④电视。电视媒体具有视听双重功能的特性，覆盖面广，收视率高，具有很强的吸引力和视觉冲击力，现在各大中城市电视台基本都有专门的房产栏目。其局限性主要是费用高昂，诉求重点不明确。企业在选择做电视广告时，要做细致的市场调查，选择合适的电视台和时间段，加强对目标受众的捕捉，提高广告的效果。

⑤户外广告。房地产户外广告也是很多大型房地产项目采用的主要推广手段之一。主要包括：路牌、霓虹灯、招贴、灯箱、宣传条幅以及车厢广告等，多布置于城市的主要交通路口、人群汇集地、产品所在地等处。户外广告的展示时间长；表现手段灵活，不太受竞争对手干扰。经调查了解，在房屋预购总体中，34.1％的预购者经常注意户外广告，这说明户外广告对有购房倾向的人群有较好的广告效果。

⑥售点广告。房地产售点广告主要指房地产销售处或楼盘销售现场的广告。可分为室外售点广告和室内售点广告。室外售点广告包括：广告牌、灯箱以及售楼处和楼盘上悬挂的横幅、条幅等；室内售点广告包括：售楼处内的楼盘、小区模型、照片以及电子显示屏等。

售点广告能有效引导和促进消费者对本楼盘特色的认识，树立售点及楼盘的形象，加深消费者印象，是重要的广告促销媒体之一。

【阅读材料】 美的海岸花园推广案例❶

在距美的海岸花园发售前五个月，一座面积超$2000m^2$，高3层，全面演绎地中海风情的营销中心，在美的海岸花园东大门落成。明快的色调、经典的造型、优良的品质，先声夺人地树立起了良好的口碑。营销中心内的装饰更能给人亲切、清新的感觉，从座椅围台、展板、喷画墙、围幔、沙盘模型、超大屏幕彩电、触摸屏系统，到接待台资料摆放处，处处体现专业地产开发商的精品意识和品牌形象，激发着看楼人员的购买欲望。

⑦直邮广告。房地产直邮广告也称为直投广告、DM广告，指通过邮寄方式发放楼盘介绍书、房源说明书、宣传小册子等广告。直邮广告传播对象的针对性较强，广告内容灵活，制作简便、费用较低。在设计上，应当注意从信封到内部的印刷品均应作到准确、形象、美观、有鲜明的个性，以减少目标消费者对此类广告的

---

❶资料来源：祖立厂，房地产营销策划，机械工业出版社，2005。

排斥心理。在国外，这种邮寄广告较为常见，在我国，适合于有比较大的客户群的项目或企业，例如一些大型开发商建立的客户会会员就是邮寄广告很好的对象。

⑧传单海报广告。房地产传单海报广告主要指通过人员散发关于企业或楼盘介绍的印刷品，散发地点常根据房地产目标消费者层次的不同，可选闹市街头、商店门口、办公楼聚集地以及住宅区等地。传单广告费用低廉、广告触及面较广，对加强宣传印象有一定的效力。但传单广告往往不为人重视，多见于市场影响力不强的项目。

⑨互联网传媒广告。互联网传媒广告指通过发送电子邮件以及在电脑网络上设立网站主页来发布房地产的相关信息。互联网传媒广告的时效性强，时刻都可以发送最新信息；不受地域限制；广告成本低廉；声、像、色、图齐全，表现手段灵活。但是目前看来，接受新事物还需一定的过程，有关统计表明，目前房地产营销实绩中，互联网传媒广告的贡献并不大。

(3) 房地产广告预算

房地产广告预算，是指房地产开发企业在一定时期内为了实现广告目标而投入广告活动的费用计划。它规定了广告活动期间广告所需费用总额以及使用范围。

①广告预算的内容

常见的广告预算内容包含以下几项：

广告调查费用。包括广告前期市场研究费用、广告效果调查费用、广告咨询费用、媒体调查费用、广告商调查费用等。

广告制作费用。包括照相、制版、印刷、录音、录像、摄影、文案创作、美术设计、广告礼品等直接制作费用。

广告媒体费用。包括购买报纸和杂志版面、电视和电台播出频道和时段、租用户外看板、灯箱、路牌、车身、网络等媒体的费用。

其他相关费用。指与广告有关的公共活动等费用。

②确定广告预算的方法

广告目标决定后，企业即可制定广告预算，即确定在广告活动上应花费多少资金。广告预算的确定要求广告部门与企业营销部门、财务部门一起确定广告预算总投资，进而对广告费用进行具体的预算分配。一般来讲，企业确定广告预算的主要方法有4种：

A. 量力而行法。量力而行法即企业根据自身的经济承受能力来确定广告预算。房地产企业由于项目开发建设投入资金量大，在进行广告之前，资金状况往往比较紧张，于是多采用这种方法。但是严格说来，量力而行法存在着一定的片面性，因为企业做广告的根本目的在于促进销售。因此，企业做广告预算时要考虑企业需要花多少广告费才能完成销售指标，而不是根据量入为出的观念来进行广告投放。

B. 销售百分比法。即企业按照销售额（销售实绩或预计销售额）的百分比来决定广告费用的投入。在房地产开发实践中，目前这种方法应用比较广泛。

假设广告费用为 A，销售额为 S，广告费占销售额的比例为 r，则广告费用计算公式为：

$$A = S \times r$$

式中，S 通常以上一年度或上一项目的销售额为依据，同时考虑当年或当前项目的具体情况，给予一定的增长率或减少率；r 则根据本企业的具体情况，一般采用行业的平均水平。这种计算方法虽然简单，但是也存在着很大的缺陷，即在逻辑上因果倒置，把广告支出看成销售收入的"果"而不是"因"，其实销售额的增长在一定程度上是由广告引起的。

C. 竞争对等法。这是比照竞争对手的广告费用来决定本企业的广告费用支出，这也是房地产企业常采用的方法。有以下两种主要计算方法：

广告预算＝竞争对手广告支出／竞争对手市场占有率×本企业预计市场占有率

广告预算＝本企业上年广告费×（1＋竞争对手广告费增减率）

采用这种方法，必须先了解竞争对手广告预算的可靠性，并且尽量维持竞争均势，以避免企业之间的广告大战。这种方法存在着很大的盲目性，没有考虑到竞争对手的广告费用是否合理；也有可能引发竞争升级，从而投入越来越多的广告费用。

D. 目标任务法。前面介绍的几种方法都是先确定一个总的广告预算，在此基础上再进行广告投入。然而比较科学的程序步骤应是：先明确确定广告目标，再决定为达到这种目标而必须执行的工作任务，最后估算执行这种工作任务所需的各种费用，这些费用的总和就是计划广告预算，这种确定广告预算的方法就是目标任务法。但是在实际操作上，本方法有一定的难度，因为无法准确的估计要达到既定的目标到底花费多少广告投入。

2. 活动推广

（1）活动推广的概念

活动推广是指企业整合本身的资源（企业及楼盘的优势和机会点），通过具有创意性的活动或事件使之成为大众关心的话题，吸引媒体报道与消费者参与，进而达到提升企业及楼盘形象，以及促进销售的目的。

（2）活动推广的时机

企业进行活动推广的时机有：①认为购买商品的新客户人数不够多时；②新项目导入市场的速度必须加快时；③该片区或某一特定时期，市场竞争特别激烈时；④企业想加强广告力度时；⑤主要竞争对手积极主办活动推广时；⑥企业想要获得更多消费者或路径等方面的情报时。

在活动推广过程中，与新闻媒介的合作尤其重要。最好的广告有时不需要支付任何费用，精明的推广策划人员常将项目的有关信息及时通报有关新闻单位，并及时邀请报刊记者到现场了解项目开发的进展情况，以新闻报道的方式介绍自己的项目并对项目状况做出评价，这比单纯的商业广告宣传更具吸引力和可信度，特别是有政府官员和社会知名人士参加的项目庆典仪式的新闻报道，效果更好。

(3) 活动推广的类型

①楼盘庆典仪式。在项目工程建设过程中举行的开工典礼、封顶仪式、竣工典礼、开盘仪式及业主入住典礼，将所开发的楼盘逐步推向市场，这就是楼盘庆典仪式。在楼盘庆典仪式中，应邀请具有一定社会影响力的机构、团体、个人参加。如邀请当地和全国有关的新闻机构的人员及可能买主参加，还可邀请政府有关人员和社会知名人士或演艺人士参加。楼盘庆典活动中，企业和当地政府官员或知名人士致辞、介绍物业情况、参观现场等应是必须的内容，此外还可安排茶点或自助餐招待，并可赠送一些小纪念品和有关宣传材料，有时还可安排一些文娱活动。

②社会公益活动。凡凭借艺术、音乐、文化、体育、环境保护或社会责任之名从事的公益活动，都具有非商业性及提升房地产产品品质的功能，较容易受到大众传媒的重视而成为有新闻价值的话题。企业从事公益活动，不仅能塑造卓越的企业形象，还可增强消费者信心，可谓一举两得。

③社区内活动。以举办并播报业主参加的各项大型活动来展示小区的文化内涵。通过间接的方式来引导消费者的购买行为，现已成为普遍流行的一种推广手段。其活动安排常选择在各种节假日，如元宵节灯谜晚会、重阳节敬老活动、"六·一"儿童运动会、圣诞狂欢夜等。此活动推广在增加社区人气的同时可以起到吸引外界目光的作用。

④大型有奖销售、打折促销活动。以"让利于民"的手段在短时间内聚集大量的人气，从而增加项目的知名度，并直接增加销售量，此活动有易组织、见效快的特点，但不宜经常举行，让人产生"低廉"和"抛售"的感觉，导致消费者产生对楼盘品质的怀疑而得不偿失。

⑤引导教育型活动。在信息爆炸的今天，不断地追求新知与接受再教育，已是现代人成就自己、肯定自己的绝佳途径，利用适当时机，针对消费者举办教育性质的活动，或间接利用小区内配套如学校的开学典礼来达到这一目的。

⑥善用时事型活动。善用一些重大时事来制造机会，可以起到借力使力、顺势推舟的效果，同样也可以造就一个楼盘项目的成功形象。例如中国代表团在1996年亚特兰大奥运会上取得佳绩之后举国欢庆，某楼盘（以体育概念为主）及时抓住这一可利用的局势，特聘多名奥运金牌获得者为其做形象宣传，收到了

非常好的效果。

3. 人员推广

与客户面对面的人员推广是传统的促销手段，也是目前开发商的主要促销形式之一，此时销售人员的业务能力成为促销效果的关键因素。人员推广中，应当注重销售队伍设计、人员招聘、人员培训、业绩评价与人员激励等。

此外，基于关系营销理论基础上的房地产客户关系管理，利用客户关系进行市场推广，也日渐成为房地产市场营销中越来越重视的手段，详见下面章节的分析和介绍。

10.2.4 房地产客户关系管理

对于大多数房地产企业而言，目前还停留于交易营销的阶段，房地产关系营销正是相对于传统的交易营销而言，是一种企业与客户共同创造价值的全新的营销理念，关系营销理论主张以消费者为导向，强调企业与消费者进行双向沟通，从而建立长久的稳定的互应关系，为企业在市场竞争中建立品牌优势。

在交易营销观念看来，是房地产企业创造了价值，认为房地产企业就是买地、打桩、盖房、卖房，产品价值的实现在销售之前就已经完成了，营销职能的体现，仅仅只是将这些价值通过销售手段经由客户完成向货币的转化而已。房地产关系营销与其相比得到极大的进化和精深，认为"客户与企业所维持的关系"最终创造价值，企业的关注点，已经超越产品本身，扩大至针对于客户的价值生成过程，即客户所创造出的可感知的价值的过程，并涉及到企业的各个环节、各个职能。

对客户关系的管理，将影响到客户的直接再次购买和间接购买（客户推荐购买）。房地产，少则几十万，多则上百万，乃至更高的价格，客户推荐产生的购买占据重要的比例。2002年底，万科委托盖洛普调查公司对万科所在城市的42000多户客户进行了一次满意度调查。从调查结果看，万科成功地将员工满意度转化成客户满意度——老业主的整体满意度为78%，忠诚度为56%；新业主的整体满意度为77%，忠诚度为50%。有63%的客户愿意再次购买二次产品，有75%的业主愿意叫他的亲朋好友来购买万科的产品。

1. 房地产客户关系管理的概念

客户关系管理（CRM，Customer Relationship Management）可以从以下三个层面来理解。

一是从战略和理念层面进行界定，是指遵循客户导向的战略，对客户进行系统化的研究，通过改进对客户的服务水平，提高客户的满意度，拓展客户群；同时，以强大的信息处理能力和技术力量确保企业业务行为的实施。

二是从企业管理模式、经营机制的层面进行定义，是指通过对企业的市场营销、销售、服务等业务流程的全面管理，来优化企业的资源配置，降低成本。

三是从应用层面上进行定义，是指通过技术投资，建立能搜集、跟踪和分析客户信息的系统，增加客户联系渠道、客户互动及信息整合。

房地产客户关系管理是指借助信息技术和新型的管理模式，以客户为导向，建立收集、挖掘、跟踪、分析客户信息的系统，对开发企业的市场营销、销售服务等业务流程进行全面管理，从而实现对市场的有效把握，发掘最大价值客户群，优化开发企业资源配置，提高企业竞争力。应用房地产客户关系管理目的在于建立一个使企业在客户服务、市场竞争、销售及支持方面形成彼此协调的关系实体。

2. 房地产客户关系管理的作用

当产品品质以及市场发展日趋成熟时，房地产企业开始重视客户关系管理与服务工作，将其与产品开发、销售、物业管理摆到同等重要的位置，这些企业都意识到：房地产品牌建设与营销推广不再局限于物业本身，客户关系管理与服务同等重要。

（1）房地产关系营销关注的是如何保持客户，追求利润最大化，客户关系管理则为其提供客户资源信息。

根据美国营销学者赖克海德和萨瑟的理论，一个公司如果将其客户流失率降低5%，利润就能增加25%至85%。房地产企业已经认识到保持现有顾客的重要性，一套完善的客户关系管理体系，建立房地产客户数据库，并有效地运用所储存的资料，能通过研究客户、开发客户、与客户沟通，有效留住客户，赢得客户的信赖与拥护。

（2）房地产关系营销高度重视顾客服务，以及发展与顾客的长期、稳定关系，客户关系管理藉由服务手段所培养的客户满意度与忠诚度为其提供支持。

当今的客户已经具备了住宅梯度消费的特征，这些购房者完全有可能成为一个品牌房产商的忠诚顾客。客户关系管理基于对客户的置业咨询、业主联谊、物业管理、商业结盟等手段，强化在客户心目中的美誉度和忠诚度。如对已预售别墅或高标准住宅，邀请业主共同参与监理，保证楼盘高质量地建设，使客户感受到企业是在设身处地为自己着想。

（3）房地产关系营销强调充分的客户承诺，客户关系管理为其提供保证。

由于住宅商品价值大、消费周期长、使用效果后验性强、涉及知识面广等特性，房产商的口碑在消费者心目中占据重要位置，许多消费者在作出购买决策时很注意听取老客户的评价和购买建议。因此，房地产商对客户长期负责的态度必须郑重其事。比如，别墅等高档住宅的购买者和写字楼、底铺等物业的租赁方，具有与房地产企业进行广泛合作和多次合作的可能性，把握这些客户关系的营销潜力，将远远超出一次性交易所能获得的利益。

（4）房地产关系营销认为所有部门都应关心质量问题，客户关系管理全程沟通化解客户抱怨。

如今的房地产企业大多具备多元经营的特征，从房地产价值链所涉及的动拆迁、规划设计、建筑施工、建材生产与采购、房屋装潢、园林绿化、房屋租售、中介咨询等领域选择若干项目从事经营。建筑质量是否优良、房屋面积的测定标准是否合理、交楼是否按时、物业管理水平优劣等都成其各方面的"质量"问题。在这里，保持与客户的沟通至关重要。根据美国营销协会的研究数据表明，只有三分之一的顾客是因为产品或服务有毛病而不满，其余三分之二的问题都出在沟通不良上。

3. 房地产客户关系管理理论的实践

房地产市场中单纯的产品买卖时代已经面临终结，未来房地产品牌竞争的趋势，正逐渐过渡到客户信息库、客户满意度、客户服务手段的竞争层面，以客户为本的客户服务观念将贯彻房地产开发、策划、销售、服务的全过程，因此对房地产企业在客户关系管理上的要求越来越高。在今天，我们看到许多知名房地产企业如万科地产、保利地产、金地地产、中海地产等，都在强调客户服务主题，以提升产品和企业形象。

在一些大型房地产公司中，"客户服务年"、"客户会"等活动的开展正是对房地产客户关系管理理论的具体实践。一般而言，只有大企业，而且必须是在经过长期发展、前期成功的不断积累、拥有成千上万名客户以后，才谈得上创建客户会。如深圳万科的"万客会"、广州合生创展的"合生会"、北京华润置地有限公司的"置地会"、深圳金地公司的"金地会"、华侨城地产的"侨城会"、中海地产的"海都会"等。客户会不仅仅是一个创新理念，一种升级服务，更是一种升级财富。例如，"万客会"的会员很多是万科的忠实拥趸者，他们中很多人都是万科项目的二次、三次、甚至多次的购买者。

4. 房地产客户关系管理的实施步骤

房地产客户关系管理的实施，主要解决两个方面的问题：一是管理理念问题，一是向新的管理模式提供信息技术支持问题。具体来说，房地产开发企业要实施客户关系管理，一般可分为以下几个基本部分：

（1）规划 CRM 战略目标，制定战略实施计划

房地产 CRM 的实施，首先应该明确利用 CRM 系统所需要实现的目标，如了解客户需求和偏好，提高客户个性化服务，缩短产品销售周期等。然后将每个目标进行量化，分阶段制定目标，根据这些细分目标制定战略计划，对实施 CRM 进行可行性评估，从总体上对引入 CRM 做出规划和安排。

（2）建立 CRM 应用环境

在企业内部，创造应用 CRM 良好的环境。这主要包括两个方面的内容：一是建立以客户为中心的企业文化，在企业内部创造一个实施 CRM 的良好氛围，

即解决管理理念方面的问题;二是调整企业组织机构,改变并重组企业业务流程。

(3) 设计 CRM 系统结构

CRM 的实施主要通过企业的营销、销售和服务部门之间的相互合作、协调,共同为客户提供满足客户需求的服务;同时,企业的其他相关部门如生产、财务部门也应与这些部门紧密合作。此外,CRM 系统结构的设计,应结合房地产行业自身的特点和企业本身的情况,以及实施 CRM 所确定的目标来设计。

(4) 选择合适的软件及配套设施,并注意人员的培训

开发企业应根据所设计的 CRM 的功能结构、房地产自身的特点及与企业现有系统集成的要求,来进行相关软件的配置及设施建设工作。

对项目的参与者和使用者进行培训是项目成果实施的一个先决条件,CRM 人员培训的重点主要表现在三个方面:一是通过培训改变观念;二是培训专业技术;三是培训创新能力。

(5) CRM 系统的运行和维护

在 CRM 运行阶段,开发企业的投资经营活动在以客户为中心的经营理念的指导下进行,各个部门按照新的业务流程展开工作,配合 CRM 系统使其发挥出核心作用。同时在运行过程中应注意 CRM 系统的维护,使 CRM 系统能以最优状态发挥作用。

(6) CRM 实施效果的评价与方案的改进

CRM 在运行过程中,可能会出现一些不合适之处,如功能设计在某些方面不合理,因此,必须对 CRM 的实施效果进行评估,检查哪些功能没有实现或达到预期的效果,目前的功能是否完善,是否还需要增加功能等。根据这些评价,对 CRM 方案做出一些调整,使其更加完善。

10.3 房地产开发项目价格策略

10.3.1 定价方法

定价方法是指企业为了在目标市场上实现定价目标,而给产品制定一个基本价格或浮动范围的方法。虽然影响房地产产品价格的因素很多,但是企业在制定价格时主要考虑产品的成本、市场需求和竞争情况。产品成本规定了价格的最低基数,而竞争者价格和替代品价格则提供了企业在制定其价格时必须考虑的参照系。在实际定价过程中,企业往往侧重于对价格产生重要影响的一个或几个因素来选定定价方法。房地产企业的定价方法通常有成本导向定价、购买者导向定价和竞争者导向定价三类。

1. 成本导向

成本导向定价是以成本为中心，是一种按卖方意图定价的方法。其基本思路是：在定价时，首先考虑收回企业在生产经营中投入的全部成本，然后加上一定的利润。成本导向定价主要由成本加成定价法、目标利率定价法和售价加成定价法三种方法构成。

(1) 成本加成定价方法

这是一种最简单的定价方法，实践中应用也较多，其原理就是在单位产品成本的基础上，加上一定比例的预期利润作为产品的售价。售价与成本之间的差额即为利润。这里所指的成本中，包含了税金。由于利润的多少是按成本的一定比例计算的，习惯上将这种比例称为"几成"，因此这种方法被称为成本加成定价法。它的计算公式为：

$$单位产品价格 = 单位产品成本 \times (1 + 加成率)$$

其中：加成率为预期利润占产品成本的百分比。

例如：某房地产企业开发某一楼盘，每平方米的开发成本为2000元，加成率为15%，则该楼盘：每平方米售价 = 2000 × (1+15%) = 2300 元。

这种方法的优点是计算方便，因为确定成本要比确定需求容易得多，定价时着眼于成本，企业可以简化定价工作，也不必经常依据需求情况而作调整。在市场环境诸因素基本稳定的情况下，采用这种方法可保证房地产企业获得正常的利润，从而可以保障企业经营的正常进行。

(2) 目标收益定价法

这种方法又称目标利润定价法，或投资收益率定价法。它是在成本的基础上，按照目标收益率的高低计算售价的方法。其计算步骤如下：

①确定目标收益率。目标收益率可表现为投资收益率、成本利润率、销售利润率、资金利润率等多种不同的形式。

②确定目标利润。由于目标收益率的表现形式的多样性，目标利润的计算也不同，其计算公式有：

$$目标利润 = 总投资额 \times 目标投资利润率$$
$$目标利润 = 总成本 \times 目标成本利润率$$
$$目标利润 = 销售收入 \times 目标销售利润率$$
$$目标利润 = 资金平均占用额 \times 目标资金利润率$$

③计算售价

$$售价 = (总成本 + 目标利润) / 预计销售量$$

例如：某房地产企业开发一总建筑面积为20万平方米的小区，估计未来在市场上可实现销售16万平方米，其总开发成本为4亿元，企业的目标收益率为成本利润率15%，问该小区的每平方米售价是多少？

解：目标利润 = 总成本 × 成本利润率

$$=4亿\times15\%$$
$$=0.6亿（元）$$

售价＝（总成本＋目标利润）/预计销售量

$$=（4亿＋0.6亿）/160000 平方米$$

$$=2875（元/平方米）$$

因此，该企业的定价为每平方米 2875 元。

目标收益率定价法的优点是可以保证企业既定目标利润的实现。这种方法一般适用于在市场上具有一定影响力的企业及市场占有率较高或具有垄断性质的企业。

（3）售价加成定价法

这是一种以产品的最后销售价为基数，按销售价的一定比率来计算加成率，最后得出产品的售价。其计算公式为：

单位产品售价＝单位产品总成本/（1－加成率）

例如：某楼盘的开发成本为每平方米 2500 元，加成率为 20％，则该楼盘的售价为：

$$售价=2500/（1-20\%）=3125（元/平方米）$$

这种定价方法的优点是对于销售者来说，容易计算出商品销售的毛利率；而对于消费者来说，在售价相同的情况下，用这种方法计算出来的加成率较低，更容易接受。

以上几种成本定价方法的共同点是：均以产品成本为制定价格的基础，在成本的基础上加一定的利润来定价。所不同的是它们对利润的确定方法略有差异。虽然较容易计算，但它们存在共同的缺点，即没有考虑市场需求和市场竞争情况。

2. 购买者导向

（1）价值定价法。价值定价法要求价格对于消费者来说，代表着"较低的价格，相同的质量"或"相同的价格，更高的质量"，即"物美价廉"。价值定价法不仅是制定的产品价格比竞争对手低，而且是对公司整体经营的重新设计，造成公司接近大众、关怀民生的良好形象，同时也能使公司成为真正的低成本开发商，做到"薄利多销"或"中利多销"。

（2）认知价值定价法。这是房地产商根据购买者对物业的认知价值来制定价格的一种方法，代表着一种"高价格、高价值"的定价哲学，用这种方法定价的房地产商认为定价的关键是顾客对物业价值的认知，而不是生产者或销售者的成本。认知价值定价法的关键在于准确地评价顾客对公司物业价值的认识。在使用认知价值定价法时，公司更重要的是要通过广告或其他舆论工具做好物业的市场推广工作，或是公司形象宣传，提高公司及其物业在消费者心中的地位，从而制定较高的价格。

【阅读材料】 采用认知价值定价法案例[1]

由某实业集团公司与某区建设发展总公司开发的某花苑,坐落于上海市某区,占地面积13265平方米,由一幢30层商住楼和三幢30层住宅楼组成。该楼盘于1994年12月底开工,1995年4月开始预售。当时上海的房地产市场状况低迷,为了更好地销售楼盘,开发商经过精心策划,推出了"客户开价"销售活动。

该活动的具体操作方式是:开发商拿出3~7层共30套房源,在确定其底价为每平方米5900元后,顾客可以以高于此价的任何价格报价。如果客户报价在最高的前12名以内,即以此价作为该客户的成交价,不另加层次和朝向费用。该活动推出后,立即在社会上引起了一个"客户开价"热潮,仅仅半个多月时间,参与报价的客户达63名。报价高的前12名客户按报价购买了该花苑的商品房,而其余客户在认识到该花苑的优良品质后,愿意出比"客户开价"更高的价格购买更好的楼层。从1995年8月31日至1995年底,该花苑共售出102套,占第一期推出楼盘的70%,取得了巨大的经济效益和社会效益。该活动使购房者感受到了买房由自己定价的全新体验,为上海房地产业更合理定价提供了一条新思路。

(3) 需求差异定价法

这种方法是根据顾客对需求程度的不同制定不同的价格。可以根据顾客在时间、地点、对象的不同,采取相应的定价策略。

①因产品而异。对同一产品按需求强度差异制定不同的价格,价格与产品成本没有直接关系。只是因为顾客往往有着比其他同类产品更为强烈的需求,因而价格也可相应提高。如:1994年初北京万科城市花园一期推出时,有清水红砖墙和混水墙两种建筑风格的产品,容积率、户型及建安造价基本相同,清水墙住宅基价3980元/m^2,混水墙住宅基价3600元/m^2,价差约为10%,销售速度清水房比混水房略快。至1997年,两种不同风格的住宅的价位形成明显的差距,清水墙住宅的一期房上升至4780元/m^2而告售罄,而一期混水墙基价仍然保持在3600元/m^2且略有库存。

②因时间而异。当需求随着时间的变化而发生变化时,对同一种产品在不同的时间应制定不同的价格。例如:同一楼盘的房子,作为期房刚开盘时售价为4500元/m^2,但随着工程形象进度的推进以及销售趋好,以现房出售,则价格调整至5500元/m^2。

③因地点而异。同样房型的房屋因坐落地点不同,出售时存在不同的需求强

---

[1] 资料来源:贾士军,房地产项目策划,高等教育出版社,2004。

度，可以分别制定不同的价格。例如一个小区内同样的户型，在环境景观好的位置的套型，就会比环境差一些的价格高一些。

④因顾客而异。根据顾客不同的需求特点，制定不同的价格。例如：同一楼盘售给团购客户或个人消费者，一般有着不同的价格。还可按照顾客的付款方式的不同，给予顾客相应的价格优惠。

采用需求差异定价法应具备以下条件：第一，市场可根据需求强度的不同进行细分。第二，各细分市场在一定时期内相互独立，互不干扰。第三，高价市场中没有低价竞争者。第四，价格差异适度，不会引起顾客的反感，并能促进产品销售。

3. 竞争者导向

房地产市场由于其异质性，与其他行业相比，房地产商有较大的自由度决定其价格。房地产商品的差异化也使得购买者对价格差异不是十分敏感。在激烈的市场竞争中，公司相对于竞争者总要确定自己在行业中的适当位置，或充当市场领导者、或充当市场挑战者、或充当市场补缺者。相应的公司在定价方面也要尽量与其整体市场营销策略相适应，或充当高价角色、或充当中价角色、或充当低价角色，以应付竞争者的价格竞争。

(1) 领导定价法。领导定价法实际上是一种定价策略，处于市场领导者地位的房地产开发商可以采用领导定价法。通常情况下，如果某公司在房地产业或同类物业开发中踞龙头老大地位，实力雄厚，声望极佳，就具备了采用领导定价法的条件，使其制定的价格在同类物业中居较高的价位。

(2) 竞争导向定价法。竞争导向定价法以市场上同类竞争品的价格为定价依据，但这并不意味着和竞争品价格相同。在一定条件下，企业可以制定出高于或低于竞争品的价格，以提高产品的竞争能力、实现盈利增加、提高市场占有率。如果公司具有向市场领导者挑战的实力，或者是其成本较低，或者是其资金雄厚，则房地产商可以采用竞争价格定价法。

(3) 随行就市定价法。指房地产商按照房地产市场中同类物业的平均现行价格水平定价的方法。市场追随者在以下情况下往往采用这种定价方法：① 难以估算成本；② 公司打算与同行和平共处；③ 如果另行定价，很难了解购买者和竞争者对本公司的价格的反应。采用随行就市定价法，公司在很大程度上就是以竞争对手的价格为定价基础的，而不太注重本公司产品的成本或需求。

10.3.2 定价策略

1. 心理定价策略

用户心理定价策略，是根据用户求廉、求吉等购房心理，微调销售价格，以加速销售或取得更大效益的定价策略，常用的有以下几种：

(1) 整数定价策略。对于一些高档公寓、别墅或外销房，其消费对象多是高收入者和上流社会人士,他们往往更关注楼盘的档次是否符合自己的心理需求,这类消费者购买高档商品房的目的除了自我享用以外,还有一个重要的心理因素,就是显示自己的财富或地位,而对其单价并不十分关心。所以,对于这类商品房,采取整数定价更为合适,如一些装修豪华、外观别致、气派不凡的高档别墅开价往往都是一套 300 万元、800 万元等。

(2) 尾数定价策略。也称为非整数定价,主要包括奇数定价、小数定价等。这种定价策略是根据消费者求廉的购房心理来制定的。商品房由于价值量巨大,其价格要比普通商品高得多,所以一般不会精确到小数点后面的位数,但有的可能会精确到个位数。消费者之所以会接受这样的价格,原因主要有两点:一是个位数是奇数的定价会给人价格便宜的感觉,比如每平方米售价 2333 元等。二是有些消费者会认为整数定价是概略性的定价,不够准确,非整数定价会让消费者产生开发商定价认真、一丝不苟的感觉,使消费者在心理上产生对经营者的信任感。

(3) 吉祥数字定价策略。吉祥数字定价策略就是根据某些消费者对数字的习惯心理制定商品房的价格。例如房地产价格比较流行使用吉利数字,如每平方米 5888 元、8888 元等,可能会满足客户求吉利的心理;又如采用尾数是 6、8、9 等数字来定价也是如此。

(4) 声望定价。声望定价是指房地产商利用消费者仰慕名牌物业或开发商的声望所产生的某种心理来制定物业的价格。消费者有崇尚名牌的心理,在房地产市场中也是如此,这种定价一般往往较高,用以彰显楼盘的档次。

(5) 招徕定价。房地产商利用部分顾客求廉的心理,特意将某些物业或其中的某些单元的价格定得较低以吸引顾客。例如,经常可以看到"××××元/m^2 起"的房地产广告价格,该起价较低而对消费者较有吸引力,但实际上物业的平均价格可能并不低。因为该起价可能是一个小区内,位置最不好的楼宇中的层次和朝向最不好的物业单元价格,而其他单元的价格则比该起价会有较大的上升。起价不能代表楼盘的真实价格。招徕定价由很多种类型,房地产商要注意选择有效的且不违背社会公德的方式来定价。

2. 折扣定价策略

折扣定价策略在原定价基础上减收一定比例的货款的定价策略。

(1) 现金折扣。这是对按约定付款的购房者给予一定的折扣,对提前付款者的购房者给予更大的折扣,以鼓励消费者提前付款。如购房人一次预付全部价款,则给以 5% 的折扣就属于现金折扣。典型的折扣条件是"5/10,30 天",表示付款期限 30 天,若客户能在 10 天内付清,则给予 5% 的折扣。现金折扣的目的在于鼓励顾客提早付清,以降低公司收账成本。这种折扣方式能加强卖方的收现能力,降低信用成本并阻止呆账的发生。在我国,一些房地产开发商也采用这种方法，如"现金一次性付清购房款，九五折优惠"等。现金折扣又可分为一次性付款折扣和分期付款折扣，显然，一次性付款折扣率要高于分期付款折扣率。

(2) 数量折扣。视购房者购买数量不同而给予不同价格优惠的策略，称为数量折扣策略，或称批量销售折扣策略。为刺激客户大量购买而给予一定折扣，购买量越大，给予的折扣率越高。数量折扣可以按每次购买量计算，也可按一定时间内的累积购买量计算。由于房地产商品的价值量较大，个人批量购买毕竟是少数，因此，当有单位或团体购买商品房时多用这种策略。

(3) 季节折扣。这是对在非消费旺季购买商品房的消费者提供的价格优惠，多见于旅游房地产项目，因为旅游季节对该类项目的销售会产生影响，例如海边的住宅和别墅。

(4) 推广折扣。这是向为物业进行广告宣传、展销等促销活动的房屋地产代理商提供的价格优惠。

3. 新产品定价策略

(1) 撇脂定价策略。撇脂定价策略又称"撇奶油"定价策略，是在一种新型的商品房刚进入市场的阶段，采用高价策略，在短期内赚取最大利润。

(2) 渗透定价策略。这是一种低价投放策略，即在一种新型商品房面市时，将价格定得很低，以低价获利，提高市场占有率。本定价策略针对的消费者对其价格比较敏感，购买行为往往受求廉心理支配，因而低价容易拓展销路，能有效地排斥竞争对手进入市场，从而使企业较长期占领市场。但本策略应避免价格太低，以免投资回收期较长。而且新型商品房若采取本策略低价出售，会引起消费者对物业质量的怀疑，影响新产品的公众形象。

4. 过程定价策略

在实际销售中，市场销售环境可能相当复杂多变，房地产企业往往需要在确定总体定价策略后，根据实际情况确定其销售过程的过程定价策略。过程定价策略一般有以下几种：

(1) 低开高走定价策略。低开高走定价策略就是随建筑物的成形和不断接近竣工，根据销售进展情况，每到一个调价时点，按预先确定的幅度调高一次售价的策略，也就是价格有计划定期提高的定价策略。这是一种较常见的定价策略，多用于期房销售。

调价频率的关键是吸引需求。每次调价后若能不断吸引客户购买，这就说明调价频率是正确的。没有市场客户积累基础的主观调价，不仅会影响购买人气，而且会直接影响市场成交量。调价幅度的关键是：小幅递增，一般每次调价涨幅在3%～5%之间，如每平方米5000元左右的，每次调价幅度在150元至250元之间较为合适。调价后的几天，可配以适当折扣策略，作为价格局部过渡，有新生客源流时，再撤销折扣。

【阅读材料】 广州锦城花园价格调整案例[1]

广州锦城花园通过项目设计、社区环境配套、物业管理等大量工作，项目综合素质得到广大消费者的认可。销售上采用低开高走的价格策略。低开的目的是吸引市场视线，其路线是提升价格。开盘时市场对锦城花园的心理价位也在10000元$/m^2$左右，但发展商却以7500元$/m^2$的价位推出，相差2500元$/m^2$的幅度形成了巨大的价格势能，引来滚滚的买家潮，在当时低迷的市场条件下取得了良好的销售效果。在接着的二期开发中，锦城花园利用一期产生的口碑和销售惯性，尽管价格提高了15%，但依然是购买踊跃。这种低开高走的策略，经过几次提价之后，开发商的利益已经得到很好的保证，销售速度和由此形成的口碑效应，是对锦城花园使用定价策略的成功肯定。

(2) 高开低走定价策略。这种定价策略类似"撇脂定价策略"，正如将一锅牛奶中的油脂（精华）部分一下撇走的做法，其目的是开发商在新开发的上市初期，以高价开盘销售，迅速从市场上获取丰厚的营销利润，然后降价销售，力求尽快将投资全部收回。

这种策略一般适用于以下情况：一是一些高档商品房，市场竞争趋于平缓，开发商在以高价开盘取得成功，基本完成了预期的营销目标后，希望通过降价将剩余部分迅速售出，以回笼资金；二是小区销售处于宏观经济的衰退阶段，或者由于竞争过度，高价开盘并未达到预期效果，开发商不得不调低售价，以推动市场吸纳物业，尽早收回投资。

(3) 稳定价格策略。这种价格策略是指在整个营销期间，售价始终保持相对稳定，既不大幅度提价，也不大幅度降价。这种策略一般适用于房地产市场状况稳定的区域内的销售，或是在房地产开发项目销售量小、项目销售期短时采用。例如，利用稳定价格策略销售几个大客户购买物业后剩下的小量部分物业。

价格对于营销的重要性无需赘述，因此不管决定选择哪种策略，重要的是对市场有清醒的认识、对楼盘有客观的分析，对策略执行有细密周详的计划，对价格与其他营销措施的配合有充足的准备，而且在市场营销中应不断进行对价格曲线的维护，这样才能达到整合营销的效果。

10.3.3 价格调整

1. 基价调整

基价调整就是对一栋楼的计算价格进行上调或下降。因为，基价是制定所有单元的计算基础，所以，基价的调整便意味着所有单元的价格都一起参与调整，所以基价的调整应当慎重。这样的调整，每套单元的调整方向和调整幅度都是一致的，是产品对市场总体趋势的统一应对。

---

[1] 资料来源：叶剑平、梁兴安主编，房地产经纪实务，中国建筑工业出版社，2005。

2. 差价调整

楼宇定价时每套单元因为产品的差异而制定不同的差价,差价主要包括楼位差、层差和朝向差。

(1) 楼位差:指在住宅小区中,由于楼宇的位置、座向、临街状况、楼间距、外观、每个梯间的户数、与小区花园及配套公共服务设施的距离等方面的差异,而导致的价格差。一般来讲,南北朝向、临街、较大的楼间距、临近配套设施、外立面美观、每个梯间户数少、进出楼宇方便等的楼盘价格较高;反之,则价格较低。

(2) 层差:指由于单元所处的层数、所享受的视野与景观等因素的不同,而产生的价格差。如果是多层住宅,一般是一楼和顶楼较便宜,中间的楼层较贵;如果是高层公寓,一般是越高越贵。

(3) 朝向差:指由于单元的朝向、通风、采光、视野、景观、平面布局因素的不同,而产生的价格差。一般来讲,正面朝南、视野开阔、景观秀丽等单元的价格较贵。

3. 调价时机

一般来说,一般楼盘的销售期通常为4~8个月,销售期两个月左右即有调价的必要。同时调价的时机还要结合销售率来确定,当销售率达到三成时即可调价。比如当销售期仅三四周时间即达到30%的销售率时,就有了调价的必要。若三成的销售率经过了很长的时间才达到,此时调价危险性较高。应分析消费者的接受程度,如果销售缓慢的原因在于价格,则维持价格是较优选择。除非希望制造热销的假象,引发消费者的逆反心理。

如1998年深圳好景豪园即成功地运用了此策略。当时正是在1997年深圳房地产大热过后的调整期,市场价量齐跌,多数开发商都在寻思如何体面的降价或多送几份大礼以吸引人气。好景豪园在充足的市场调查后,确认由国外著名景观设计专家精心设计并营造的小区环境和其永无遮挡的海景对目标客户有着极大的吸引力,于是决定逆市而动,调高价格3%,并调动所有媒体强势传播"逆市飘红"这一惊人的"好景豪园现象",结果一举创出了价格越高销售越旺的奇迹。当然,这种方法开发商要承担相对较大的营销风险。

此外,对于期房来说,工程进度也是确定调价时机的一个标准,随着工程的不断推进,成本不断发生,价格的调整就显得很有必要。从销售策略上讲,楼花销售期的安排一般以工程进度为标准,因此,工程进度与销售期可以联动考虑。

10.4 房地产开发项目销售管理

10.4.1 销售准备

房地产项目营销前准备阶段有:预售和销售审批资料准备、销售资料准备、销售人员准备和销售现场准备等主要工作。

1. 审批资料准备

在房地产市场销售中，常见的是商品房的预售行为。需要准备如下资料：建设用地规划许可证、国有土地使用权证、建设工程规划许可证、建筑工程施工许可证、商品房预售许可证，俗称"五证"。

符合法律规定可以进入市场销售的项目，开发商可以委托代理销售公司进行销售。房地产销售代理公司必须具有承担该业务的合法资格，并与委托方签署正式委托销售合同。

2. 销售资料准备

销售资料主要有售楼书和销售文件等。

（1）售楼书。售楼书是开发商对所售物业印制的、面向市场进行楼盘宣传介绍的文本。一套完整的售楼书应包括开发商名称、楼盘地点与特色、交通条件、配套设施、小区规划、户型、建筑结构、建筑设备、装饰装修等情况的介绍。售楼书又可以细分为形象楼书、功能楼书、折页、置业锦囊、单张等。售楼书一般制作印刷精美，具有较强的观赏性。

（2）销售文件。销售文件一般包括：

①认购合同。在房地产销售过程中，当购房者选中自己认购房屋，需缴纳定金来确认对该房的认购权，此时还没有签订正式的房地产买卖合同，需要签订认购合同保证双方的合法权利。

②购楼须知。为使购房者明确购买程序，方便销售，事先制订书面购楼须知，其主要内容包括项目介绍、认购程序等。

③价目表。价格策略制定完成后，依据水平和垂直价差来制定价目表，价目表按每套房的单价和总价同时编制。

④房地产买卖合同。当地规划国土房地产主管部门制定的标准合同文本，这是交易正式签订的合同文本。

3. 销售人员准备

房地产营销方案的实施及营销质量的高低，在很大程度上与销售人员素质与能力有关。优秀销售人员应具备良好的礼仪素养、丰富的专业知识、坚忍不拔的敬业精神和优良的职业道德。因此，销售人员的选择非常重要。

一般情况下，销售人员进入新公司或者开始新项目销售前，都要进行有关培训，培训对一个自认为有经验的销售人员也是必要的。培训主要内容包括公司背景、公众形象、公司目标、企业文化；项目定位、楼盘基本情况如项目规模、周边环境与公共设施、交通条件、发展潜力、小区景观、容积率、绿化率等规划设计特点；销售技巧、签订买卖合同的程序、物业管理服务内容及收费标准等。必要时也可以进行销售人员的礼仪培训，建筑学的基本知识、财务相关制度等方面的培训等。

4. 销售现场准备

销售现场直接面对市场客户，所以一般开发商都很重视销售现场的准备工作。销售现场的工作内容主要包括销售中心、样板房、项目模型等。

销售中心也称售楼处，是开发商向购房者介绍和展示楼盘形象的地方，同时也是购房者作出购买决定并进行交易和办理相关手续的地方。因此，开发商十分重视销售中心的建设，不惜花费巨资对其地点、平面布置、装修风格进行精心设计和安排。同时做好售楼处的功能分区、内外空间设计以及现场气氛的渲染等工作。

样板房是开发商向购房者展示户型的一种实物展示，样板房已成为房地产"体验营销"的有效方式，因此开发商也非常重视样板房的装修，以求达到刺激销售的目的。

项目模型的目的是体现楼盘整体形象，让购房者直观了解项目全貌，同时也是与购房者交流、沟通的重要手段。项目模型反映了项目整体规划、主体房屋、内部交通道路、配套设施、景观绿化等，能够全面直观的突出项目特色。

10.4.2 销售实施与管理

房地产项目销售周期一般由几个递进阶段构成，根据市场销售规律、工程进度、营销目标等因素综合考虑。通常划分为，预热期（市场引导或培育期）、内部认购期、开盘、强销期、持续销售期、尾盘期（清盘期）。一般项目的销售周期可按8～12个月参考估算，表10-2示意了某楼盘的销售计划。

销售阶段时间及销售量安排　　　　　　　　　　表10-2

阶　　段	时　　间	累计销售量
预热期	开盘前2个月	
内部认购期	开盘前1个月	5%～20%
开　盘	1～2个月	30%～50%
强销期	开盘后1～2个月	60%～70%
持续期	开盘后3～6个月	80%～90%
尾盘期	开盘后7～9个月	90%～98%

1. 各阶段工作要点

①预热期主要是在项目正式进入市场前的亮相，虽然不具备销售条件，但需提前发布将要销售的信息，让销售区域内都知道该项目存在，通过媒体宣传和相关活动引起目标客户和潜在客户的注意；同时，面对激烈竞争对手，也可以分流竞争对手的部分客户；预热期又可以对本项目的目标客户进行测试，为开盘时销售策略执行和调整提供依据。该阶段工作特点是温而不火，为后续工作打下良好

的基础。

②内部认购期现已发展成营销商检验市场和聚合控制人气的重要手段。内部认购时一般不定价格，只告诉购房者大致的价格，这样即可吸引更多人支付定金，又可试探市场上到底如何反应，为开盘、营销计划、价格策略提供大量真实的市场依据。

③开盘即项目正式销售的开始。前期的大量准备工作都是为项目的开盘服务的，必须做好充分的准备，形成和积蓄足够的销售势能，保证开盘的成功。开盘要集中人力、物力、财力，调动多种宣传媒体、整合各种可利用资源形成有效和强劲的促销势头，确保开盘成功及开盘期销售目标的实现。注意推出量控制，把一般性楼盘尽量放在前面，保证后续阶段持续销售。

④强销期是开盘正式销售1~2个月后。该阶段一般会投入大量的广告宣传和推广费用，还配有各种促销活动。此时的销售数量和需求量较高，因此要掌握销售势头，保持充足供应房源，注意卖点储备；价格调整控制幅度，采用小步慢跑方式；控制销售现场气氛，改变不同促销方式，强化促销，以保持热销场面；关键是建立项目的市场形象，提高项目市场认同感，为持续期销售奠定基础。

⑤持续销售期是当项目通过开盘和强销期后逐渐进入平稳销售状态，该阶段即为持续期。此时广告和各种促销活动趋于平缓，上门看、购房客户趋于稳定，大部分房源逐步售出。持续期要根据剩余房源特征不断的挖掘新的卖点、突出个性，有针对性的进行广告宣传和促销活动，促使楼盘持续交易。

⑥尾盘期是项目的尾楼，该阶段销售速度下降十分明显，剩余房源本身存在许多不足之处，销售困难，但尾楼销售额又是开发商利润，因此尾楼常采用降价寻求新营销方式和重新定义市场、改进产品等方法处理。

2. 营销计划的控制

通常营销计划的控制内容主要有销售控制、成本控制、盈利和消费者反馈控制四个方面。

（1）销售控制

销售控制是对每个营销点（渠道）的销售额、市场份额和销售投入（人员、广告、促销）、销售进度等指标的分析控制。在市场份额发生变化时，控制的目的在于寻找和分析造成这种变化的主要影响因素。如顾客数量、用户意见、销售服务、性能价格比或其他因素。

（2）成本控制

项目营销计划的成本一般通过预算指标、费用比率两类方法进行分析与控制。

①预算指标。营销计划中预算成本是营销活动成本控制的依据。常规的控制程序依据每月的财务报表将实际成本发生额与预算额进行比较。超差不超过预算

额，认为执行正常；若超差超过预算额，则寻找引起差异的主要因素，分析其原因，并采取必要的措施。

②费用比率。通过销售费用比率、广告率等费用比率来定期检查和评估营销计划的实施状况。

（3）盈利控制

项目营销计划中盈利控制主要是通过营销收入与营销成本费用的比较分析，对营销过程盈利状况进行控制。管理者一旦发现某销售点的盈利水平不理想，甚至出现亏损状态，就要进一步分析原因，采取必要的扭亏措施。

（4）消费者反馈控制

消费者反馈控制主要是针对购房者及潜在客户反馈信息进行的控制性分析，包括对本项目的认知程度、认知渠道、对本项目的卖点的欢迎程度、认可程度，对本项目规划设计、建筑质量、配套设施、景观环境的满意程度以及消费者反映的其他信息。这些反馈信息经过整理、分析，作为调整项目营销计划、营销渠道、促销手段、营销目标、竞争策略的重要依据。

思考题

1. 房地产开发项目市场推广渠道的分类方式有哪些？
2. 房地产开发项目市场推广的主要渠道有哪些？代理形式分为几种？
3. 卖点的含义是什么？卖点成立必须具备的条件？
4. 房地产开发项目如何提炼推广主题？
5. 广告推广的目标有哪些？
6. 房地产广告推广有哪些媒体？
7. 广告推广预算有哪些编制方法？
8. 活动推广的时机和类型是什么？
9. 房地产客户关系管理的内涵和作用？
10. 房地产开发项目有哪些定价方法？分别是如何定价的？
11. 房地产开发项目有哪些定价策略？各定价策略的内涵是什么？
12. 房地产开发项目营销前准备阶段的主要工作内容有哪些？
13. 销售人员培训有哪些内容？
14. 房地产开发项目销售周期由哪几个递进阶段构成？各个阶段的工作要点是什么？
15. 营销计划控制有哪些主要工作内容？

第 11 章

物业管理

本章学习要求：
1. 掌握物业管理的基本内容；
2. 熟悉物业管理的基本概念，特征与物业类型，不同物业类型的管理方式及要求，物业管理费用与住宅专项维修基金；
3. 了解物业管理的产生与发展，物业管理的原则和作用，业主、业主大会、业主委员会，物业服务企业，不同物业类型的管理方式。

11.1 物业管理概述

11.1.1 物业管理的产生与发展

物业管理的起源最早可以追溯到 19 世纪 60 年代的英国，由奥克维亚·希尔首先提出并实施经营。物业管理在中国大陆产生于 20 世纪 80 年代的深圳，是伴随社会主义市场经济体制的发展而逐步发展起来的。物业管理也是住房制度改革和房地产市场发展到一定阶段的产物，是现代房地产行业发展不可或缺的一个重要组成部分。2001 年 1 月，中共十五届三中全会，物业管理作为一个独立的产业被写进我国国民经济发展纲要，这也说明了物业管理在我国经济发展中的重要地位，同时也说明物业管理在房地产开发中的重要性。

11.1.2 物业管理的基本概念、特征与物业类型

1. 基本概念

物业是指已经建成的各类房屋以及与之相配套的设备、设施、场地、庭院和相关的建筑地块。

物业管理，是指业主通过选聘物业服务企业，由业主和物业服务企业按照物业服务合同约定，对房屋及配套的设施设备和相关场地进行维修、养护、管理，维护相关区域内的环境卫生和秩序的活动。

2. 物业管理的基本特征

物业管理的特征主要有以下三个方面：

（1）社会化

物业管理的服务对象和房屋内容决定了物业管理的社会化，是房地产行业的重要组成部分，也是服务业的重要组成部分。市场经济条件下，社会分工的水平

和分工深化程度决定了一个行业的发展水平和实际效率,房地产业与国民经济的各行各业密切相关,相应的物业管理的管理水平和发展的高低,也决定了各个行业的发展水平和实际的效率,因此,物业管理是社会大分工的必要的组成部分。

(2) 专业化

分工和专业化是现代经济发展的主要推动力之一,是物业管理的基本特征。与一般服务业不同的是,物业管理不仅涉及到多种技术和设备,比如,房屋的维修、设备的维护等,物业管理还涉及到物业管理的软件方面,比如房屋的租售管理、资金的管理等,因此,物业管理是专业化程度比较高的行业,通过专业化的物业管理一方面可以提高物业的管理水平和管理效率,同时,也可以降低业主的实际使用成本和管理复杂程度。

(3) 市场化

现代物业管理区别于传统的房屋管理的根本特征是,现代物业管理是一种市场化的行为,是房地产市场改革和发展的产物,因此物业管理是一种市场经济行为,是业主和物业服务企业在市场中进行交易后形成的商业行为,双方是平等的经济主体,通过合同约定双方的权利和义务。而传统的房屋管理是政府部门的行政性管理行为,这种行为的主体地位是不平等,也不是通过市场来进行。

3. 物业的类型

根据使用功能的不同,物业可以分为居住物业、商业物业、工业物业和特殊类型物业等。

根据物业权属关系的不同,物业可分为公产物业、私产物业和单位产物业等。公产物业是指产权归国家所有,向社会提供公共产品和公共服务的物业,如机场、车站、学校、图书馆等。私产物业指产权归个人所有的物业。单位产物业指产权归单位所有的物业,如企业办公楼、工业厂房、仓库等。

公产物业、私产物业和单位产物业并不是一成不变的,物业产权关系主体会随着物业的流通而发生变化。就某一具体物业来说,可能同时存在多个产权主体,异产毗邻房屋就属于这种情况。所谓异产毗邻房屋,是指结构相连或具有共有、公用设备和附属建筑,而为不同产权人所共有的房屋。

11.1.3 物业管理的原则和作用

1. 物业管理的原则

物业管理发展日益迅速,竞争日益激烈,为适应这一局面的要求,物业服务企业必须遵循以下原则:

(1) 以人为本、服务第一的原则

这一原则是指物业服务企业及物业管理从业人员,要树立以业主和非业主使用人需求为中心的现代市场营销观念,为客户提供优质、满意的服务,只有这样,才能做到良性循环和可持续发展。这一原则的意义在于:①它是物业服务企业保持老客户、赢得新客户的根本途径。②它是物业服务企业创新经营，实现良性循环的重要保证。

(2) 社会化原则

这一原则是指物业服务企业要适应物业产权多元化的客观要求，向产权人和使用人提供优质满意服务，积极竞争，不断扩大经营。

(3) 企业化、经营性原则

这一原则是指物业服务企业要适应社会主义市场经济体制对企业运行机制的要求，建立现代企业制度，努力做到产权清晰、权责明确、政企分开、管理科学。通过积极参与市场竞争，建立同物业管理市场需求特点相适应的管理制度和管理方法体系，实行有偿服务、合理收费、以收抵支，做到以业养业，良性发展。

2. 物业管理的主要作用

(1) 促进国民经济发展

通过对房屋出售后居民的心态调查可以看出，广大居民最关心的问题是购房后的管理和维修问题，这一问题解决好了，就可以有效地解除居民的后顾之忧，激发人们的购房积极性，房地产市场的规模和容量也会因此而得到有效扩张。据世界银行统计，房地产业产值每增长1%，可带动整个经济增长1.5%～2%，房地产业是对国民经济贡献率最高的产业部门之一。

(2) 促进房地产投资效益的提高

用现代化的管理手段向广大的业主和非业主使用人提供全面、优质、高效的服务，能够有效地刺激物业市场的消费需求，不断扩大房地产市场规模，促使房地产投资的循环和周转。最近几年房地产业的高速增长，除了政府宏观政策等因素以外，也得益于物业管理的不断发展和完善。

(3) 有利于完善城市功能，树立良好的城市形象

对一个城市来说，其功能和形象是同城市的物业管理水平密切联系的。科学、规范的物业管理是形成良好的城市形象和完善的城市功能的基础。

(4) 改善投资环境，推动外向型经济发展

发达的物业管理，能够做到设备运转正常、环境整洁、卫生、水、电、暖供应及时，从而为投资客商创造一个方便、快捷、舒适的工作和生活环境。

(5) 有效延长物业使用年限，充分发挥物业的整体功能

在很多情况下，轻微的故障可能酿成大祸。比如，墙体出现裂缝如不能及时加固，就有可能发生坍塌。推行社会化、专业化物业管理，用户的房屋或设备出现问题以后，由物业服务企业统一进行管理，使损坏的房屋或设备能够在第一时间内得到修复。

(6) 促进物业的保值增值

西方经济学理论认为，一个完整的产品由产品的核心、产品的形式和产品的附加利益等三部分组成。产品核心是指产品所能带给人们最基本的效用和满足，如汽车可以作为交通工具。产品形式是指产品的功能、款式、质量等被人的感官感受到或能用某种方法进行测度的特性。产品的附加利益是指厂商向买主提供的同产品的销售和使用相关的各种服务，如免费送货等。物业管理是创造物业附加利益的重要手段，业主和非业主使用人关心的不仅仅是物业产品的核心和物业产品的形式，在他们购房置业的时候，也很关心物业管理的质量和效率。

11.1.4 物业管理的主要阶段

在现代经济社会中，物业管理应该引进现代管理的全新理念，对物业实行"全过程"的管理。即，为了保证物业管理有条不紊地顺利启动和连续地正常进行，从房地产规划设计到管理工作的全面运作直至终止，可以将物业管理工作分为五个阶段。

1. 策划阶段

本阶段的工作分为物业管理的早期介入、编制物业管理方案、选聘或者组建物业服务企业三个基本环节。

物业管理早期介入，是指物业服务企业在接管物业以前的各个阶段（立项决策、规划设计、施工建设、房屋营销阶段）就参与介入，从物业管理运作的角度对物业的环境布局、产品类型、规划设计、管线布置、配套设施等方面提供有益的建设性的意见，在物业的开发前期以及建设阶段就考虑项目建成后的使用和管理的需求，考虑到社会经济发展水平和居住水平提高的需要，使项目规划建设具有一定的超前性，为物业投入使用创造有利条件。

在早期介入之后，物业服务企业可以着手编制物业管理方案，主要内容包括：①物业基本情况；②物业管理的宗旨、方针、内容、目标；③拟采取的物业管理方式；④物业管理的组织结构；⑤物业管理的财务预算；⑥物业管理各阶段运作。

项目在竣工交付使用之前，就应该选聘或者组建物业服务企业，一般由房地产开发企业通过社会公开招标或自行组建物业服务企业。

2. 准备阶段

该阶段包括物业服务企业内部机构的设置及人员的编制、招聘与培训；规章制度的制定；物业租售的策划与代理等。

3. 启动阶段

物业管理的启动阶段包括物业的接管验收，业主入伙，产权备案和档案资料的建立，业主委员会成立四个环节。

物业的接管验收包括新物业的接管验收和原有物业的接管验收，新物业的接管验收是在政府有关部门和房地产开发建设单位对施工单位竣工验收的基础上进行的工程技术资料和物业的再验收。原有物业的验收直接由新的物业服务企业组织接管验收。物业的接管验收一般由开发建设单位和物业服务企业共同组织验收，通过验收可以明确双方的责任、权利、义务，充分维护业主的权益，也为物业管理工作创造良好的条件。

业主入伙是指住宅小区的业主或非业主使用人入住，或非住宅物业的业主和非业主使用者的迁入，此时物业管理的主要工作是办理入伙手续，加强对业主以及非业主使用人的管理，配合业主搬迁，做好业主或非业主使用人的搬迁阶段的安全防范工作。

产权备案是物业管理的重要环节，通过产权备案可以准确界定每个产权人拥有产权的范围和比例，维护其合法权益，建立产权备案制度。同时，物业公共设施、共用部位的保养费用等应由产权共有人按产权份额比例分担。档案资料包括业主以及非业主使用人的资料和该物业的技术资料，档案资料应设专人管理，主要包括收集、整理、归档、利用四个环节，完善的档案资料是做好物业管理的前提。

物业销售达到和业主入住达到50%以上，应成立业主大会并制定《管理规约》，选举产生业主委员会。

4. 日常运作阶段

物业管理的日常运作是物业服务企业最主要的、长期性的工作，主要有日常的综合服务管理和企业的内部外部之间的协调管理两个基本环节。

日常的综合服务管理的主要内容包括：（1）房屋修缮管理；（2）机电设备管理；（3）环境卫生管理；（4）绿化管理；（5）治安管理；（6）消防管理；（7）车辆道路管理；（8）社区文化；（9）房屋租赁管理；（10）财务管理；（11）智能化设备管理；（12）各种特约服务；（13）各种专项服务。

企业的内部外部之间的协调包括物业服务企业与业主、非业主使用人、业主大会、业主委员会之间的协调以及物业服务企业与政府部门之间的相互关系协调。

5. 终止阶段

物业管理合同期满或者虽然合同并未到期，但物业服务企业的工作没有得到广大业主的认可，业主大会决定另聘新的物业服务企业，或由于现物业的拆迁等，造成物业管理的终止。物业管理终止阶段的主要工作包括新老物业服务企业的档案资料的移交，物业的验收，两项基金的结算、移交，物业管理费等各项费用的清算、移交，公用物品的清理、移交，老物业服务企业的退出和新物业服务企业的进驻等环节。

档案资料移交主要包括工程技术资料以及合同的移交等，物业的移交验收主要包括设备设施的完好程度、损坏程度，维修责任的划分，公共物品等的清理与移交。

财务清算包括房屋本体维修基金、公用设施专用基金、物业管理费用、各项外委项目承包费、物业租赁费用、各种押金、罚金、代收的各项公用事业费用等，必须清算移交。

11.1.5 业主、业主大会与业主委员会

1. 业主及其权利义务

业主一般指物业所有权人，包括房屋的所有权人和土地使用权人，是物业管理服务的对象。业主的基本权利包括拥有物业的各项权利和参与物业管理、要求物业服务企业按照物业管理合同提供相应的管理和服务的权利。

业主在物业管理活动中，享有的权利包括：按照物业服务合同的约定，接受物业服务企业提供的服务；提议召开业主大会会议，并就物业管理的有关事项提出建议；提出制定和修改管理规约、业主大会议事规则的建议；参加业主大会会议，行使投票权；选举业委员会成员，并享有被选举权；监督业主委员会的工作；监督物业服务企业履行物业服务合同；对物业共用部位、共用设施设备和相关场地使用情况享有知情权和监督权；监督物业共用部位、共用设施设备、专项维修资金（以下简称专项维修资金）的管理和使用；法律、法规规定的其他权利。

业主在物业管理活动中，应该履行的义务主要包括：遵守管理规约、业主大会议事规则；遵守物业管理区域内物业共用部位和共用设施设备的使用、公共秩序和环境卫生的维护等方面的规章制度；执行业主大会的决定和业主大会授权业主委员会作出的决定；按照国家有关规定交纳专项维修资金；按时交纳物业服务费用；法律、法规规定的其他义务。

2. 业主大会与业主委员会

（1）业主大会

物业管理区域内全体业主组成业主大会。业主大会应当代表和维护物业管理区域内全体业主在物业管理活动中的合法权益。一个物业管理区域成立一个业主大会。物业管理区域的划分应当考虑物业的共用设施设备、建筑物规模、社区建设等因素。具体办法由省、自治区、直辖市制定。同一个物业管理区域内的业主，应当在物业所在地的区、县人民政府房地产行政主管部门或者街道办事处、乡镇人民政府的指导下成立业主大会，并选举产生业主委员会。但是，只有一个业主的，或者业主人数较少且经全体业主一致同意，决定不成立业主大会的，由业主共同履行业主大会、业主委员会职责。

业主大会履行下列职责：①制定和修改业主大会议事规则；②制定和修改管理规约；③选举业主委员会或者更换业主委员会成员；④选聘和解聘物业服务企业；⑤筹集和使用专项维修资金；⑥改建、重建建筑物及其附属设施；⑦有关共有和共同管理权利的其他重大事项。

业主大会会议可以采用集体讨论的形式，也可以采用书面征求意见的形式；但是，应当有物业管理区域内专有部分占建筑物总面积过半数的业主且占总人数过半数的业主参加。业主可以委托代理人参加业主大会会议。业主大会做出改建、重建建筑物及其附属设施；筹集和使用专项维修资金规定的事项，应当经专有部分占建筑物总面积 2/3 以上的业主且占总人数 2/3 以上的业主同意。

制定和修改业主大会议事规则；制定和修改管理规约；选举业主委员会或者更换业主委员会成员；选聘和解聘物业服务企业；有关共有和共同管理权利的其他重大事项，应当经专有部分占建筑物总面积过半数的业主且占总人数过半数的业主同意。业主大会的决定对物业管理区域内的全体业主具有约束力。

（2）业主委员会

业主委员会是业主大会的执行机构，由业主大会从全体业主中选举产生，实行业主自治和专业化管理相结合，是业主参与和实现民主管理的组织形式。业主委员会应当自选举产生之日起 30 日内，向物业所在地的区、县人民政府房地产行政主管部门和街道办事处、乡镇人民政府备案。业主委员会主任、副主任在业主委员会委员中推选产生。管理规约应当对有关物业的使用、维护、管理，业主的共同利益，业主应当履行的义务，违反公约应当承担的责任等事项依法作出约定。管理规约应当尊重社会公德，不得违反法律、法规或者损害社会公共利益。管理规约对全体业主具有约束力。

业主委员会履行下列职责：①召集业主大会会议，报告物业管理的实施情况；②代表业主与业主大会选聘的物业服务企业签订物业服务合同；③及时了解业主、物业使用人的意见和建议，监督和协助物业服务企业履行物业服务合同；④监督管理规约的实施；⑤业主大会赋予的其他职责。

11.1.6 物业服务企业

物业服务企业是具有法人地位的经济实体。我国现阶段，物业服务企业的组建方式主要包括由原来的房管部门转制而来、房地产开发商自行组建、独立的物业服务企业等三种形式。其中独立的物业服务企业代表物业管理发展的方向。物业服务企业属于第三产业中的服务业，不是事业单位性质。一般包括全民、集体、私营或外资等多种所有制形式，可以组成有限责任公司和股份有限公司，其资质等级可以分为一级、二级、三级三个资质等级和临时等级。

（1）业主、业主委员会与物业服务企业的关系

业主与物业服务企业的关系遵循平等原则，即双方是平等的民事主体，服务原则，即物业服务企业接受业主的聘用，双方是聘用和被聘用的关系。业主的权利主要包括对物业服务企业的聘用和解聘权；对物业服务企业的监督权、投诉权；对物业管理工作中涉及业主权益事项的参与决定权；对物业管理费收支的知情权、审查权。

业主委员会与物业服务企业的关系包含了法律关系和经济关系。所谓法律关系，是指业主委员会和物业服务企业之间无隶属关系、不存在领导被领导的关系；不存在管理被管理的关系，双方在法律上是平等的。同时业主委员会和物业服务企业之间还存在经济关系，即双方是建立在合同之上的平等主体之间的一种关系。

(2) 物业服务企业与房地产开发企业的关系

房地产开发企业在出售房屋前，选聘物业服务企业承担小区管理，并签订合同。住宅小区在物业服务企业管理前，由房地产开发公司负责管理。房地产开发企业的职责是制定管理方案，选聘或组建物业服务企业，与物业服务企业签约并做好物业服务企业接管前的管理工作。

11.2 物业管理基本内容

物业管理是房地产房屋作为耐用消费品进入长期消费过程的一种管理，由于房地产既可以作为生产资料，又可以作为生活资料，因此，对物业的管理是一种全方位的服务和管理，不仅包括以生活资料服务和管理为主业的专项管理内容，也包括与专项内容相关联的配套服务以及与所在的社区相结合的管理内容。这里主要介绍常见的物业管理日常运作阶段的主要内容。

11.2.1 房屋修缮管理

1. 房屋修缮的概念

房屋修缮是指由专业机构对已经建成的房屋进行翻修、大修、中修、小修、综合维修和维护保养。

2. 房屋主体的构成与管理

一般房屋主体的构成包括六个方面：基础、主体结构、屋面、楼地面、门窗、装饰等。房屋修缮的内容主要包括加强观测并定期巡查，发现问题及时维修、处理。其中对基础主要是进行沉降观测；主体结构考虑受力在设计的合理范围之内，分清承重墙与非承重墙；房屋的屋面主要的修缮是进行屋面的防水与隔热，保证正常使用，并进行定期清淤。其他还包括楼地面、门窗、装饰等的定期修缮和管理。

3. 房屋的修缮

(1) 房屋修缮的责任的划分

对于新建房屋在保修期内的修缮一般由施工单位负责质量保修；竣工验收与业主进入的时间差之间的房屋的修缮由建设单位负责。在保修期满后，应该由业主承担修缮责任以及费用；物业管理单位承担房屋共用部位、共用设备、设施的修缮责任。当房屋的损害是由不当使用或人为破坏时，应该由行为人承担修复或给予赔偿。

(2) 保修年限

最低保修期限的规定一般为基础和主体机构是设计文件规定的该工程的合理使用年限；屋面、外墙面以及卫生间等防水与防渗漏是 5 年；供热与供冷系统为两个周期；电气系统以及设备管道安装为 2 年；装修工程一般为 2 年。

(3) 修缮的分类

在实际物业管理中，房屋的修缮可以划分成五类：小修、中修、大修、综合维修、翻修。

小修是指以保持房屋原来的完损等级为目的的日常养护，一般花费为工程总造价的 1% 左右，主要是针对一些零星损坏进行的修缮。

中修牵动或拆换少量的主体构件，保持原房屋规模和结构修缮，一般修缮费用在造价 20% 以下，中修房屋属于一般损坏房屋。

大修一般是指牵动或拆换部分的主体构件，但不需全部拆除的修缮。大修费用一般占工程总造价的 20% 以上，大修的对象一般是严重损坏房屋。

综合维修一般是指成片多幢大、中、小修一次性应修尽修的综合维修，所需花费一般占同类工程总造价的 20% 以上，综合维修后的房屋必须符合基本完好或完好的标准。

翻修是指对旧建筑全部拆除、另行设计、重新建造的工程，一般适用于主体结构严重损坏，丧失正常使用功能，有倒塌危险的房屋的修理，翻修后的房屋符合完好房屋标准。

11.2.2 物业共用设备、设施的管理

1. 物业共用设备、设施的分类

物业共用设备、设施是对一个物业管理区域内的共用设备、设施的简称，包括房屋建筑物内和室外的设备、设施，它是物业重要的组成部分。物业共用设备、设施的种类、先进性和安全程度一般正比于建筑物内人流量的大小和建筑物的高度。一般情况下，物业的现代化程度越高，对设备的依赖性越高，投资越大，对物业管理的要求相对也就越高。物业共用设备、设施主要有供配电、给排水、消防、电梯、空调、供暖、管道煤气、电信、智能化系统以及其他设备和设施等。

2. 物业共用设备、设施管理的内容

物业共用设备、设施的管理主要有：(1) 设备以及设施的运行管理；(2) 设备设施的维修保养、故障排除、损坏损毁的设备的更换、设备测试；(3) 设备与设施的安全管理；(4) 设备设施的档案资料管理；(5) 节能降耗；(6) 采购计划和备品配件的管理；(7) 工具、器械以及仪器仪表的管理等。

3. 设备与设施的保养与维护

为了保证设备和实施的完好率，使得设备设施处于正常良好的运行状态，延长设备设施的使用寿命，必须对物业各类设备、设施进行经常性的保养和及时维护。

（1）设备设施的保养。设备设施的保养通过三级保养制度来实现。即，日常维修保养，也就是经常性的保养工作；一级保养，是指按计划进行的保养工作，机械设备的局部解体及保养；二级保养，也就是全面的清洗、检查、修理，并保证保养能够达到完好状态。

（2）设备设施点检。设备设施点检根据要求用检测仪表或人的感觉器官，对设备设施的某些关键部位进行的有无异样的检测。通过日常点检和定期点检，可以及时发现设备、设施的隐患，避免和减少突发故障，提高设备、设施的完好率。

（3）设备设施的维修。设备设施的维修主要包括设备的恢复、更换磨损部件、调整精度、排除故障、恢复设备、设施原有功能。主要分为以下三种形式：

①零星维修工程主要是一些日常保养工作。

②中修工程是正常、定期的全面检修，通过中修对设备设施部分解体、更换少量部件或不合格的零部件，使得设备设施能够恢复和达到应有的标准和技术要求，使得设备、设施能正常运转到下一次修理，一般更换率在10%~30%。

③大修工程是定期的全面检修，将所有的设备设施全部解体，更换主要部件或修理不合格的零部件，从而恢复原有性能，更换率一般超过30%；设备、设施更新和技术改造，是指设备、设施使用达到一定年限后，技术性能落后、效率低、耗能大或污染问题比较严重，必须更新设备、设施，提高和改善技术性能。

此外，在设备、设施的使用过程中，发生突发性故障后须进行紧急维修。

11.2.3 环境管理

物业的环境管理主要包括环境卫生管理、环境绿化管理和消杀管理。

1. 环境卫生管理

环境卫生管理的范围主要包括房屋的共用部位、共用场地以及生活垃圾的清运。物业环境卫生管理是一项经常性的物业管理服务工作，物业服务企业通过对管理区域内进行定点、定时、定人的日常清扫，进行废弃物的收集和清运，并依据物业管理规定对业主、非业主使用人进行宣传、教育、监督，通过常规性的服务活动，维护公共区域的清洁卫生，以提高环境效益。其中，清洁卫生工作是环卫管理中最基础、最经常的工作。

2. 环境绿化管理

环境绿化管理的基本内容是对园林绿地的完善以及已有绿地的养护，包括进行大楼和小区范围内的绿化建设及保养，尽可能达到现行规划规定的良好面积不少于总占地面积的30%，绿化覆盖率不低于25%的指标要求，使之形成清新宜人的生态环境。物业服务企业应该根据物业的具体情况，配备相应的专业技术人员和绿化管理人员。

环境绿化的完善体现"适用、经济、美观"，绿化管理与养护主要指锄草松土、浇水施肥、整形修剪、防治虫害等工作。

3. 消杀管理

消杀管理是环境管理的一个重要组成部分，是物业服务企业通过专业技术以及工具、设备，对所管理的物业进行的灭四害以及白蚁防治工作。所谓的灭四害是灭鼠、灭蟑螂、灭蚊以及灭苍蝇。白蚁是主要的害虫之一，主要做到"一防、二治、三管理"，即白蚁的防治、白蚁的灭治（主要有药物灭杀、控巢法、诱杀法等方法）、白蚁的防治管理。

11.2.4 公共秩序与消防管理

公共秩序与消防管理主要包括保安管理、交通秩序管理和消防管理。

1. 保安管理

保安管理的主要内容包括门卫、守护和巡逻。具体管理内容和做法包括：对来访人员的接待工作，根据封闭式管理，或者开放式管理方式的不同实行不同的管理模式；发生刑事或治安案件时的处理；控制中心的管理；物资放行管理。

2. 交通秩序管理

交通秩序管理的主要内容包括对车辆的管理、交通管理以及道路管理。车辆管理的主要内容包括，通过制定《车辆停放管理规定》、《停车场门卫管理规定》等管理制度，禁止乱停乱放，明确划分停车位、行驶标志，严格进出车辆管理。交通管理的主要内容是建立机动车通行证制度、确定道路的类型、禁止乱停乱放车辆、限制车速、注意行人安全等。道路管理的主要任务是制定道路设施的管理办法，负责物业管理区域内的道路的养护维修和设施的日常管理，对违规占用道路的行为进行纠正等。

停车场管理首先明确停车场管理流程，明确固定车位和临时停车位，固定车位又可以分为出租和出售两类，物业服务企业应该根据申请登记核发《停车场经营许可证》规定的标准收取车位有偿使用费。对交通标识规范管理，在不同道路等应有明显标志以及安全警示标识。此外，制订车场巡查管理人员工作要点，发现问题及时报告，禁止无牌车辆进入停车场。

3. 消防管理

消防管理的主要内容包括消防宣传教育、监控报警中心、设备的维修管理、消防安全检查、消防档案管理等。消防管理的主要措施包括：（1）建立消防安全制度；（2）建立消防安全组织，即三级防火安全组织（领导小组，由公司经理为责任人；安全小组，物业小区项目经理为责任人；管理处的安排专人负责）；（3）消防教育培训；（4）定期开展消防演练或演习。

对于高层建筑，消防管理的重点首先进行防火分隔，做好安全疏散的准备工作，设置自动报警设施并在适宜位置安装固定灭火装置，设置火灾事故照明和疏散标志，加强要害部位管理，进行火灾预防，及时发现火警隐患并予以处理。

11.2.5 公众管理

公众管理是通过物业管理的有关法律、法规的规定和业主之间的约定方式来明确全体业主在物业区域内使用物业的责任、义务，约束业主、非业主使用人在使用物业和在物业管理活动中不正当的行为和需要遵守的公众管理责任，物业管理的公众管理内容主要包括法律、法规规定的内容、物业服务企业规定的内容以及业主之间的约定等三个方面。

1. 法律、法规规定的内容

物业管理区域内按照规划建设的公共建筑和共用设施，不得改变用途。业主依法确需改变公共建筑和共用设施用途的，应当在依法办理有关手续后告知物业服务企业；物业服务企业确需改变公共建筑和共用设施用途的，应当提请业主大会讨论决定同意后，由业主依法办理有关手续。

业主、物业服务企业不得擅自占用、挖掘物业管理区域内的道路、场地，损害业主的共同利益。因维修物业或者公共利益，业主确需临时占用、挖掘道路、场地的，应当征得业主委员会和物业服务企业的同意；物业服务企业确需临时占用、挖掘道路、场地的，应当征得业主委员会的同意。业主、物业服务企业应当将临时占用、挖掘的道路、场地，在约定期限内恢复原状。

供水、供电、供气、供热、通信、有线电视等单位，应当依法承担物业管理区域内相关管线和设施设备维修、养护的责任。因维修、养护等需要，临时占用、挖掘道路、场地的，应当及时恢复原状。

业主需要装饰装修房屋的，应当事先告知物业服务企业。物业服务企业应当将房屋装饰装修中的禁止行为和注意事项告知业主。

住宅物业、住宅小区内的非住宅物业或者与单幢住宅楼结构相连的非住宅物业的业主，应当按照国家有关规定交纳专项维修资金。专项维修资金属业主所有，专项用于物业保修期满后物业共用部位、共用设施设备的维修和更新、改造，不得挪作他用。

利用物业共用部位、共用设施设备进行经营的，应当在征得相关业主、业主大会、物业服务企业的同意后，按照规定办理有关手续。业主所得收益应当主要用于补充专项维修资金，也可以按照业主大会的决定使用。

物业存在安全隐患，危及公共利益及他人合法权益时，责任人应当及时维修养护，有关业主应当给予配合。责任人不履行维修养护义务的，经业主大会同意，可以由物业服务企业维修养护，费用由责任人承担。

2. 物业服务企业规定的内容

物业服务企业规定的内容主要包括物业服务企业依据法律法规制定的公众制度，比如根据建设部《居室室内装饰管理办法》以及各地区颁布的规定，制定详细的《装修管理规定》，根据国家有关物业管理维修基金的规定制定《物业管理维修基金的使用管理办法》等。

物业服务企业规定的内容还包括物业管理服务指南，是物业服务企业为业主、非业主使用人如何提供各项具体服务的说明性文件，其中也包括全体业主、使用人需要共同遵守的程序，一般物业服务企业在业主入住时，会提供物业管理的服务指南，即《业主手册》等，其中对物业管理的相关事项进行详细说明或规定。

3. 业主之间的约定

业主之间约定的主要内容一般是通过签订《管理规约》来实施。管理规约是一种公共契约，也称为物业管理公约，属于协议、合约、合同的性质，从法律角度来看，管理规约是全体业主承诺的，对全体业主具有约束力的，用以指导、规范和约束所有的业主、非业主使用人以及业主大会、委员会以及物业管理人员的权利和义务的行为守则，是物业管理的基础。管理规约的主要作用体现在明确了物业管理各方的权利和义务，具有约束力，同时形成对业主以及非业主使用人行为的自我约束机制。

管理规约的主要内容包括：（1）物业管理区域的名称、地点、面积和户数；（2）公共场所以及共用设施状况；（3）业主大会的召集程序以及决定重大事项的方式；（4）业主使用物业建筑物和公共场所、共用设施的权益；（5）业主参与物业管理的权利；（6）业主对业主大会及其委员会的监督权；（7）物业建筑物各项维修、养护和物业管理服务费、物业管理维修基金以及依照业主大会决议的有关分摊费用的缴交；（8）业主在本物业管理辖区内应遵守的行为准则；（9）建筑物毁灭的修复与重建的权利和义务；（10）违反管理规约的违约或侵权责任；（11）其他有关事项。

11.2.6 相关服务

物业管理的相关服务内容包括如下两个方面：

1. 特约服务

主要是接受业主或住户的委托，提供内容丰富的各种服务项目。包括房屋代管、室内清洁、土建维修、装饰工程、家电维修、车辆保管、家务劳动、代换煤气、代收代交水电煤气供热费用、代付各种公用事业费、代办保险和交税、代收与分送报刊杂志信件、代聘保姆、代送病人去医院、家庭护理和接送小孩等。

2. 便民服务

主要是物业服务企业与社会联合举办的服务项目。包括建立商业网点，如开办物业辖区内的超级市场；提供教育卫生服务，如与教育部门合作在物业辖区内开设托儿所、幼儿园、中小学校；与卫生部门协作在物业辖区内设立诊疗所、保健站；开设文体娱乐活动项目，如开设俱乐部；设立交通网点，如配置必要的物业辖区与市中心往来的班车；举办社会福利，如兴办老人活动室，照顾辖区内的孤寡老人等。

11.2.7 多种经营

在以业主为主的同时，多种经营也是物业服务企业的重要服务之一。物业服务企业除了按期向业主及住户征收管理费及其他有关费用外，经营性的经济活动是物业服务企业主要的经济收入来源，视物业服务企业的技术能力以及有关资质而定。多种经营的内容主要包括以下几个方面：

1. 租赁经营

住宅、办公楼宇的租赁经营；酒店、商场及工业楼宇的租赁经营；停车场地、货仓场地的租赁经营等。

2. 设计、施工

房屋及附属设施维修及改建工程施工；室内装修设计及工程施工；设备安装；经营建材等。

3. 商场

经营商场、餐饮、游泳池、电影院等各种生活文化娱乐设施等。

4. 中介咨询

不动产投资咨询、中介、动拆迁、住房置换、交易等。

11.2.8 物业档案管理

1. 物业档案的主要内容

物业档案是指物业建设和物业管理过程中涉及的，具有参考价值，应当保存的各种历史记录，主要由物业建设竣工档案、业主档案、物业管理的记录三个方面组成。

物业建设竣工档案资料主要有物业的产权资料、工程竣工验收合格资料、工程技术资料、接管验收资料等。

业主档案分为住宅和非住宅类业主档案两种：①住宅类业主档案资料主要包括业主资料、家庭装修资料、其他资料等；②非住宅类业主档案资料，比如商场、写字楼等，基本内容与住宅类基本类似，还包括单位的基本情况介绍资料、营业执照、资质证明等的复印件，建筑面积超过 50 平方米的，还要保存消防批文的复印件，特种行业还保留特种行业的许可证复印件。

物业管理的记录主要内容是物业管理过程中形成的一些记录文件等，包括日常管理记录、设备设施的管理记录以及物业管理费用的使用情况记录等。

2. 物业档案管理的意义

物业档案管理是对物业管理档案的综合管理，是物业管理的重要内容之一，是一项动态性比较强的工作，通过及时记录和反映物业产权转移、房屋现状因维修而发生变化时的变更情况，可以真实的反映物业的实际状况。物业档案管理应该形成档案管理体系，有专人负责、实行分级管理，建立档案室，此外，还应该做好物业管理档案的资料的借、领、更新的管理工作。

物业管理工作中物业的维护保养和专项管理是物业管理的基础工作，物业服务企业要树立良好的管理服务形象，必须首先完成好这两项物业管理的内容。相关服务是物业管理在基础工作上的进一步拓展，是从深度和广度上进一步满足业主和住户的需要。多种经营则是物业服务企业的副业，是根据物业服务企业的实际情况，顺应业主及社会的需求来安排的，物业服务企业必须以物业管理的基础工作为主，在此基础上拓展业务，切不可本末倒置，以副代正。

11.3 不同物业类型的管理方式

11.3.1 住宅小区的物业管理

1. 住宅小区物业的特点和管理特点

住宅小区是指市政配套比较完善，共用设备、设施比较齐全，经过统一规划、集中成片开发建成的新型城镇居住场所。通常由多层楼宇、高层楼宇、超高层楼宇以及单体或组合形式出现的别墅组成，集居住、服务、经济和社会功能于一体，在现代物业管理项目中所占的比例最大。

住宅小区物业和管理主要有以下几个特点：（1）统一规划、综合开发；（2）规模大、功能全；（3）房屋结构整体化、配套设施系统化；（4）产权结构多元化、物业种类多样化；（5）分期开发，物业新旧程度不同；（6）业主的文化水平和经济能力差异较大，管理复杂化；（7）业主对物业管理的需求标准不一样。

2. 住宅小区物业管理内容

（1）住宅小区物业管理的基本内容

住宅小区物业管理包括对住宅小区的管理、经营与服务三个方面，基本内容包括：①物业共用部位的日常维护与管理；②物业共用设备、设施及其运行、使用的日常维护和管理；③环境卫生、绿化服务管理；④交通秩序与车辆停放的管理服务；⑤物业管理区域内的治安、消防等协助管理事项的服务；⑥物业装饰装修管理服务；⑦物业资料的管理；⑧开展住宅小区的社区文化活动；⑨开展多种形式的便民服务。

（2）社区文化

社区文化是社区成员共同创造的精神财富及其物质形态，包括文化理念、价值观念、社区精神、道德规范、行为准则、公众制度、文化环境等，价值观是社区文化的核心。具体来说，社区文化包括环境文化、行为文化、制度文化和精神文化四个方面的内容。

（3）便民服务

物业管理的服务一般可以分为常规服务、专项服务和特约服务。住宅小区物业管理的便民服务是在常规服务的基础上向所有业主、非业主使用人提供的专项服务和特约服务。便民服务是物业服务企业有偿提供的、供业主使用人自愿选择的服务。便民服务的内容一般可以包括衣着、饮食、居住、旅行、娱乐、购物、文体教卫、其他。常见的便民服务有家庭维修服务、代客购物服务、家庭钟点服务、会所的娱乐服务等。

3. 住宅小区物业管理的重点

住宅小区的管理重点体现在以下几个方面：

（1）住宅小区内物业类型多，在管理上各有侧重，不同类型的物业管理重点不同，比如高层和多层物业的管理重点就应该有所区别。

（2）由于物业服务企业收费实施的是"保本微利"的政策，采取政府定价、政府指导价以及市场协议价相结合的方式，因此物业企业面临解决物业管理经费不足的矛盾。

（3）住宅产权多元化，人口众多，人员复杂，要求制定《管理规约》，设立业务档案，充分掌握业主以及非业主使用人的流动情况，以便加强管理。

（4）物业管理活动涉及到的主体和相关部门比较多，需要协调物业管理各主体及相关部门的关系。

（5）组织开展丰富多彩的社区文化，加强业主之间的交流和沟通，同时加强物业服务企业和业主之间沟通，创造一个融洽的社区环境，便于物业管理工作的顺利开展。

（6）开展形式多样的便民服务。

（7）现代科学技术在物业开发中的应用越来越广泛，住宅小区普遍采取智能化管理，给物业使用人的生活带来了方便和安全，也为物业管理提供了新的管理手段和方法，便于提高物业管理质量和服务水平。因此，物业企业加强对智能化设施、设备的管理，也显得尤其重要。

11.3.2 写字楼的物业管理

1. 写字楼物业的分类

进行写字楼物业管理的第一步，就是通过对写字楼市场的调查分析，并结合所管理的写字楼物业本身的状况，对写字楼进行市场定位。为了做到这一点，写字楼物业管理人员通常先将写字楼物业进行分类。写字楼分类在我国尚无统一的标准，专业人员主要依照其所处的位置、自然或质量状况和收益能力进行分类。国外通常将写字楼分为甲、乙、丙三个等级。

（1）甲级写字楼。具有优越的地理位置和交通环境，建筑物的物理状况优良，建筑质量达到或超过有关建筑条例或规范的要求；其收益能力能与新建成的写字楼建筑媲美。甲级写字楼通常有完善的物业管理服务，包括24小时的维护维修及保安服务。

（2）乙级写字楼。具有良好的地理位置，建筑物的物理状况良好，建筑质量达到或超过有关建筑条例或规范的要求；但建筑物的功能不是最先进的（有功能陈旧因素影响），有自然磨损存在，收益能力低于新落成的同类建筑物。

（3）丙级写字楼。物业已使用的年限较长，建筑物在某些方面不能满足新的建筑条例或规范的要求；建筑物存在较明显的物理磨损和功能陈旧，但仍能满足低收入租户的需求并与其租金支付能力相适应；相对于乙级写字楼，虽然租金较低，但仍能保持一个合理的出租率。

2. 写字楼物业分类中考虑的因素

写字楼物业分类在很大程度上依赖于专业人员的主观判断。人们很容易区别甲级写字楼和丙级写字楼，但如果要区别甲级和乙级写字楼就比较困难。实践中人们常从承租人在寻租或续租写字楼时考虑的因素出发，通过判别写字楼的吸引力，来对写字楼进行分类。从这个角度出发，对写字楼分类一般要考虑以下因素，即写字楼物业所处的位置、交通方便性、声望或形象、建筑形式、大堂、电梯、走廊、写字楼室内空间布置、为租户提供的服务、建筑设备系统、物业管理水平和租户类型等。

3. 写字楼物业的特点

写字楼是业主、非业主使用人进行日常办公或开展经营活动的场所，写字楼物业的特点和管理特点主要有：（1）物业地理位置较为优越；（2）物业档次相对较高；（3）机电设备设施多；（4）使用人相对不固定；（5）使用人经营范围广泛；（6）业主使用人参差不齐；（7）人流量大；（8）防火控制的重点区域。

4. 写字楼物业管理特点

（1）写字楼物业管理的服务质量要求高、服务项目多、服务人员的综合素质要求高，物业服务企业需要加强管理，努力提高服务质量，以满足业主和非业主使用人的需求。

（2）写字楼物业不同于住宅小区，虽然安全问题很重要，但是对服务的要求更加突出，具有外松内紧的特点。物业服务企业必须改变一般的物业管理的观念，在员工服务意识和礼节礼貌的培养上下一番功夫，提高员工的服务水平。

（3）针对写字楼物业和管理特点制定物业管理措施，抓住写字楼物业管理的特点，提供特色服务。写字楼的服务质量将直接影响到物业的租金水平和其市场价值，并影响到客户的质量。因此高品质的物业管理将有利于吸引优质客户，有利于提升写字楼的品质和租金水平。

11.3.3 商场的物业管理

1. 商场物业的特点

商场包括大型超级市场、百货市场、专业市场等。商场物业和管理主要有以下几个特点：（1）进出人员无法控制、成分复杂，安全、消防管理工作量大；（2）使用人如采取摊位经营、独立柜台经营，则较为分散和独立，统一管理难度大，欠费、逃费现象时有发生；（3）购物纠纷和矛盾多，物业管理人员一般无权处理，因此公共秩序维护难度比较大。

2. 商场物业管理的特点

（1）营造良好的商业氛围。商场物业具有明显的开放性，其内部的店铺多，人员流动性大，环境较嘈杂。针对这些特点，物业服务企业在进行服务时应注意营造良好的商业氛围，如合理安排店铺布局，保持整洁的内部环境，播放适宜的音乐等，为顾客提供一个良好的购物环境。

（2）完善应急措施和安全管理。商场物业人流量大，一旦存在安全隐患，后果不堪设想。物业服务企业在营造良好的商业氛围外，还应具备完善的安全预警制度和突发事故的应急措施，做好物业内部的防火和防盗工作，尤其是一些易燃易爆的物品的检查和排除，保证顾客的人身安全。

（3）交通协调。商业物业一般位于用地有限的繁华区域，往来人群数量众多，车流量大。物业服务企业要加强物业外围的交通管理，包括划分机动车道和人行通道，指挥车辆停放，真正发挥方便顾客购物的功能。

11.3.4 工业厂房的物业管理

1. 工业厂房物业的特点和管理特点

工业厂房是指大型工业企业的生产车间、货仓、员工餐厅等厂区范围内的物业。工业厂房物业和管理一般具有以下几个特点：①管理内容相对简单、服务对象单一；②物业管理者与企业经营者的职权划分不清，有时有冲突；③安全管理难度大，尤其是消防安全的难度大。

2. 工业厂房物业管理内容

（1）工业厂房物业项目，物业服务企业只负责承担厂区内的清洁、绿化、安全保卫工作，维修保养只限于涉及物业本身的公共设施、设备，物业管理的范围一般不包括生产设备的维修和保养。

（2）工业厂房物业一般实行封闭式的管理，安全保卫工作的重点是消防和人员车辆的控制以及内部职工的偷窃防范等。

（3）企业管理者往往将物业管理看成是企业内部管理的一个职能部门，从而可能干预物业服务企业的正常的生产经营活动，因此正确处理物业管理与企业管理之间的关系，是工业厂房物业管理所面临的一大挑战，物业服务企业需要引导对方树立正确的物业管理理念，正确处理好物业管理和企业管理之间的关系。

（4）工业厂房物业内部的水电供应是物业的重点之一，水电设备的正常运行、维修和养护在工业厂房物业管理中更为突出和重要，物业服务企业需要防止停水、停电给物业服务企业带来大的损失。

11.3.5 医院及其他物业的物业管理

1. 医院物业的特点和管理特点

医院是用于治疗疾病和进行医疗研究的特殊物业。医院物业和管理主要有以下几个特点：(1) 公共秩序维护的要求高；(2) 环境卫生标准高；(3) 服务性强、工作量大；(4) 服务对象比较特殊。

2. 医院的物业管理

(1) 医院是一个非常特殊的物业，物业服务企业在接管一家医院的物业管理时，需要派驻该项目的物业管理人员进行全面的培训。

(2) 医院的病人以及家属一般比较烦躁、焦虑，情绪波动性大而且非常敏感，因此，物业服务企业要选中合适的人员到第一线工作。

(3) 物业服务企业派驻医院的工作人员需具有一定的医学知识，以适应医院特殊物业管理的特殊需要。

(4) 对物业管理人员定期进行身体检查，切实保护物业管理工作人员的身体健康。

现代物业管理还包括对机场、码头、学校、体育馆、旅游区、开发区等物业实施专业化管理。

11.4 物业管理费用与住宅专项维修基金

11.4.1 物业管理费用的收取

1. 物业管理服务收费原则及价格管理方式

物业服务在遵循合理、公开及费用与服务水平相适应的原则下，区分不同物业的性质和特点分别实行政府指导价和市场调节价。具体定价形式由省、自治区、直辖市人民政府价格主管部门会同房地产行政主管部门确定。实行政府指导价的，由有定价权限的人民政府价格主管部门会同房地产行政主管部门根据物业管理服务等级标准因素，制定相应的基准价及其浮动幅度，并定期公布。具体收费标准由业主与物业服务企业根据规定的基准价和浮动幅度在物业服务合同中约定。实行市场调节价的，由业主和物业服务企业在物业服务合同中约定。

2. 物业服务收费的计费方式

物业服务收费的计费方式主要包括包干制和酬金制两种方式。包干制是指由业主向物业服务企业支付固定物业服务费用，盈余或者亏损均由物业服务企业享有或者承担的物业服务计费方式。

酬金制是指在预收的物业服务资金中按约定比例或者约定数额提取酬金支付给物业服务企业，其余全部用于物业服务合同约定的支出，结余或不足均由业主享有或承担的物业服务计费方式。

3. 物业服务收费的费用构成

物业服务成本或物业服务支出由人员费用、物业共用部位共用设施设备日常运行和维护费用、绿化养护费用、清洁卫生费用、秩序维护费用、物业共用部位共用设施设备及公众责任保险费用、办公费用、管理费分摊、固定资产折旧以及经业主同意的其他费用组成。

（1）人员费用是指管理服务人员工资、按规定提取的工会经费、职工教育经费，以及根据政府有关规定应当由物业服务企业缴纳的住房公积金和养老、医疗、失业、工伤、生育保险等社会保险费用。

（2）物业共用部位共用设施设备日常运行和维护费用是指为保障物业管理区域内共用部位共用设施设备的正常使用和运行、维护保养所需的费用。不包括保修期内应由建设单位履行保修责任而支出的维修费、应由住宅专项维修资金支出的维修和更新、改造费用。

（3）绿化养护费是指管理、养护绿化所需的绿化工具购置费、绿化用水费、补苗费、农药化肥费等。不包括应由建设单位支付的种苗种植费和前期维护费。

（4）清洁卫生费是指保持物业管理区域内环境卫生所需的购置工具费、消杀防疫费、化粪池清理费、管道疏通费、清洁用料费、环卫所需费用等。

（5）秩序维护费是指维护物业管理区域秩序所需的器材装备费、安全防范人员的人身保险费及由物业服务企业支付的服装费等。其中器材装备不包括共用设备中已包括的监控设备。

（6）物业共用部位、共用设施设备及公众责任保险费用是指物业服务企业购买物业共用部位共用设施设备及公众责任保险所支付的保险费用，以物业服务企业与保险公司签订的保险单和所交纳的保险费为准。

（7）办公费是指物业服务企业为维护管理区域正常的物业管理活动所需的办公用品费、交通费、房租、水电费、取暖费、通信费、书报费及其他费用。

（8）管理费分摊是指物业服务企业在管理多个物业项目情况下，为保证相关的物业服务正常运转而由各物业服务小区承担的管理费用。

（9）固定资产折旧是指按规定折旧方法计提的物业服务固定资产的折旧金额。物业服务固定资产指在物业服务小区内由物业服务企业拥有的、与物业服务直接相关的、使用年限在一年以上的资产。

（10）经业主同意的其他费用是指业主或者业主大会按规定同意由物业服务费开支的费用。

其中，工会经费、职工教育经费、住房公积金以及医疗保险费、养老保险费、失业保险费、工伤保险费、生育保险费等社会保险费的计提基数按照核定的相应工资水平确定；工会经费、职工教育经费的计提比例按国家统一规定的比例确定，住房公积金和社会保险费的计提比例按当地政府规定比例确定，超过规定计提比例的不得计入定价成本。医疗保险费用应在社会保险费中列支，不得在其他项目中重复列支；其他应在工会经费和职工教育经费中列支的费用，也不得在相关费用项目中重复列支。

固定资产折旧采用年限平均法，折旧年限根据固定资产的性质和使用情况合理确定。企业确定的固定资产折旧年限明显低于实际可使用年限的，成本监审时应当按照实际可使用年限调整折旧年限。固定资产残值率按 $3\%\sim5\%$ 计算；个别固定资产残值较低或者较高的，按照实际情况合理确定残值率。

物业共用部位、共用设施设备的大修、中修和更新、改造费用，应当通过专项维修资金予以列支，不得计入物业服务支出或者物业服务成本。

实行物业服务收费包干制的，物业服务费用的构成包括物业服务成本、法定税费和物业服务企业的利润。实行物业服务收费酬金制的，预收的物业服务资金包括物业服务支出和物业服务企业的酬金。

①法定税费

法定税费指按现行税法，物业服务企业在进行企业经营活动过程中应缴纳的税费，一般包括营业税及附加。

在计算营业税时，企业的经营总收入不包括物业服务企业代有关部门收取的水费、电费、燃（煤）气费、房租及专项维修资金，即对这些费用不计征营业税。但对其从事这些代收项目所收取的手续费应当计征营业税。

②利润

物业服务企业作为独立的自负盈亏的经济实体，也应获得一定的利润。利润率根据各地区物价主管部门结合本地区实际情况确定的比率计算。对普通住宅小区物业管理的利润率一般以不高于社会平均利润率为宜。按前 9 项之和乘以利润率即得到每月每平方米收费面积分摊的利润额。

③酬金

根据物业服务合同的约定，物业服务收费采取酬金制方式的，酬金可按某个固定的标准从物业服务资金中提取，也可按预收物业服务资金数额的一定比例提取。

物业服务支出应当全部用于物业服务合同约定的支出。物业服务支出年度结算有结余的，转入下一年度继续使用，物业服务支出年度结算亏损的，由业主承担。

由于多种原因，物业管理服务费的收缴很难做到 100%，如果将个别业主因漏交造成的损失摊到其他业主身上，显然不合理；但由物业服务企业完全承担这部分损失也不尽合理。解决这一问题的正确途径是，一方面按合同提供质价相符的管理服务；另一方面业主要增强物业管理消费观念，按时缴费。同时在进行物业管理经费财务预算时要注意留有一定余地。

4. 物业服务收费的其他有关规定

实行物业酬金制的，预收的物业服务支出属于代管性质，为所交纳的业主所有，物业服务企业不得将其用于物业服务合同约定以外的支出。物业服务企业应当向业主大会或者全体业主公布物业服务资金年度预决算并每年不少于一次公布物业服务资金的收支情况。

物业服务收费采取酬金制方式，物业服务企业或者业主大会可以按照物业服务合同约定聘请专业机构对物业服务资金年度预决算和物业服务资金的收支情况进行审计。

业主应当按照物业服务合同的约定按时足额交纳物业服务费用或者物业服务资金。业主违反物业服务合同约定逾期不交纳服务费用或者物业服务资金的，业主委员会应当督促其限期交纳；逾期仍不交纳的，物业服务企业可以依法追缴。

业主与物业使用人约定由物业使用人交纳物业服务费用或者物业服务资金的，从其约定，业主负连带交纳责任。

物业发生产权转移时，业主或者物业使用人应当结清物业服务费用或者物业服务资金。

纳入物业管理范围的已竣工但尚未出售，或者因开发建设单位原因未按时交给物业买受人的物业，物业服务费用或者物业服务资金由开发建设单位全额交纳。

物业管理区域内，供水、供电、供气、供热、通信、有线电视等单位应当向最终用户收取有关费用。物业服务企业接受委托代收上述费用的，可向委托单位收取手续费，不得向业主收取手续费等额外费用。

利用物业共用部位、共用设施设备进行经营的，应当在征得相关业主、业主大会、物业服务企业的同意后，按照规定办理有关手续。业主所得收益应当主要用于补充专项维修资金，也可以按照业主大会的决定使用。

物业服务企业已接受委托实施物业服务并相应收取服务费用的，其他部门和单位不得重复收取性质和内容相同的费用。

物业服务企业根据业主的委托提供物业服务合同约定以外的服务，服务收费由双方约定。

11.4.2 住宅专项维修基金的筹集和使用

住宅专项维修资金，是指专项用于住宅共用部位、共用设施设备保修期满后的维修和更新、改造的资金。为了加强对住宅专项维修资金的管理，保障住宅共用部位、共用设施设备的维修和正常使用，维护住宅专项维修资金所有者的合法权益，根据《物权法》、《物业管理条例》等法律、行政法规，建设部、财政部于2007年12月联合发布了《住宅专项维修资金管理办法》。

1. 住宅专项维修基金的筹集

(1) 商品房销售

商品住房在销售时，商品住宅的业主、非住宅的业主按照所拥有物业的建筑面积交存住宅专项维修资金，每平方米建筑面积交存首期住宅专项维修资金的数额为当地住宅建筑安装工程每平方米造价的5%~8%。

(2) 公有住房出售

公房出售后，维修基金由业主和售房单位双向缴交：

①业主按照所拥有物业的建筑面积交存住宅专项维修资金，每平方米建筑面积交存首期住宅专项维修资金的数额为当地房改成本价的2%。

②售房单位按照多层住宅不低于售房款的20%、高层住宅不低于售房款的30%，从售房款中一次性提取住宅专项维修资金。

业主交存的住宅专项维修资金属于业主所有，从公有住房售房款中提取的住宅专项维修资金属于公有住房售房单位所有。

2. 住宅专项维修基金的使用与管理

(1) 住宅专项维修资金的使用

住宅专项维修资金应当专项用于住宅共用部位、共用设施设备保修期满后的维修和更新、改造，不得挪作他用。业主大会成立前，维修基金的使用由售房单位或售房单位委托的管理单位提出使用计划，经当地房地产行政主管部门审核后划拨。业主大会成立后，维修基金的使用由物业服务企业提出年度使用计划，经业主大会讨论通过后实施。

(2) 住宅专项维修资金的管理

①业主大会成立前，维修基金由当地房地产行政主管部门代管；已售公有住房住宅专项维修资金，由物业所在地直辖市、市、县人民政府财政部门或者建设（房地产）主管部门负责管理。

②业主大会成立后，经业主大会同意，房地产行政主管部门将维修基金移交给物业服务企业代管。物业服务企业代管的维修基金，应当定期接受业主的检查和监督。

③物业服务企业发生变换时，代管的维修基金账目经业主大会审核无误后，应当办理账户转移手续。账户转移手续应当自双方签字盖章之日起十日内送当地房地产行政主管部门和业主委员会备案。

④维修基金应当在银行专户存储，专款专用。维修基金自存入维修基金专户之日起按规定计息，维修基金净收益转作维修基金滚存使用和管理。为了保证维修基金的安全，维修基金闲置时，除可以按照国家有关规定用于购买国债或者法律、法规规定的其他范围外，严禁挪作他用。

⑤房屋所有权转让时，业主应当向受让人说明住宅专项维修资金交存和结余

情况并出具有效证明，该房屋分户账中结余的住宅专项维修资金随房屋所有权同时过户。

⑥房屋灭失的，房屋分户账中结余的住宅专项维修资金返还业主；售房单位交存的住宅专项维修资金账面余额返还售房单位；售房单位不存在的，按照售房单位财务隶属关系，收缴同级国库。

⑦各级房地产行政主管部门和财政部门负责指导、协调、监督维修基金的管理和使用。

市、县财政部门和房地产行政管理部应当制定维修基金使用计划报批管理制度、财务决算管理制度、审计监督制度以及业主的查询和对账制度等。

思考题

1. 物业管理的基本含义是什么？
2. 物业管理有哪些主要特征？
3. 物业管理有哪些作用？
4. 物业管理的主要阶段有哪些？
5. 业主、业主大会和业主委员会之间的关系？
6. 不同物业类型的管理方式与要求有哪些？
7. 写字楼物业是如何分类的？哪些因素对写字楼物业分类有影响？
8. 物业服务收费的计费方式有哪几种？各种方式的含义是什么？
9. 实行物业服务收费包干制和酬金制，物业服务费用的构成有哪些？
10. 物业服务成本的构成有哪些因素？
11. 商品房销售和公有住房销售时，维修基金是如何筹集的？
12. 维修基金的使用执行中有哪些规定？

主要参考文献

[1] 朱亚兵、兰峰，房地产开发经营与管理．立信会计出版社，2007．
[2] 施建刚，房地产开发与经营．同济大学出版社，2004．
[3] 丁烈云，房地产开发．中国建筑工业出版社，2005．
[4] 中华人民共和国城市房地产管理法．
[5] 中国房地产估价师与房地产经纪人学会编写，刘洪玉主编，房地产开发经营与管理．中国建筑工业出版社，2007．
[6] 中国房地产估价师与房地产经纪人学会编写，沈建忠主编，张小宏副主编．房地产基本制度与政策，中国建筑工业出版社，2007．
[7] 中国房地产估价师与房地产经纪人学会编写，柴强主编．房地产估价理论与方法．中国建筑工业出版社，2007．
[8] 刘鹏忠、苏萱，房地产市场营销．人民交通出版社，2007．
[9] 张国明、苗泽惠，房地产开发．化学工业出版社，2005．
[10] 吕萍，房地产开发与经营（第二版），中国人民大学出版社，2007．
[11] 李其荣，城市规划与历史文化保护．东南大学出版社，2003．
[12] 吴良镛，北京旧城与菊儿胡同，中国建筑工业出版社，1994．
[13] 万勇，旧城的和谐更新，中国建筑工业出版社，2006．
[14] 方可，当代北京旧城更新，中国建筑工业出版社，2000．
[15] 李晓莹，探求历史名城的可持续发展之路，城市开发，2005．
[16] 项光勤，发达国家旧城改造的经验教训及其对中国城市改造的启示，学海，2005.4．
[17] 旧城改造必须走科学发展之路，中国建设报，2007.7．
[18] 房地产市场分析案例研究方法．阿德里安娜施米茨、德博拉·L·布雷特著．中信出版社，2003．
[19] 中华人民共和国国土资源部令第39号，《招标拍卖挂牌出让国有建设用地使用权规定》，2007年9月28日．
[20] 中华人民共和国国土资源部令第21号，《协议出让国有土地使用权规定》，2003年6月11日．
[21] 中华人民共和国建设部，《建筑工程施工许可管理办法》，2001．
[22] 张敏莉，房地产项目策划，人民交通出版社，2007．
[23] 贾士军，房地产项目策划，高等教育出版社，2004．
[24] 潘蜀健、陈琳，房地产市场营销，中国建筑工业出版社，2005．
[25] 中国房地产估价师与房地产经纪人学会编写，叶剑平、梁兴安主编，房地产经纪实务．中国建筑工业出版社，2007．
[26] 吴翔华、瞿富强、朱湘兰，房地产市场营销．东南大学出版社，2005．
[27] 石旭升主编，地产诡计，广东经济出版社，2000．
[28] 任智强，房地产项目全程策划及成功运营模式全集，企业管理出版社，2006．
[29] 周俭，城市住宅区规划原理．同济大学出版社，2002．
[30] 同济大学，西安建筑科技大学，东南大学，重庆建筑大学编．房屋建筑学（第三版）．

中国建筑工业出版社，1997.

[31] 张继刚、刘晓君，百姓购房百问百答，陕西人民出版社，2003.

[32] 中华人民共和国国家标准《住宅设计规范》GB 50096—1999（2003 年版）.

[33] 武六元、杜高潮．房屋建筑学．中国建筑工业出版社，2007．西安建筑科技大学等七所院校编．

[34] 兰峰，房地产开发中的风险因素分析，西安建筑科技大学硕士论文，1998.

[35] 席西民编著，大型工程决策，贵州人民出版社，1988.

[36] 申立银、俞明轩编著，房地产市场风险，天津大学出版社，1996.

[37] 赵世强，房地产开发风险管理，中国建材工业出版社，2003.

[38] 万威武、陈伟忠，可行性研究与项目评价，西安交通大学出版社，1998.

[39] 刘晓君等编著，技术经济学，西北大学出版社（第二版），2002.

[40] 刘晓君，工程经济学，中国建筑工业出版社，2003.

[41] 武献华、宋维佳、屈哲编著，工程经济学，东北财经大学出版社，2002.

[42] 王立国、王红岩、宋维佳编著，可行性研究与项目评估，东北财经大学出版社，2001.

[43] 建设项目经济评价方法与参数（第三版），国家发展改革委、建设部发布，中国计划出版社，2006.

[44] 房地产开发项目经济评价方法，建设部发布，中国计划出版社，2000.

[45] 兰峰，全国房地产估价师执业资格考试复习指导与题集，中国建筑工业出版社，2006.5.

[46] 项目决策分析与评价，注册咨询工程师（投资）职业资格考试教材编写委员会，中国计划出版社，2003.

[47] 李艳红，房地产金融，广东经济出版社，2000.

[48] 《国务院关于调整部分行业固定资产投资项目资本金比例的通知》国发（2004）13 号.

[49] 陆惠民、苏振民、王延树编，工程项目管理，东南大学出版社，2002.

[50] 丘国林主编，建筑工程造价，吉林科学技术出版社，2003.

[51] 全国造价工程师执业资格考试培训教材编审委员会，工程造价计价与控制，中国计划出版社，2006.

[52] 中国建设监理协会组织编写，建设工程进度控制，中国建筑工业出版社，2003.

[53] 田金信主编，建设项目管理，高等教育出版社，2002.

[54] 祖立厂，房地产营销策划，机械工业出版社，2005.

[55] 胡纲，房地产客户关系管理与营销，致信网，2004 年 11 月 12 日.

[56] 王耀武主编，物业管理概论，中国财政经济出版社，2001.

[57] 国务院关于修改〈物业管理条例〉的决定，中华人民共和国国务院令第 504 号，2007 年 8 月 26 日.

[58] 物业管理条例，中华人民共和国国务院令第 379 号，2003 年 6 月 8 日.

[59] 国家发展改革委员会、建设部关于印发《物业服务定价成本监审办法（试行）》的通知，发改价格［2007］2285 号.

[60] 住宅专项维修基金管理办法，中华人民共和国建设部、中华人民共和国财政部令 165 号，2007 年 12 月 4 日.